国家社科基金
GUOJIA SHEKE JIJIN HOUQI ZIZHU XIANGMU
后期资助项目

爱欲的悲喜剧：

柏拉图的《会饮篇》

The Tragicomedy of Eros:
Plato's *Symposium*

陈斯一　著

华东师范大学出版社

·上海·

华东师范大学出版社六点分社　策划

国家社科基金后期资助项目"柏拉图的《会饮篇》研究"（21FZXB045）

国家社科基金后期资助项目
出版说明

后期资助项目是国家社科基金设立的一类重要项目，旨在鼓励广大社科研究者潜心治学，支持基础研究多出优秀成果。它是经过严格评审，从接近完成的科研成果中遴选立项的。为扩大后期资助项目的影响，更好地推动学术发展，促进成果转化，全国哲学社会科学工作办公室按照"统一设计、统一标识、统一版式、形成系列"的总体要求，组织出版国家社科基金后期资助项目成果。

全国哲学社会科学工作办公室

献给陈宁馨，我的另一半

目　　录

前　言

　　本书是对柏拉图对话录《会饮篇》(*The Symposium*)的一份哲学解读。《会饮篇》的主题是爱欲，尤其是古希腊社会流行的男童恋爱欲。尽管随着对话的展开，柏拉图阐述的爱欲观念将逐渐摆脱男童恋色彩，直至普遍化为人性对于不朽的渴求，但是这部对话的主题毕竟是以男童恋爱欲为出发点的，即便是苏格拉底讲的爱欲也仍然带着男童恋色彩，甚至可以说著名的"爱之阶梯"也仍然是对男童恋爱欲的某种升华与改造，而且整部对话的最后一幕和最后一篇讲辞以最显白的方式回到了男童恋主题。笔者认为，像《会饮篇》这样，从某种独特的习俗现象以及围绕该现象的社会意见出发，逐渐上升到现象背后深层的人性根据和自然真理，同时并不彻底抛弃现象的表层特质与关于现象的俗常观念，而是尽可能将散乱的真理碎片统合为整全的智慧视野，这正是柏拉图对话录的典型书写方式，也是柏拉图式辩证法的思想意义之所在。因此，为了充分理解《会饮篇》关于爱欲的哲学论述，我们有必要从古希腊社会的男童恋风尚出发。本书的第一章即旨在提供这样一个历史和文化的背景。

　　从第二章开始，本书正式进入对《会饮篇》的诠释与研究。第二章是对开场情节和讲辞顺序的解读，涉及的文本范围是从对话的缘起（人们关于多年前一场会饮的追忆）到主题的提出（那场会饮的参与者决定轮流发表对于爱欲的赞美）。第三、四、五章按照两两分组的方式，依次解读六篇主要的爱欲赞词。笔者认为，柏拉图在《会饮篇》中考察的核心问题是爱欲如何展现自然和习俗的张力，沿着这条思想线索，对话的主体论述从男童恋之于古希腊城邦的政治意义出发，逐渐深化至爱欲之本质如何满足人类最内在的灵魂需求。在爱欲的具体表现中，自然和习俗的张力又落实为哲学与政治的张力：政治生活的爱欲根据在于，由于自身的不完整，每个人和命定的同伴相互需要，归属于一个共同体，从而尽可能接近完整；哲学生活的爱欲根据在于，人基于自身的必死性而渴望不朽，为实现这种渴望，人需要从变动不居的个别之美升华至永恒不变的普遍之美，通过对永恒之美的观看来接近不朽。政治爱欲是"属己之爱"，体现为人与人之间充满张力的横向联合；哲学爱欲是"善好之爱"，体现为人性符合自然秩序的纵向上升。在柏拉图笔下，阿里斯托芬是诗人的代表，他讲的爱欲神话为政治做出了最深刻的辩护，而苏格拉底是哲学家的代表，他在言辞上批评诗人的观点，阐述了一种超越城邦的哲学爱欲，同时又在行动上遵从诗人的教导，一生忠实于自己的城邦。在这个意义上，《会饮篇》的自然和习俗之争是"诗歌与哲学的古老争执"在爱欲问题上的展现。笔者试图证明，柏拉图并未简单地赞同哲学、批判诗歌，他对这场争执的呈现是复杂而公允的。

在对话的末尾，阿尔喀比亚德闯入会饮的现场，代表狄奥尼索斯仲裁苏格拉底与阿里斯托芬的争执；他没有发表对爱欲的赞美，而是发表了一篇对苏格拉底的混杂着抱怨与责备的赞美，让整部对话以极为戏剧性的方式收尾。笔者认为，如果说男童恋是《会饮篇》的历史和文化背景，那么苏格拉底和阿尔喀比亚德之间极具爱欲色彩的师生关系、阿尔喀比亚德的政治抉择和雅典对苏格拉底的审判，就是柏拉图探讨男童恋与爱欲问题的现实背景。在输掉伯罗奔尼撒战争之后，雅典人控诉苏格拉底败坏了阿尔喀比亚德，导致后者背叛城邦。面对这场不公正的审判，柏拉图并没有简单地为苏格拉底正名，而是以喜剧的语言书写了苏格拉底和阿尔喀比亚德之间的爱欲悲剧，以剖析哲学家与政治家不可调和的天性差异如何导致爱欲教育的失败。从这个角度看，《会饮篇》实际上在个体的层面呼应了修昔底德在《伯罗奔尼撒战争史》中对西西里远征与雅典"帝国爱欲"的政治分析。本书第六章将借助于《伯罗奔尼撒战争史》与柏拉图的另一篇对话《阿尔喀比亚德前篇》，并结合阿尔喀比亚德的政治生涯和爱欲经历，仔细考察柏拉图笔下的他在《会饮篇》中对苏格拉底的刻画，力图准确还原柏拉图对阿尔喀比亚德和雅典民主制的诊断以及对苏格拉底的辩护与反思。

本书的写作思路和一些个人思考，最初是笔者在多年前留学英国期间与好友樊黎讨论时产生的。笔者希望借此机会向他表达感谢，也纪念我们在异乡结成的友爱。附录文章原是笔者在就读博士期间完成的一篇英文论文（"Political Philosophy of the *Timaeus*"），这篇论文的主题亦与本书相关。感谢段奕如将它译为中文。

第一章　古希腊男童恋

男童恋（pederasty）是古希腊社会的一项独特风尚，它不同于我们今天理解的男同性恋（male homosexuality）。典型的男童恋关系指的是一个成年的"爱者"（ἐραστής）与一个未成年的"被爱者"（ἐρώμενος）之间的一种不对等的亲密关系。爱者对被爱者的感情首先是情欲，而被爱者对爱者则是没有（至少是不应该有）情欲的。由于在古希腊语的日常用法中，"爱欲"（ἔρως）指的往往就是情欲，因此，在一般人的观念中，男童恋爱欲属于"男童恋者"（pederast）即爱者，被爱者则没有爱欲，他对爱者的情感应该是"友爱"（φιλία）。尽管双方可能是"相爱"的，但是他们对彼此的爱具有完全不同的性质。在《会饮篇》中，实际上在全部古希腊文学中，柏拉图借阿里斯托芬之口对男童恋的描述最接近现代意义上的男同性恋（两个男性基于天生的性取向而对等地彼此相爱），然而即便在这里，柏拉图也保留了爱者和被爱者的年龄差异以及传统语汇对于双方的不对等表述："这样的男人是男童的爱者（παιδεραστής），而这样的男孩是对爱者友善的（φιλεραστής）。"①《会饮篇》的所有角色在谈论爱欲的时候都预设了这样一种男童恋关系。② 由于本书的主要任务是探讨柏拉图如何理解、反思、超越这种独特的爱欲关系，因此，在大多数时候，本书用语中"爱欲"指男童恋爱欲，"爱若斯"指这种爱欲的人格神化，"爱者"和"被爱者"分别指男童恋关系的主动方和被动方。但需要注意的是，由于苏格拉底最终将爱欲的观念哲学化了，在他的发言中，"爱欲"和"爱若斯"都在很大程度上超越了男童恋的语境，实际上，他认为爱欲的真正对象并不是人，而是美善、德性、智慧、理念、不朽等人性深层

---

① 柏拉图：《会饮篇》，192b4。若无说明，本书对于柏拉图文本的引用均由笔者依古希腊文译为中文，参考英译本 Plato，*Plato：Complete Works*，eds. John M. Cooper and D. S. Hutchinson，Hackett Publishing Company，1997。文本出处均采用标准的斯特方码（Stephanus Pagination）。此外，笔者在引用二手文献的时候对部分翻译进行了调整。

② 正如布里松（Luc Brisson）所言，在《会饮篇》中，"柏拉图最想表达的观点是提出少男之爱的问题"（布里松：《少男之爱与智慧之爱》，收于《爱之云梯——柏拉图〈会饮〉的解释与回响》，梁中和等译，中国人民大学出版社，2018年，第291页）。

的追求。尽管如此，苏格拉底有时候仍然用"爱者"和"被爱者"来称呼男童恋关系的双方。为避免混淆，我们需要特别注意他的用语所处的具体语境。

关于男童恋风尚在古希腊社会的起源，学者们提出了多种解释。有人认为它起源于多利安城邦的军事组织，[①]有人认为它是印欧成人礼的演变，[②]有人认为它最初仅仅是为了控制城邦人口。[③] 前两种解释或者二者不同方式的混合在现代学术界占据主流。[④] 同时，学者们公认男童恋风尚的意义主要在于塑造、维持、传递一种独特的政治文化。在古风和古典时代的希腊社会，男童恋风尚在不同的城邦具有不同的形式，反映了不同的政治文化。以克里特与斯巴达为代表的多利安城邦将男童恋制度化为公共教育体系的一部分；[⑤]与之相反，伊奥尼亚的文化中心萨摩斯将男童恋私人化、浪漫化，为僭主所垄断；[⑥]而在同时具备多利安与伊奥尼亚因素的雅典，男童

[①] K. J. Dover, *Greek Homosexuality*, Harvard University Press, 1989, pp. 185, 201—202.

[②] J. N. Bremmer, "An Enigmatic Indo-European Rite: Pederasty", *Arethusa* 13 (1980), pp. 279—298.

[③] William Armstrong Percy, *Pederasty and Pedagogy in Archaic Greece*, University of Illinois Press, 1996, pp. 10—11.

[④] 相关材料与解释，参考黄洋：《从同性恋透视古代希腊社会———一项历史学的分析》，载于《世界历史》，1998 年第 5 期，第 74—82 页。黄洋的解释是："妇女社会地位的低下以及两性在社会生活中的隔离，使得男女之间不可能产生以感情为基础的爱情。爱情的双方在地位上必须是平等的，但在古代希腊，无论是在社会权利上，还是在人们的观念中，男性和女性都是不平等的。因此，以感情为基础的爱即浪漫之爱只能是在同性之间。"（第 80 页）问题在于，一方面，古希腊男童恋并不是平等的爱情或浪漫之爱，爱者和被爱者的地位差距并不亚于男性和女性的地位差距（Mark Golden, "Slavery and Homosexuality at Athens", *Phoenix*, Vol. 38, No. 4 (Winter, 1984), pp. 308—324)；另一方面，古希腊文学也并不缺乏对异性之间浪漫爱情的描绘，例如《奥德赛》中奥德修斯和佩涅罗佩之间的爱、《安提戈涅》中海蒙对安提戈涅的爱。在现实中，尽管古希腊家庭的夫妇关系通常不以爱情为基础，但男人与情妇之间的感情则常常带着很强的浪漫色彩，例如伯利克里和阿斯帕西亚（普鲁塔克：《伯利克里传》，24.5—6）、阿尔喀比亚德和提曼德拉（普鲁塔克：《阿尔喀比亚德传》，39.1—4）。另可比较色诺芬：《会饮篇》，8.3。

[⑤] 关于克里特的成人礼制度，参考 Bremmer, "An Enigmatic Indo-European Rite", pp. 284—287。荷马在《伊利亚特》20.231—235 讲述了诸神劫持一个美少年让他为宙斯斟酒的故事，克里特的抢婚仪式或与此有关（cf. R. F. Willetts, *Ancient Crete: A Social History from Early Times until the Roman Occupation*, London: Routledge and Kegan Paul; Toronto: University Press, 1965, pp. 116—117)；后来有一位克里特史家改编了这个故事，将美少年的劫持者换成了克里特先王米诺斯（Dover, *Greek Homosexuality*, p. 186; Percy, *Pederasty and Pedagogy in Archaic Greece*, p. 56)。然而，荷马的原始叙述并无男童恋色彩。关于斯巴达男童恋的制度化及其政治意义，参考 Paul Cartledge, "The Politics of Spartan Pederasty", *Proceedings of the Cambridge Philological Society*, No. 27 (207) (1981), pp. 17—36。然而，由于缺乏考古证据和来自斯巴达的文本证据，斯巴达究竟是否存在制度化男童恋是有争议的，比较色诺芬：《斯巴达政制》，2。

[⑥] Percy, *Pederasty and Pedagogy in Archaic Greece*, pp. 154—160; cf. Barbara Breitenberger, *Aphrodite and Eros: The Development of Greek Erotic Mythology*, Routledge, 2013, pp. 182—192.

恋风尚最为复杂，它既是上层公民的自由选择，而非城邦主导的公共制度，同时又具有强烈的政治和教育意义，而不仅仅是私人的情感和享乐。那么，在雅典，什么样的政治文化需要男童恋作为其内在组成部分呢？比起男童恋风尚的起源问题，我们更关心这种风尚与古希腊城邦政治的关系，特别是与雅典政治的关系，对于这个问题的探讨将有助于我们理解柏拉图《会饮篇》的社会和文化背景。

首先需要注意的事实是：尽管荷马描述的社会在政治文化和精神气质方面非常接近古风和古典时代的雅典，但是荷马史诗并无对男童恋的记载。① 有学者指出，荷马社会巩固和传承自身的渠道主要是战士宴会，这种宴会是古典时代会饮风俗的前身。② 荷马用以描述宴会的典型程式语是："他们心里（θυμός）不觉得缺少相等的一份，在他们满足了饮酒吃肉的欲望（ἔρον）之后，年轻人将调缸盛满酒。"③对于前两行诗，路德维格（Paul W. Ludwig）这样评论道："此处爱欲是关于物质营养的，而血气（至少在这个程式中）则反映了某种在团体人际关系中实现公平与相称的意识。"④战士宴会不仅是英雄们用餐的场合，其更重要的意义在于维持政治秩序和部族团结。在荷马的语汇中，"欲望"或"爱欲"只是用来描述吃喝的，"心"或"血气"才构成了部族秩序。宴会的另一个功能是教育：引文末尾提到的"年轻人"指的是未成年的贵族子弟，他们在宴会上主要负责为父辈们斟酒。⑤ 斟酒是服侍性的礼仪，有利于培养年轻人的纪律感、强化家族的等级制，同时，年轻人也借此机会观察成年战士公平地分配饮食、聆听他们歌颂神明或讲述过往的英雄事迹。我们发现，与城邦时代的共餐和会饮不同，荷马史诗中的宴会丝毫不具有男童恋色彩，宴会上的男孩或少年并非成年人的爱欲对象，而是英雄之"心"与部族"血气秩序"的传承者。

---

① 古代希腊人常常把荷马史诗的某些情节和细节解读为男童恋的证据，但这些解读都属误解和曲解。

② Oswyn Murray, "The Greek Symposion in History", in *Tria Corda*: *Scritti in Onore di Arnaldo Momigliano*, ed. E. Gabba, Como: New Press, 1983, pp. 257—272; Richard Hunter, *Plato's Symposium*, Oxford University Press, 2004, p. 8.

③ 荷马：《伊利亚特》，1.468—470。荷马史诗的中译文参考［古希腊］荷马：《荷马史诗·伊利亚特》、《荷马史诗·奥德赛》，罗念生、王焕生译，人民文学出版社，2015 年。此处"心里"的原文是 θυμός，笔者一般译为"血气"，而"欲望"的原文是 ἔρον，笔者译为"爱欲"。关于古希腊的"血气"观念，参考陈斯一：《从政治到哲学的运动：〈尼各马可伦理学〉解读》，上海三联书店，2019 年，第 49—51 页；《荷马史诗与英雄悲剧》，华东师范大学出版社，2021 年，第 109—111 页。

④ Paul W. Ludwig, *Eros and Polis*: *Desire and Community in Greek Political Theory*, Cambridge University Press, 2002, p. 195.

⑤ 荷马：《奥德赛》，15.141；另见 1.148，3.339，21.271 以及荷马：《伊利亚特》，9.175。

　　从"时代"的角度看,荷马史诗缺乏对男童恋的指涉,这似乎是很自然的,因为风尚化从而具备政治文化意义的男童恋在很大程度上是城邦社会的产物,而荷马史诗描述的是城邦兴起之前的晚期迈锡尼社会。然而,尽管荷马史诗的主题是远古战争和英雄事迹,但它的创作和成型却是与城邦的兴起同时代的。[①] 荷马史诗最终的编订者对男童恋风尚一无所知的可能性极低,这意味着,荷马史诗之所以完全缺乏男童恋因素,是因为其创作者有意识地排斥男童恋风尚。由此可见,在荷马史诗试图追忆的社会与古风和古典时代的城邦社会之间存在某种关键的差异,导致前者对男童恋的排斥和后者对男童恋的推崇。

　　在他的经典研究《希腊同性恋》(*Greek Homosexuality*)的末尾,在梳理了研究界对于古希腊男童恋的各种现存解释之后,多弗(K. J. Dover)总结道:"希腊同性恋满足了某种需要,这种需要在希腊社会难以通过其他方式获得满足。""爱者和被爱者显然在彼此身上发现了某种他们在别处找不到的东西。"[②]至于这种独特的需要究竟是什么,多弗自己给出的解释仍然是传统的:城邦的军事化压力、男性的绝对主导地位、对年轻人的教育。但问题在于,所有这些都既是城邦社会的特征,也是荷马社会的特征,因而它们无法解释,为什么在荷马史诗中,远比任何城邦都好战、极端男权主义、同样重视教育下一代的阿开奥斯部族并未形成男童恋风尚? 进一步讲,世界范围内的许多古代民族都是由男性战士为主导性或统治性人群,何以唯独古希腊民族形成了具有政治文化意义的男童恋风尚? 我们认为,多弗在他的另一篇文章中给出了回答这个问题的线索:"狩猎若是出于消遣而非为了生存,猎人就会看不上那些坐以待毙的猎物;正因为引诱男孩比追求女孩更加困难,它才满足了希腊人热衷于竞争的胃口、增强了胜利的荣光。"[③]换句话说,古希腊男童恋不仅仅是一种爱欲关系,还是一种血气关系;爱者们争相追逐被爱者,不仅是为了获取情欲的满足,更是为了赢得胜利的荣耀。生理上的同性恋者在任何时代与社会大概都是少数,[④]但是在古希腊社会,尤

---

　　① 陈斯一:《荷马道德与荷马社会》,载于《古典学评论》,第 6 辑,徐松岩主编,上海三联书店,2020 年,第 28—46 页。

　　② Dover, *Greek Homosexuality*, pp. 201—202.

　　③ Dover, "Eros and Nomos", *Bulletin of the Institute of Classical Studies*, No. 11 (1964), p. 38; cf. Bremmer, "Adolescents, *Symposion*, and Pederasty", in *Sympotica*: *A Symposium on the Symposion*, ed. Oswyn Murray, Clarendon Press, 1990, p. 143. "狩猎"是柏拉图笔下的苏格拉底常用的比喻之一。参阅柏拉图:《吕西斯篇》,205d - 206e:"荒唐的希波泰勒斯啊,你是否在胜利(指成功追到被爱者)之前就在创作和吟唱对自己的赞歌啊? ⋯⋯你认为惊动猎物导致它更难捕获的猎人是个怎样的猎人呢?"

　　④ 这个判断不涉及对性取向的歧视,仅仅反映了统计数据;笔者认为从事某种活动的人数多少和该活动的价值高低没有必然关系。

其在雅典城邦,提倡争强好胜的血气文化是极为强势的主流文化。① 同时,虽然荷马社会和城邦社会都是高度强调竞赛的血气社会,但是二者有一个关键的区别:荷马社会主要通过区分敌我的战争来满足血气,而城邦社会即便在和平的政治生活内部也依然充满血气。多弗提到的那种唯有男童恋风尚才能满足的独特需要就是:古希腊城邦社会试图在和平生活中持续保持争强好胜的政治文化,从而源源不断地滋养和宣泄血气之欲。

在荷马的世界中,生活分为战争与和平。在《伊利亚特》中,海岸与特洛伊城之间的区域是硝烟不断的战场,阿开奥斯人船边的营帐与特洛伊城墙之内是和平的空间。战场完全是血气的舞台,男性相互杀戮、争夺荣誉;营帐与城邦则是爱欲的世界:英雄带回女俘、丈夫同妻子告别。第三卷末尾的一幕尤其能展现战争与和平、血气与爱欲的泾渭之别:帕里斯在战场上不敌墨涅拉奥斯,眼看要被杀死之际,阿芙洛狄忒用神力将他救回寝宫。海伦嫌弃帕里斯比不上自己的前任,帕里斯却对她说:“你过来,我们上去睡觉,享受爱情;欲念从没有这样笼罩着我的心灵。”② 在荷马的世界中,每个英雄都生活在这两个世界之间——由于心爱的布里塞伊斯被抢走,阿基琉斯差点杀死阿伽门农;赫克托尔最后一次离开特洛伊城,再也没能回去享用安德洛玛克为他准备的热水澡;奥德修斯用木马计攻下特洛伊,最终返回家乡与佩涅罗佩重聚。在荷马史诗中,男人和男人的战斗是血气的展现,男人和女人的交合是爱欲的展现。相比之下,虽然城邦时代的男童恋关系是和平生活的一部分,但它同时又奇异地包含着战争的要素,带着征服的色彩,是爱欲与血气的混合。③ 在古希腊人看来,最能满足血气之欲的征服有两种:要么通过战争,男人与男人形成不平衡的政治关系(奴隶制是这种征服的极端形式);要么以和平的方式,男人与男人形成不平衡的爱欲关系(男童恋是这种征服的制度形式)。在城邦政治文化中,和平的血气秩序需要征服者和被征服者在形式平等的前提下分化出实质的等级,这种关系只能存在于两个同样自由的男性之间,表现为成年公民与未成年预备公民之间的等级制,而男童恋就是这种等级制的爱欲化。④ 古希腊男童恋风尚取决于这样一个事实:在公民所有可能的爱欲对象中,女人、奴隶、外邦人都无法让公民在实现爱欲享受的同时满足血气的征服欲;或反过来讲:公民的血气旺盛到如此程

---

① 尼采:《荷马的竞赛》,收于[德]尼采:《荷马的竞赛》,韩王韦译,上海人民出版社,2018 年。

② 荷马:《伊利亚特》,3.441—442。

③ Ludwig, *Eros and Polis*, pp. 192—212.

④ “等级制的爱欲化”(eroticization of hierarchy)是路德维格的提法(Ludwig, *Eros and Polis*, p. 191)。

度,以至于它入侵和渗透了爱欲的领域,在公民群体中间形成充满征服色彩、高度等级制的男童恋关系。① 总之,荷马史诗排斥男童恋的根本原因在于它严守战争与和平的差别,坚持血气和爱欲的区分,而城邦社会推崇男童恋的根本原因在于它追求血气与爱欲的融合,试图在政治文化的意义上消解战争与和平的界限。②

我们认为,男童恋的文化根据在于城邦时代古希腊公民强烈的"血气爱欲"。克里特和斯巴达以制度化的方式安顿这种欲望,萨摩斯僭主试图独享这种欲望,相比之下,雅典的男童恋风尚最符合"血气爱欲"的政治逻辑,正因为如此,雅典的男童恋风尚以最鲜明的方式揭示出城邦政治的文化特性与内在张力。

在雅典,男童恋既是上层公民的自由选择,又具有强烈的政治和教育意义。作为一种城邦鼓励参与但并不强制要求的开放竞争,它一方面要求被爱者满足爱者的欲望,另一方面要求爱者向被爱者付出参与竞争的砝码:为被爱者的政治前途提供各种有形的帮助,训练被爱者的能力,培养被爱者的德性与智慧,关爱被爱者的身心,等等。然而,虽然这种关系在理想情况下能够维持公民体的活力、促进其更新,但是它也存在明显的困难,暴露了城邦政治的内在矛盾。正如路德维格所言:"放弃对美貌青年的追求将会造成对于男性气概和自由的限制,(对于爱者来说)这种限制是不可容忍的,然而,这种主人道德又将剥夺同样属于服从者(即被爱者)的男性气概、自主性和自由。"③福柯也指出:在古希腊社会,性关系和政治关系具有同构性,这导致性关系上的被动地位与政治关系上的主动地位无法相容。尽管男童恋的被动方是尚未获得政治权利的未成年人,但他毕竟将要获得(而且正是期望在男童恋关系的帮助下获得)政治权利,正如福柯所言,"总

---

① 布里松准确地指出,"(现实的或象征的)阴茎插入显示出男性相对于女性的优越性,成年人相对于未成年人的优越性,或者一个男人相对于另一个男人的优越性,这种优越性通常与经济、社会或政治上的统治相关"(布里松:《少男之爱与智慧之爱》,第292页)。第一种性关系无法满足主动方的血气;第三种性关系虽然能够在最高的程度上满足主动方的血气,但是损害了具有相同诉求的被动方的血气。于是,如果从血气的角度看,第二种性关系就成了最合理的。另见福柯(Michel Foucault)对古希腊婚姻和男童恋的比较(Michel Foucault, *The History of Sexuality*, Vol. 2: *The Use of Pleasure*, trans. Robert Hurley, Vintage Books, 1990, pp. 201—203)。需要特别注意的是,所有的古希腊作家都有意无意地忽视了未成年人对成年人采取主动性行为的可能性(Dover, *Greek Homosexuality*, p. 91),在我们看来,这是因为该可能性从根本上违背了男童恋风尚的政治目的,它的政治意义等同于以下犯上。

② 从我们的解释出发,如果斯巴达事实上缺乏制度化男童恋,这或许是因为拥有庞大城邦奴隶群体的斯巴达人不需要通过公民体内部的等级制爱欲关系来满足血气。事实上,在异性恋和夫妇关系方面斯巴达也比其他城邦更平等。

③ Ludwig, *Eros and Polis*, p. 175.

有一天他将成为一个施展权力、承担责任的男人，那时候他显然不能够再是一个性快感的客体了，但既然如此，他又如何能够曾经是这样的一个客体呢？"①爱者对被爱者的所有付出都无法抵消男童恋关系对被爱者造成的潜在威胁，因为归根结底地讲，公民的政治主导地位与他作为性关系主动方的男性气概密切相关；但反过来讲，也正是因为对男性气概的极端推崇，城邦才不惜以对未成年人造成潜在威胁为代价鼓励成年人参与男童恋实践，以免"造成对于男性气概和自由的限制"。充满男性气概的自由竞争是血气之欲在和平生活中的宣泄渠道，它所追求的不是感官快乐，而是政治荣誉。由于其内在的社会性与比较性，荣誉的竞争是一场"零和游戏"，一个人获得荣誉必然以另一个人失去荣誉为代价，而男童恋就是这种"零和游戏"在爱欲关系中的制度化展现。从这个角度看，男童恋的模式，特别是爱者和被爱者在年龄与地位上的差异，其实是为了在最大程度上限制这场荣誉竞赛的"零和性"：一方面，被爱者毕竟是尚未获得公民地位的未成年人，他还不是严格意义上的荣誉主体，也就无所谓丧失荣誉（或者说，丧失荣誉的威胁被转嫁给了被爱者的父亲或其他监护者）；另一方面，被爱者一旦成年并获得了政治权利，就应该中断先前的爱欲关系，在社会意见的鼓励下成为一个爱者，从而实现性关系主动地位和政治关系主动地位的一致性，追求属于自己的荣誉。在最理想的情况下，男童恋风尚能够将共时性的"零和游戏"转变为历时性的"共赢游戏"，源源不断地满足一代代雅典公民的"血气爱欲"，从而巩固城邦的集体荣誉，维护一种既重视自由和平等，又追求竞争和卓越的政治文化。在一定程度上，男童恋风尚正是通过对血气与爱欲之张力的动态维系而成为古风和古典时代雅典政治活力的源泉。②

　　在古典时代，雅典关于男童恋的法律和社会规范尤其能够体现其政治文化的特点。根据现有的记载，这方面主要的法律包括：③（一）梭伦对于男

---

　　① Foucault, *The History of Sexuality*, Vol. 2: *The Use of Pleasure*, pp. 220—221. 需要补充的是，爱者的快感不仅是爱欲的，而且是血气的；被爱者不仅是爱欲享乐的客体，也是血气征服的客体。福柯未能足够重视爱者的血气，这导致他最终未能解释为什么古希腊城邦需要男童恋。在他看来，这似乎仅仅是因为古希腊人将异性恋和同性恋一视同仁地视作"两种不同的取乐方式"（Foucault, *The History of Sexuality*, Vol. 2: *The Use of Pleasure*, p. 190）。福柯低估了古希腊文明的政治本性。

　　② 路德维格很好地概括了男童恋风尚致力于推动的"德性之良性循环"（Ludwig, *Eros and Polis*, pp. 30—32）。

　　③ 以下概括主要参考 Douglas M. MacDowell, "Athenian Laws about Homosexuality", *Revue Internationale de Droit de l'antiquité* 47 (2000), pp. 13—27；David Cohen, "Law, Society and Homosexuality in Classical Athens", *Past & Present*, 1987, No. 117, pp. 3—21。

童恋的立法；①（二）严禁针对男童的性交易，这条法律惩罚的不是男童，而是卖方（男童的监护人）和买方（嫖客或包养者）；（三）虽然上一则法律不针对男童，但是曾经卖淫或被包养的男童或青少年在成年之后不得行使某些重要的政治权利，违反者将会受到严厉的惩罚；（四）关于强奸和性侵，被告可能面临两种不同的指控：如果原告选择私诉（δίκη）被告的侵犯行为，被告会受到惩罚并被判处经济赔偿；如果原告选择公诉（γραφή）被告的侵犯行为所暴露的傲慢（ὕβρις），被告会受到更加严厉的惩罚，但罚款归城邦所有。上述法律中，第三条和第四条是最具雅典特色的。根据第三条法律，卖淫或被包养导致一个人丧失荣誉，从而不配作为一个自由、独立、负责任的公民参与重要的政治活动；②第四条法律中，针对性侵犯作为一种傲慢行为的公诉也事关受害方的荣誉，因为法律上讲的傲慢指的就是一种以不合法的方式剥夺他人荣誉的罪行。③ 事实上，第二条法律中，男童性交易的买卖双方也被认为对男童犯了傲慢之罪，剥夺了男孩的荣誉，而自愿卖淫或被包养的成年男性则被认为是对自己犯了傲慢之罪，放弃了自己的荣誉。④ 由此可见，所有这些法律都旨在保护公民（尤其是年轻人）的荣誉，捍卫雅典民主制既重视自由和平等，又追求竞争与卓越的政治文化。在这样的政治文化中，

① 传说雅典男童恋的规范化始于梭伦，他对于男童恋有两项立法：第一，禁止奴隶追求出身自由的男孩；第二，学校和训练场的开放时间必须限制在日出之后、日落之前，以免不恰当的男童恋行为在夜间发生于这些场合。关于第一条法律，普鲁塔克评论道："梭伦将男童恋视作光荣而高贵之事，鼓励自由人从事，禁止奴隶参与。"（普鲁塔克：《梭伦传》，1. 3；译文转译自 Plutarch, *Plutarch's Lives*, with an English Translation by Bernadotte Perrin, London, W. Heinemann; Cambridge, Mass. , Harvard University Press, 1959—1967）第二条法律从侧面印证了男童恋与教育的密切关系。关于梭伦的法律，需要注意的是，古代雅典人倾向于把许多后世法律都归在梭伦名下，不过大多数学者认为，上述两则法律确实是梭伦创立的，参见 Percy, *Pederasty and Pedagogy in Archaic Greece*, pp. 177—179；D. G. Kyle, "Solon and Athletics", *Ancient World* 9 (1984), pp. 99—102；Thomas F. Scanlon, *Eros & Greek Athletics*, Oxford University Press, 2002, pp. 212—214。

② 值得注意的是，首先，虽然作为性交易受害者的男孩不负法律责任，但他仍然要承担丧失部分政治权利的后果；其次，如果一个雅典人自愿卖淫但是并不试图行使相应的政治权利，那么他尽管会遭到道德的谴责和舆论的鄙视，但并不会触犯法律。参考 Dover, *Greek Homosexuality*, pp. 28—30。

③ 关于雅典法律对ὕβρις[傲慢]的规定，参考 MacDowell, "'Hybris' in Athens", *Greece & Rome*, Vol. 23, No. 1 (Apr. , 1976), pp. 14—31。麦克道尔（Douglas M. MacDowell）指出，这种公诉主要针对的是侵犯方的态度而非行为（pp. 27—28）。另见 N. R. E. Fisher, "'Hybris' and Dishonour: I", *Greece & Rome*, Vol. 23, No. 2 (Oct. , 1976), pp. 177—193；"'Hybris' and Dishonour: II", *Greece & Rome*, Vol. 26, No. 1 (Apr. , 1979), pp. 32—47。费希尔（N. R. E. Fisher）采纳亚里士多德的定义（亚里士多德：《修辞学》，1378b23 - 28）指出，傲慢在本质上是一种以不合法的方式剥夺他人荣誉、彰显自身优越的罪行，它既冒犯个人，也损害城邦的公共秩序。关于雅典民主制语境中ὕβρις[傲慢]和男童恋的关系，参考 Ludwig, *Eros and Polis*, pp. 171—191。

④ Cohen, "Law, Society and Homosexuality in Classical Athens", pp. 7—8.

年轻人的荣誉既事关个人的政治前途,也事关整个城邦公共秩序和道德风貌的良性存续。

不过,上述成文法律并未穷尽雅典关于男童恋的规范,因为即便在合法的关系中,被爱者也面临丧失荣誉的危险。在性行为方面,雅典人认为被动接受鸡奸是严重的耻辱,主动实施鸡奸是极端的傲慢。① 尽管爱者可以选择"股间交"(intercrural sex)这种更为得体的性行为来避免傲慢并保护被爱者的荣誉,②但只要发生性关系,被爱者总会被认为是成了爱者的性征服对象,从而有损自己的荣誉。因此,那些易于"得手"的青少年往往会被视作轻浮、柔弱、缺乏男子气概。但反过来讲,在爱欲关系的考验中表现优异的年轻人又能够赢得城邦的赞誉和信任。这是因为,首先,能吸引爱者的青少年往往出身高贵、健壮英俊、潜质过人,因此,追求者的数量和质量本身就证明了他的优秀;其次,青少年既不应一味拒绝所有爱者的追求,也不应在爱欲关系中做任何有损荣誉的事。他既要仔细评估和选择爱者,又不显得势力和功利;既要充满善意地对待爱者,又不谄媚迎合、柔弱顺从;既要适当地满足爱者的情欲,又不失矜持与尊严……所有这些不成文的社会规范都反映了被爱者在城邦世界中的微妙处境——尽管他在当下的爱欲关系中是被动方,但这种关系对于他的意义在于帮助他将来成为政治生活的主动方。青少年在爱欲关系中保持荣誉的努力,就是要在获取种种必要帮助的同时,避免任何与城邦统治者身份不符的行为和气质。事实上,这种努力本身就是培养男性气概、训练政治品格的途径,表现优异的青少年通过这样的考验证明自己,赢得城邦的尊重和推崇。正如福柯所言:"当我们从男孩的视角看待爱欲关系时,其意义便在于男孩如何通过不屈从他人来学会自我统治,而这里问题的关键不在于对自身力量的衡量,而在于如何在自我统治的同时,以最好的方式用他人的力量来衡量自己的力量。"③让每个有能力"自我统治"的公民在政治事务中"用他人的力量来衡量自己的力量",这正是雅典民主制的政治理想,就此而言,即便不考虑爱者对被爱者的有形帮助,男童恋关系本身就构成了对青少年的政治教育。从爱者的角度来看,男童恋也是一场事关荣誉和羞耻的考验:成功捕获被爱者就是荣誉,失败就是耻辱。

---

① 多弗指出,在古希腊人看来,"同性肛交(homosexual anal penetration)既不是爱的表达,也不是美之激发的反应,而是一种侵略性行为,旨在树立主动方针对被动方的优越地位"(Dover, *Greek Homosexuality*, p. 104)。

② 根据雅典彩陶艺术对男童恋的呈现,股间交(爱者的阴茎插入被爱者的大腿之间)是唯一得体的性行为。对此的分析,参考 Andrew Lear and Eva Cantarella, *Images of Ancient Greek Pederasty: Boys Were Their Gods*, Routledge, 2008, chapter 3。

③ Foucault, *The History of Sexuality*, Vol. 2: *The Use of Pleasure*, p. 212.

至少在雅典上层社会,以合法、得体的方式得到优秀男孩青睐的爱者不仅是不受谴责的,而且是令人钦羡的。进一步讲,一个理想的爱者应该更重视被爱者的品质,而非外表;他应该更多用才能、德性和智慧来吸引和感染被爱者,而非完全依靠财富与地位;他应该真诚地关切被爱者的人格与教育,而非仅仅贪图其身体。总之,爱者应该成为被爱者的人格榜样。①

最后需要提到的是:在雅典,男童恋是上层社会的风尚,它即便在雅典越来越民主化的时期也始终是一种贵族风尚。从表达平民道德的喜剧作品中,我们可以看到雅典平民对男童恋的负面态度,尽管我们很难确定这种态度究竟是一种原则性的严正批判,还是在讥讽和嘲笑中带着嫉妒和羡慕。② 不过,可以确定的是,喜剧对男童恋的排斥、对异性爱欲的推崇是同平民对战争的反感、对和平的向往息息相关的。③ 也就是说,平民对男童恋的负面态度根源于平民道德的非血气性,尽管我们很难确定,在古希腊,平民的非血气性在多大程度上是因为平民缺乏争强好胜的欲望,又在多大程度上只是因为他们缺乏参与竞争的能力与资源。作为本书的开篇,本章所探讨的主要是男童恋作为贵族风尚的种种表现,这是因为本书的研究对象是柏拉图的《会饮篇》,这是一部从里到外散发着十足贵族气息的对话,就连经常批评男童恋的喜剧诗人阿里斯托芬,也被柏拉图写成了一个男同性恋的热情拥趸。然而,笔者并不认为柏拉图的爱欲思想只是对于雅典贵族道德的一种哲学表达,也并不认为他写作这部对话是为了歌颂雅典的男童恋风尚。在《会饮篇》的所有角色中,苏格拉底的发言无疑最接近柏拉图自己的思想,而我们会发现,苏格拉底理解的爱欲和城邦所推崇的那种男

---

① 马鲁(Henri-Irénée Marrou)提出,"这种希腊类型的爱有助于创造一种独特的道德理想,它是整个古希腊教育系统的基础"(Henri-Irénée Marrou, *A History of Education in Antiquity*, University of Wisconsin Press, 1982, p. 53)。佩西(William Armstrong Percy)也指出,古希腊文明为我们熟知的那些伟大成就都是在各城邦将男童恋风尚化之后才取得的(Percy, *Pederasty and Pedagogy in Archaic Greece*, p. 92)。关于雅典男童恋,佩西谈到,"年轻人被选中并获得提拔的原因不仅仅是他的美貌,还在于他的道德和理性品质……在古风时代的雅典,几乎所有伟大的民主制领袖都像梭伦与僭主们一样是男童恋者",事实上,许多出现在阿提卡彩陶上的美少年形象后来都成为雅典历史上重要的政治家和将军(Percy, *Pederasty and Pedagogy in Archaic Greece*, pp. 120, 183)。

② 哈巴德(Thomas K. Hubbard)认为,雅典平民对于贵族男童恋风尚持原则性的道德批评态度(Thomas K. Hubbard, "Popular Perceptions of Elite Homosexuality in Classical Athens", *Arion: A Journal of Humanities and the Classics*, Spring-Summer, 1998, Third Series, Vol. 6, No. 1, pp. 48—78);多弗则认为,阿里斯托芬和柏拉图对男童恋的不同态度只不过反映了"一个中年农民和一个年轻的富人"对待奢侈享乐的不同态度(Dover, "Eros and Nomos", pp. 38—39)。需要注意的是,由于不存在真正意义上的雅典平民文学,我们只能透过那些声称为平民代言的文学(例如阿里斯托芬的喜剧)去猜测平民的态度。

③ Ludwig, *Eros and Polis*, pp. 61—62.

童恋爱欲是完全不同的,他的爱欲赞词其实是对于男童恋爱欲的批评、超越、净化和升华。本书希望通过解读《会饮篇》的剧情和论证,阐释柏拉图如何从雅典男童恋风尚出发,围绕爱欲的种种现象提炼出他对于人性不同面向的哲学洞察。

第二章 《会饮篇》的情节与结构

　　柏拉图选择"会饮"(symposium)作为探讨爱欲问题的戏剧场合是再合适不过的。正如韩特(Richard Hunter)所言,在古希腊,"会饮是某种'另类社会',有其自身的规则和仪式,它们既反映又常常颠倒了正常社会的习俗——在就座的空间之内,男人们相互交谈,在狄奥尼索斯及其美酒的影响下,更加自由的氛围让许多原本由公众目光施加的习俗性限制都松弛了,人们得以享受宴会的放纵";另一方面,"会饮又是传承共同文化和理智遗产的中心场所,也就是说,在最广泛的社会政治意义上,它是男性接受教育的场所"。① 放纵的饮酒享乐和严肃的道德、政治、理智教育被结合在会饮的过程中,在这个意义上,会饮在古希腊社会(尤其是雅典社会)中的位置与男童恋是相似的,二者都处在自然与习俗、人性与政治的边界上。②

　　《会饮篇》讲述的那场会饮发生在悲剧诗人阿伽通(Agathon)③的家中。这篇对话的戏剧情节始于多年之后一些雅典人对于当年那场会饮的回忆和讨论。一个名叫阿波罗多罗斯(Apollodorus)④的人告诉一些不知名的听众,他很熟悉那场会饮的前后经过,能够"不无准备地讲述你们询问的事件"(172a1-2)。柏拉图从一开始就告诉我们,这场会饮极为重要,它包含一些不知情者不断"询问"、知情者悉心"准备"的信息,也就是六篇关于爱欲的讲辞和一篇阿尔喀比亚德(Alcibiades)⑤对于苏格拉底的赞美。阿波罗多罗斯说,他的熟人格劳孔(Glaucon)⑥前天也向他询问过那场会饮上面发生的

---

① Hunter, *Plato's Symposium*, pp. 6, 15.

② 和雅典式男童恋一样,会饮也是一种极具雅典特色的习俗,比较柏拉图:《法律篇》,634a以下。

③ 阿伽通是公元前5世纪晚期的悲剧诗人,在当时很受欢迎,但是其作品未能流传下来。

④ 阿波罗多罗斯是苏格拉底的学生和追随者之一,经常出现在柏拉图对话录中,例如《申辩篇》,34a,38b;《斐多篇》,59a,117d。

⑤ 阿尔喀比亚德是公元前5世纪晚期的雅典将军和政治家,年轻时也曾追随苏格拉底,后文将详述他的政治生涯和他与苏格拉底的爱欲关系。

⑥ 这位格劳孔是否就是《理想国》中的格劳孔(柏拉图的兄弟),学术界对此存有争议,参考Archibald Allen, "The Glaucon of Plato's Symposium", *Prometheus*; Firenze Vol. 46, (2020), pp. 128—131.

事,而此前,格劳孔已经听一个叫福尼克斯(Phoenix)①的人讲过一遍了,但是此人讲得很不清楚,于是格劳孔就找到阿波罗多罗斯,想再听他讲一遍。格劳孔相信,作为苏格拉底的"朋友",阿波罗多罗斯一定比福尼克斯更了解内情(172a-b)。我们很快发现,格劳孔的看法是有根据的,阿波罗多罗斯确实是苏格拉底的狂热追随者、哲学的狂热爱好者(173a,173c-d),他告诉格劳孔,那场会饮发生在他们都还是孩童的时候,那一年阿伽通的第一部悲剧赢得诗歌竞赛的冠军,于是他和他的剧团在家里大宴宾客,而苏格拉底参与的那场会饮就发生在宴会后的第二天(173a)。当时还是孩童的阿波罗多罗斯自然并未亲历那场会饮,和福尼克斯一样,他所掌握的信息全都来自一个参加过那场会饮的人,名叫亚里士托德姆(Aristodemus)②,这个人"个子矮小,从不穿鞋",据说他在当时是苏格拉底最热情的"爱者"(173b)。阿波罗多罗斯还声称自己后来和苏格拉底反复确认过,他从亚里士托德姆那里听到的信息是准确无误的(173b)。

学者们指出,阿伽通的第一部悲剧获奖是在公元前416年,③正值伯罗奔尼撒战争期间,而且是西西里远征的前一年,当时柏拉图自己也还是个孩子。作为会饮的亲历者和所有信息的来源,亚里士托德姆是苏格拉底的追随者和模仿者,他把会饮的经过告诉了阿波罗多罗斯和福尼克斯等人,而整部《会饮篇》就是阿波罗多罗斯向某些不知名的听众转述亚里士托德姆向他讲述的会饮场面和爱欲讲辞。无论这些听众是什么人,从戏剧效果来看,他们也可以代表《会饮篇》的读者。④ 我们认为,柏拉图为《会饮篇》设计如此

① 一般认为该角色是柏拉图杜撰的。

② 色诺芬《回忆苏格拉底》1.4保存了一段苏格拉底对这位亚里士托德姆的教导。除了柏拉图的《会饮篇》和色诺芬的《回忆苏格拉底》,我们没有其他关于亚里士托德姆的信息,他应该是一个出身低微的人,因而当苏格拉底邀请他同去参加阿伽通家的会饮时,他感到很惶恐(174a-d)。

③ R. G. Bury, The "Symposium" of Plato, W. Heffer and Sons, 1909, p. lxvi.

④ 从173d-e听众和阿波罗多罗斯的对话来看,这些听众(在对话中由一个被称为"朋友"的人代表)不像阿波罗多罗斯那样崇拜苏格拉底,对哲学也没有兴趣,但是他们急切地想要了解苏格拉底和其他人在那场会饮上面发表的言论。或许柏拉图让听众代表雅典大众,他们想要知道苏格拉底和阿尔喀比亚德之间究竟发生了什么,甚至可能只想知道阿尔喀比亚德在出征之前是否真的犯过捣毁神像、泄露秘仪的罪行,正是这两项指控导致他在远征之初就叛逃到斯巴达。施特劳斯(Leo Strauss)认为,阿波罗多罗斯的讲述应该发生在公元前407年阿尔喀比亚德返回雅典前后,此时城邦已经宣告他无罪,但是雅典人仍然想要知道当初那个促使他叛逃的事件之真伪,参考[美]施特劳斯:《论柏拉图的〈会饮〉》,邱立波译,华夏出版社,2012年,第14—15页;比较[美]纳斯鲍姆(Martha C. Nussbaum):《善的脆弱性:古希腊悲剧与哲学中的运气与伦理》,徐向东、陆萌译,徐向东、陈玮修订,译林出版社,2018年,第250—256页。显然,阿波罗多罗斯讲的内容并不符合听众的期望,而这种落差恰恰反映了哲学和政治的差异。施特劳斯认为,柏拉图暗示,雅典民众将一场关于爱欲的哲学探讨误解为亵渎城邦宗教、颠覆民主政体的政治阴谋(施特劳斯:《论柏拉图的〈会饮〉》,第23—24页)。

复杂的转述结构，既是为了表现关于那场会饮的故事广为流传，也是为了强调《会饮篇》记载的爱欲讲辞是准确无误的。亚里士托德姆和阿波罗多罗斯不见得完全理解那些讲辞，但是他们显然对全部讲辞倒背如流；出于对苏格拉底的崇拜和对哲学的热爱，他们成了忠实的记录者。然而，如果柏拉图让苏格拉底亲自讲述，岂不是更能保障内容的准确？但我们会发现，即便是苏格拉底自己的爱欲赞词也并非阐述他的"原创"观点，而是向在场者转述一位名叫蒂欧提玛(Diotimas)的异邦女祭司在多年之前传授给他的教导。柏拉图希望读者产生这样的戏剧幻觉：这篇最重要的爱欲讲辞是由蒂欧提玛、苏格拉底、亚里士托德姆、阿波罗多罗斯等人口耳相传，再由他书面记录下来的。我们会发现，这一点与《会饮篇》关于爱欲的最终教导密切相关：至高的灵魂爱欲不仅是一个人对于智慧的追求，还包括一个人对于另一个人的教导，这种关于智慧的教导才是人与人之间最深层的爱欲关系——爱者引领被爱者一同走向"爱智慧"的哲学生活，从而让被爱者也成为智慧的爱者，以及新的、更年轻被爱者的领路人。柏拉图借蒂欧提玛之口告诉我们：这种代代相传的哲学师生关系才是"正确的男童恋"(211b5 - 6)。

　　当然，"正确的男童恋"不见得每次都获得充分的成功，有些被爱者最终没能成为智慧的爱者，而是成了哲学家的爱者。[①] 亚里士托德姆和阿波罗多罗斯显然就是如此，在一定意义上，阿尔喀比亚德也是如此。这些失败的案例造成了程度不一的后果，有些是相对良性的，例如亚里士托德姆和阿波罗多罗斯，他们没有成为哲学家，而是成了哲学家的门徒，为我们保存了哲学家的言行。《会饮篇》所讲述的故事就是"老一辈的苏格拉底门徒将消息传达给年轻一代"[②]，让后世有志于哲学者能够从中汲取营养。当然，这并不是说柏拉图为了写作《会饮篇》而采用了其他人的材料(笔者相信，这部对话完全是柏拉图自己的创作)，而是说柏拉图通过塑造亚里士托德姆和阿波罗多罗斯的形象来说明哲学的某种效果。阿尔喀比亚德的情况则完全不同，他既没有成为哲学家，也不可能像亚里士托德姆和阿波罗多罗斯那样成为哲学家的门徒，尽管他以自己的方式爱过苏格拉底。阿尔喀比亚德没有在任何意义上成为哲学爱欲代代相传的参与者，而是以自身天性中惊人强

　　[①] Cf. G. R. F. Ferrari, "Platonic Love", in *The Cambridge Companion to Plato*, ed. Richard Kraut, Cambridge University Press, 1992, p. 262.

　　[②] 施特劳斯：《论柏拉图的〈会饮〉》，第 21 页。拉克欧尔(Nicholas Rockower)观察到，《会饮篇》的主体叙事几乎全部用间接引语，这正是为了反复强调多重转述的叙事形式(Nicholas Rockower, "Love, Laughter, and the Harmony of Opposites in Plato's Symposium", *Comparative Humanities Review*, Vol. 2, Article 4, p. 27)。

盛的血气吸收和转化了哲学爱欲,终其一生在政治和战争的世界中追求某种混杂了爱欲和血气的个人荣耀与帝国抱负,最终既伤害了城邦,又连累了哲学,更荒废了自己。《会饮篇》的故事发生在那几乎毁了雅典的西西里远征前夕,这场野心勃勃的军事行动源自于阿尔喀比亚德灌输给雅典帝国的政治爱欲;而在会饮的那个晚上,即将出征的阿尔喀比亚德到最后才醉醺醺地闯进来,错过了苏格拉底关于哲学爱欲的完整教导。① 这些都是柏拉图精心安排的戏剧情节,为的是讲述一出哲学爱欲的政治悲剧。

让我们回到对话开场的情节。阿波罗多罗斯告诉众人,亚里士托德姆说,多年前的那个晚上他偶遇苏格拉底,后者正在去阿伽通家的路上,他罕见地洗过澡、穿着鞋。苏格拉底告诉亚里士托德姆,他没有参加昨天的庆祝,但是同意今天前去赴宴,因为昨天的庆功会是个嘈杂的公共聚会,而今晚的会饮是三五好友之间的私人聚会。苏格拉底顺口邀请并未受邀的亚里士托德姆一同前往,后者心怀不安地同意了(他虽然是苏格拉底的崇拜者,但显然不是阿伽通的好友)(174a‐b)。苏格拉底高兴地开玩笑说,在荷马史诗中,墨涅拉奥斯未受邀去参加阿伽门农的宴会是"坏人参加好人的宴会",而他们俩去参加阿伽通的宴会是"好人参加好人的宴会";不仅如此,他今晚之所以洗过澡、穿着鞋,就是为了让自己稍微变美一点,从而不但是"好人参加好人的宴会",而且是"美人参加美人的宴会"(174b‐c)。苏格拉底的这些玩笑话一方面利用了阿伽通的名字和美貌(阿伽通名字的发音和希腊语的"好"相同,而且他是个著名的美男子),另一方面也表现了苏格拉底自己的特征。在美丑方面,苏格拉底的外貌很丑,但是试图把自己变美,这符合他对爱若斯的理解:爱若斯自身并不美,但是追求美。不过,在好坏方面,苏格拉底把自己和阿伽通类比于墨涅拉奥斯和阿伽门农,这是什么用意呢? 墨涅拉奥斯和阿伽门农是亲兄弟,而我们会发现,阿伽通和苏格拉底的爱欲讲辞也相互亲缘,二者是递进的关系:阿伽通是第一个将爱欲和自然意义上的美联系起来的发言者,而苏格拉底对爱欲的理解也以爱欲与美的自然关联为出发点。与此同时,这个类比又带着强烈的反讽色彩:荷马说阿伽门农是勇敢的战士,墨涅拉奥斯是软弱的战士,这是荷马区分好坏的标准,但是根据阿尔喀比亚德,苏格拉底在战场上是个非常勇敢的战士,他的爱欲讲辞也丝毫不"软",而是相当"硬"的一篇(仅次于阿里斯托芬的讲辞;下文将详述何谓爱欲讲辞的"软硬");相比之下,阿伽通从未上过战场,他的爱欲

---

① 比较林国华:《海洋帝国的民主悲剧——修西底德〈伯罗奔尼撒战争史〉浮论》,载于《开放时代》,2004 年第 2 期,第 77 页。

讲辞也毫无疑问是所有讲辞中最"软"的一篇。我们会发现，尽管阿伽通和苏格拉底的爱欲讲辞在大体思路上是递进的，但是从品质和思想上讲，这两篇讲辞可以说是所有讲辞中最差的和最好的。事实上，在转述蒂欧提玛的教导之前，苏格拉底必须首先通过一番问答式的辩证纠正阿伽通讲辞的根本错误。① 而这里，在去往悲剧诗人阿伽通家的路上，苏格拉底首先纠正了荷马这位"所有悲剧诗人的老师"的错误②——不是"坏人参加好人的宴会"，而是"好人参加好人的宴会"，而且细究起来，客人才是勇敢的好人，主人只是一个名字听上去像好人的软弱之人，因而事实与荷马说的恰恰相反，应该是"好人参加坏人的宴会"才对。

　　亚里士托德姆谦逊地回答苏格拉底道：对他而言，恐怕荷马说的更对。不过，亚里士托德姆更加关心的是自己如何到阿伽通家时不显得是个不速之客，这需要苏格拉底以邀请人的身份带他前去赴宴。然而，苏格拉底半路上突然陷入沉思，并让亚里士托德姆先走，这导致先到阿伽通家门口的亚里士托德姆陷入极度尴尬的境地。不过，仆人很快请他进屋，精于世故的阿伽通替他解了围："亚里士托德姆，你来得正好，快与我们共进晚餐……我昨天四处找你想邀请你，但是没有找到你。不过，你怎么没把苏格拉底带来呢？"（174c－e）苏格拉底已经用改编荷马诗句的方式对比了他自己和阿伽通，而这段小插曲紧随其后，是柏拉图在对比苏格拉底和阿伽通：苏格拉底是个多少有些古怪的人，他无缘无故地陷入沉思，害得亚里士托德姆一度非常难堪，相比之下，阿伽通显得机智而圆滑，他待人接物游刃有余，张口就是善意的谎言（他显然不曾"四处找寻"过亚里士托德姆）。这是哲学家和诗人给人的最初印象：哲学家是奇怪的（ἄτοπος），他尽管通常没有恶意，但是往往令人烦恼，而诗人恰恰相反，尤其是广受大众欢迎的诗人，即便他明显并不真诚，却也令人愉快。③ 得知苏格拉底在门外，阿伽通让仆人去找他并招呼他进来，亚里士托德姆却让阿伽通不要打扰苏格拉底，因为他知道这是苏格拉底的习惯（ἔθος）（175a－b）。熟悉并爱慕苏格拉底的亚里士托德姆习惯了这位哲学家的古怪习惯，而包括阿伽通在内的大多数人并不熟悉苏格拉底，更不会像亚里士托德姆那样谅解他和保护他。在一段相当长的时间内，独自在门外沉思的苏格拉底与阿伽通家中热闹的宴会形成鲜明的对比，柏拉

---

① Cf. Bury, *The "Symposium" of Plato*, p. liii.
② 柏拉图：《理想国》，595b。
③ 阿伽通说苏格拉底的行为"奇怪"（ἄτοπον）（175a10）。比较柏拉图：《泰阿泰德篇》，149a8—9，苏格拉底对泰阿泰德说："他们说我是个非常奇怪的人（ἀτοπώτατος），总是让人们陷入困境（ἀπορεῖν）。"

图似乎在告诉我们,即便是对于这场比前一天的庆功会远为私密的会饮,苏格拉底也仍然是一个格格不入的异类。在城邦中,哲学家终归没有属己的位置(τόπος)。①

当苏格拉底终于进来时,晚餐已经进行了一大半。阿伽通看见他,立刻欢迎道:"苏格拉底,请过来躺在我旁边,②好让我通过触碰(ἁπτόμενος)你而受益于你刚才在门口获得的智慧。"苏格拉底就座并回答道:"阿伽通,如果智慧是这样一种东西,可以从我俩中比较满的那个流向比较空的那个,那就好啦!"(175c7–d5)从阿伽通的友好嘲笑中,苏格拉底敏锐地捕捉到一个关于如何传授智慧的严肃论题,而这也正是他们两人的爱欲讲辞所要探讨的核心问题。我们会发现,阿伽通认为智慧就是诗艺,他说爱若斯就是一个有智慧的诗人,凡是他触碰(ἄψηται)过的人都会变成诗人(196e1–3)。在阿伽看来,智慧是通过某种充满爱欲色彩的"触碰"("躺在一起")来传授的,我们将在他的爱者包萨尼亚(Pausanias)的讲辞中找到这种观点的根据。与此相反,苏格拉底认为智慧取决于理智对于理念的"观看",这样的智慧本身是无法传授的,尽管通向它的求索之路是可以传授的,但是这种传授绝不是通过任何意义上的"触碰"来完成的。在回敬了阿伽通的嘲笑之后,苏格拉底又从大众的视角出发比较他们两人的智慧:他说自己的智慧像梦一样虚无缥缈,而阿伽通的智慧在三千名剧院观众面前光彩熠熠(175e)。不消说,相比于苏格拉底那令人困惑的智慧,城邦更喜欢阿伽通那光彩熠熠、通过"躺在一起"来传递的智慧。阿伽通看出了苏格拉底的反讽,他回答道:"苏格拉底,你真过分(ὑβριστής)!稍后让我和你在智慧上较量一番,让狄奥尼索斯来做裁判。"(175e7–9)阿伽通的话预告了接下来的剧情:所谓"较量"就是比试各自发表的爱欲赞词。阿伽通提出的"较量"是他自己最拿手的诗歌竞赛,殊不知柏拉图为《会饮篇》的读者安排的是一场更加深刻的竞赛——诗歌与哲学的竞赛。其中,代表哲学的当然是苏格拉底,但是随着剧情的展开,我们会发现,代表诗歌的并非阿伽通,而是苏格拉底的老对手喜剧诗人阿里斯托芬。在整部《会饮篇》中,只有阿里斯托芬的讲辞能够与苏格拉底的讲辞相提并论,相比之下,阿伽通代表的其实是修辞术,而他的爱者包萨尼亚代表的是智者术。在对话的末尾,代表政治家的阿尔喀比亚德闯了进来,他将取代狄奥尼索斯充当这场诗歌与哲学之争的裁判。这样看来,《会饮篇》的讲辞竞赛反映了柏拉图对古典时代雅典政治思想格局的理

---

① 比较柏拉图:《申辩篇》,40e。
② 在雅典,会饮的参与者侧卧在躺椅上,通常是两个男人极为暧昧地共享一个躺椅。

解:虽然肤浅的智者术和修辞术如日中天,但是真正严肃而深刻的精神冲突仍然发生在诗歌与哲学之间。①

　　紧接着,柏拉图过渡到《会饮篇》的正题。晚餐过后,酒量最差的包萨尼亚首先提出,由于大家在昨天的宴会上喝得太多,今天不宜纵饮(176a - b)。众人纷纷表示同意,包括酒量极好的阿伽通。医生厄里克希马库斯(Eryximachus)利用这个机会发表了一番对过度饮酒的批评,但是他同时提到:苏格拉底是个例外,酒精对他没有影响(176c)。厄里克希马库斯接着提议:不妨用"言辞"(λόγων)取代美酒和笛曲,作为今晚的会饮节目,至于交谈的内容,他已经想到了一个绝佳的主题,那就是对爱若斯的赞美(176e)。原来,厄里克希马库斯的被爱者斐德罗(Phaedrus)平日里常对他说,在所有的神灵中,唯有"如此古老且如此重要"的爱若斯缺乏应有的赞美,这是极不合理的(177a - c)。② 厄里克希马库斯希望借此场合满足斐德罗的愿望,于是提出,从斐德罗自己开始,在座的每个人发表一篇对于爱若斯的赞词(177d)。③ 对于这个提议,第一个表示赞同的是苏格拉底,以"无知之知"著称的他此时却声称"我唯一知道的是爱欲之事(τὰ ἐρωτικά)"(177d7 - 8)。④ 接着,苏格拉底点名几位在这个话题方面颇有建树的人,尤其是"整日与狄奥尼索斯和阿芙洛狄忒为伴"的阿里斯托芬(177e1 - 2)。至此,不仅对话剧情正式进入赞美爱欲的主题,而且六位发言者亦已全部出场,按照发言顺序,他们是斐德罗、包萨尼亚、厄里克希马库斯、阿里斯托芬、阿伽通和苏格拉底。其中,阿伽通和包萨尼亚是一对同性恋人,斐德罗和厄里克希马库斯也曾有过男童恋关系。最后,在苏格拉底讲完他的赞词之后,他曾经的被爱者和学生阿尔喀比亚德闯了进来,成为第七位发言者。⑤

────────────

　　① 施特劳斯指出,175e 的"智慧较量"是在影射阿里斯托芬的《蛙》,"在《蛙》中,我们看到两位悲剧诗人的竞赛,这场竞争由酒神狄俄尼索斯着眼于阿尔喀比亚德做出了裁决。这正是《会饮》的样板,只是柏拉图将悲剧之间的竞赛换成了诗歌与哲学的竞赛。至于裁决者,"狄俄尼索斯的位置被支持苏格拉底的阿尔喀比亚德替代了……《会饮》是柏拉图对阿里斯托芬和所有诗人的总回答"(施特劳斯:《论柏拉图的〈会饮〉》,第 26 页)。

　　② Cf. Ferrari, "Platonic Love", p. 249.

　　③ 斐德罗和厄里克希马库斯要为当晚会饮的话题负主要责任,后来他们两人也被指控是捣毁神像和泄露秘仪的主犯。

　　④ 苏格拉底的"无知之知"与他的"爱欲知识"并不矛盾,参考 Gary Alan Scott and William A. Welton, *Erotic Wisdom: Philosophy and Intermediacy in Plato's Symposium*, State University of New York Press, 2008 对该问题的研究。简单地说,苏格拉底的"无知之知"使他"爱智慧",而这正是他所知道的"爱欲之事"。

　　⑤ 发言者不止这七位,但是亚里士托德姆和阿波罗多罗斯只记得这七位的讲辞(178a)。伯里(R. G. Bury)认为这些发言者代表了关于爱欲之观点的不同类型和不同倾向,而且大多数讲辞都或多或少反映了智者的影响(Bury, *The "Symposium" of Plato*, p. lvii)。施特劳 (转下页注)

关于发言的顺序和讲辞的结构,学者们提出了种种解读,这在很大程度上是一个见仁见智的问题。① 笔者认为,前六篇发言可以分为三组:第一组发言者是斐德罗和包萨尼亚,他们都从城邦的视角出发理解爱欲;第二组发言者是厄里克希马库斯和阿里斯托芬,他们是从不同意义上的自然视角出发理解爱欲的;第三组发言者是阿伽通和苏格拉底,他们以各自的方式将自然和习俗的视角结合了起来,这体现为,一方面,他们都是从爱欲最自然的对象——美出发理解爱欲现象的,另一方面,在他们看来,人类对于美的爱欲构建了不同层次的政治文化。笔者认为,上述分组方式准确地反映了贯穿《会饮篇》的一条思想主线,那就是在自然和习俗之争的框架下考察爱欲之于人性和政治的意义。② 当然,任何整齐划一的分组和单线阐释都无法还原柏拉图的复杂布局,在讲辞的递进之间其实存在多条线索交织的嵌套结构,例如,发言者中两个爱者(包萨尼亚和厄里克希马库斯)的观念是相似的,他们都是享乐主义者,只不过一个是文人,一个是科学家,前者试图通过法律来保障个体情欲的满足,后者的理想是利用各种各样的技艺来实现人类的福祉。③ 两个被爱者(斐德罗和阿伽通)的观念也是类似的,他们赞美的与其说是爱欲,不如说是被爱者:斐德罗认为被爱者阿基琉斯是最高贵

(接上页注)斯也指出,除苏格拉底之外,"《会饮》中的角色都出自智术师门下……集合了雅典智识界的精华",唯一的例外是阿里斯托芬,因为他"是所有新奇事物的敌人:既是智术师和现代悲剧的敌人,也是阿伽通这类人的敌人"(施特劳斯:《论柏拉图的〈会饮〉》,第25页)。

① 伯里认为前五篇讲辞只是"处于同一层面"的意见,唯有苏格拉底的讲辞揭示出爱欲的真理(Bury, The "Symposium" of Plato, pp. liii - lvii),这是研究界的主流解释,例如 Frisbee Sheffield, Plato's Symposium: The Ethics of Desire, Oxford University Press, 2006, pp. 15—16, 214—215。福柯的解释也属于这一类,他认为苏格拉底之前的发言都延续了关于男童恋的传统问题意识,是对于"习俗性爱欲言论的模仿",而"苏格拉底和柏拉图的爱欲论则完全不同……(对他们而言)所有这些问题都从属于另一个更加源始的根本问题:爱欲自身的本质是什么?"(Foucault, The History of Sexuality, Vol. 2: The Use of Pleasure, pp. 230—233)笔者认为,这类解释主要存在两个问题:首先,预设了苏格拉底是柏拉图唯一且充分的代言人;其次,严重低估了阿里斯托芬的讲辞。施特劳斯提出了一种新的解释:六篇讲辞分为前三篇和后三篇,其中,"前面三篇讲辞有缺陷,因为它们让爱欲服从某种外在于爱欲的东西……另外三篇讲辞没让爱欲服从外在的东西,它们赞颂爱欲本身……后三篇讲辞的分工是:阿里斯托芬讲辞的特点是丑,阿伽通讲辞的特点是美的化身,在苏格拉底那里,爱欲既不是丑,也不是美。苏格拉底讲辞的结论或关键词既非丑亦非美,而是善"(施特劳斯:《论柏拉图的〈会饮〉》,第54页)。笔者认为分组的解释更好,但是本书的分组方法与施特劳斯不同。关于发言顺序和讲辞结构的更多解释,参考 Kevin Corrigan and Elena Glazov-Corrigan, Plato's Dialectic at Play: Argument, Structure, and Myth in the Symposium, Penn State University Press, 2005, pp. 43 - 50。

② 从自然和习俗的角度对古希腊爱欲问题的系统研究,参考 Bruce S. Thornton, Eros: The Myth of Ancient Greek Sexuality, Westview Press, 1997。

③ Cf. Seth Benardete, "On Plato's Symposium", in Benardete, The Argument of the Action: Essays on Greek Poetry and Philosophy, University of Chicago Press, 2000, p. 171.

的，而阿伽通描述的爱若斯就是一个神圣化的被爱者。不同于上面四位发言者，苏格拉底和阿里斯托芬的讲辞都不是从爱者或被爱者的立场出发，而是深入到爱欲的本质，从各自对爱欲之本质的根本理解出发挖掘自然人性与政治习俗的复杂关系，因此，这两篇讲辞是最具有思想深度和普遍意义的。再如，发言者的酒量与他们的爱欲观念有着密切的关系，斐德罗、包萨尼亚、厄里克希马库斯的酒量都不好，他们的爱欲讲辞都着眼于爱欲带来的好处；阿里斯托芬、阿伽通、苏格拉底的酒量都非常好，他们的爱欲讲辞都着眼于爱欲自身。由此可见，酒量与爱欲有密切的关系，酒量好的人往往爱欲强烈。最后发言的阿尔喀比亚德似乎是酒量最大的，但是他不赞美爱欲，而是赞美苏格拉底；同时，苏格拉底的酒量又与其他人都不同，酒精对他没有影响，这究竟意味着他具有最强的爱欲，还是暴露出他是非爱欲的？或许柏拉图是在暗示，在俗常的意义上，阿尔喀比亚德是最具爱欲的人，他的讲辞最生动也最热情地表达了一般人的爱欲观念，正如他喝醉后的言行，尽管狷狂无礼，但毕竟是常人容易理解的；相比之下，苏格拉底的爱欲则经过了精神的升华，是一种超凡脱俗的"爱智之欲"，这种对于智慧的爱欲比任何俗常的爱欲都更加强烈，但是在普通人看来却显得是无欲无求，这就正如苏格拉底独特的酒量，他既不嗜酒，又能千杯不醉。

在全部七篇讲辞之中，如果说阿里斯托芬与苏格拉底的两篇反映了诗歌与哲学关于爱欲的思想争执，那么阿尔喀比亚德的出场和他的讲辞就反映了从思想到现实、从言辞到行动的转化。《会饮篇》探讨爱欲的出发点是男童恋，尽管前六位发言者中有两对情侣，但是只有阿尔喀比亚德的讲辞与他自己的爱欲经历直接相关。在现实历史中，苏格拉底和阿尔喀比亚德的爱欲关系及其政治后果不仅对双方的命运产生了致命的影响，甚至还对古希腊政治格局产生了深远的影响。在西西里远征前夕，阿尔喀比亚德灌输给雅典人的帝国激情将哲学爱欲的普遍性追求转化为政治扩张的野心，而在随后的叛逃、投敌与流亡途中，他更是将一种超越城邦的普遍适应力发挥到了极致，先后游刃于斯巴达和波斯，为各方出谋献策。[①] 虽然在如此剧烈的冲突之后，阿尔喀比亚德仍然有机会重返雅典，并一度取得了可观的军事和政治功绩，但是他曾经造成的巨大伤害难逃雅典人的清算。阿尔喀比亚德本人已经于战争结束前被暗杀，最终，苏格拉底成了雅典人记恨阿尔喀比亚德的牺牲品。公元前 399 年，雅典陪审团以败坏青年的罪名审判苏格拉

---

① Cf. Mary P. Nichols, *Socrates on Friendship and Community*：*Reflections on Plato's Symposium*，*Phaedrus*，*and Lysis*，Cambridge University Press，2009，pp. 29—30.

底,判处他死刑。① 在《申辩篇》中,柏拉图笔下的苏格拉底在法庭上为自己做出了辩护,他提到,多年以前,阿里斯托芬在《云》中把他刻画为一个教导诡辩术的哲学家,这是比眼下的控诉更加根本的诬告。② 既然苏格拉底的实质罪名是败坏青年,尤其是与他有爱欲纠葛的阿尔喀比亚德,而《会饮篇》的中心线索又是阿里斯托芬和苏格拉底关于爱欲的争执,我们就不难看出,柏拉图写作《会饮篇》的一个重要目的就是在更加根本的层面为苏格拉底辩护。然而,我们会发现,柏拉图留给我们的并非一份简单的无罪辩护,而是一份复杂而深刻的诊断。《会饮篇》不仅展现了诗歌与哲学的爱欲争执,还邀请读者思考现实历史对于政治爱欲的考验。在这个意义上,阿尔喀比亚德的讲辞绝非一份可有可无的附录,而是整部对话极其重要的压轴戏。不过,要理解柏拉图究竟如何看待阿尔喀比亚德和苏格拉底之间的爱欲纠葛,我们还是要先回到《会饮篇》的文本,从第一组爱欲赞词谈起。

---

① 苏格拉底的正式罪状是"败坏青年,不信城邦的神,引入新的精灵"(见柏拉图:《申辩篇》,24b),其中,虽然"不信城邦的神"是法律上更加严重的罪名,但是"败坏青年"才是苏格拉底被雅典审判和处死的真正原因。参考〔古希腊〕柏拉图:《苏格拉底的申辩》,吴飞译/疏,华夏出版社,2007年,第3—4页。

② 柏拉图:《申辩篇》,18c‐d。郝岚(Jacob Howland)指出,"阿里斯托芬的控告,正如后来的正式起诉,无非指责苏格拉底的哲学⋯⋯败坏了政治共同体。对陪审团来说,苏格拉底和阿尔喀比亚德的关系尤其能够证明先后两拨控告者的指控",参见〔美〕郝岚:《哲学的奥德赛——〈王制〉引论》,李诚予译,华夏出版社,2016年,第15页。

第三章　斐德罗与包萨尼亚

斐德罗和包萨尼亚都是从城邦的视角出发看待爱欲和男童恋的,二者的差异体现了城邦生活的不同面向,用最简单的话来说便是:斐德罗关注战争,包萨尼亚关注和平;斐德罗赞美勇敢和牺牲,包萨尼亚赞美教育和智慧。① 对他们而言,爱欲的意义就在于能够帮助城邦更好地实现这些善。然而,在更深的层面,斐德罗与包萨尼亚的差异展现了城邦视野之内习俗和自然的冲突:斐德罗完全以政治习俗的方式理解爱欲,而包萨尼亚理解爱欲的出发点是自然情欲,这一差异与两个角色的爱欲经验有关:斐德罗是没有爱欲的被爱者,而包萨尼亚是有着强烈爱欲而且专爱男伴的爱者,男童恋对于前者而言是习俗的安排,对于后者来说是自然的需要。柏拉图安排这两个角色为第一组发言人,这说明他在《会饮篇》中对爱欲的阐发也以城邦为出发点,他的第一个任务在于展现男童恋这种独特的风尚之于城邦政治的意义以及这份意义内在的复杂性。

斐德罗的核心观点是:爱欲能够通过追求光荣、避免羞耻的道德规范来塑造公民的德性。他指出,爱者和被爱者如果在彼此面前做出可耻的行为会感到格外羞耻,这将会促使他们争先恐后地追求德性带来的光荣(178c–178e)。这一观点有两个前提:首先,爱欲能够强化公民的羞耻感;其次,荣誉和德性是一致的。从第一个前提可以看出,斐德罗所关心的并非爱欲本身,而是其政治功效。利用爱欲来强化羞耻感是城邦将人的自然能量导向习俗秩序的道德方式,这种方式本身就预设了一种受制于社会意见的爱欲观念,从这种高度习俗化的观念出发,爱欲与其说是一种欲望,不如说是社会对于这种欲望的评价。第二个前提更加明显地暴露出斐德罗的习俗主义原则:凡是城邦认为光荣的,一定是有德性的,凡是城邦认为羞耻的,一定是

---

① 布鲁姆(Allan Bloom)准确地指出,“包萨尼亚的品味是非常雅典的,斐德罗则是极为斯巴达的”(Allan Bloom, “The Ladder of Love”, in*Plato's "Symposium"*, trans. Seth Benardete, with commentaries by Allan Bloom and Seth Benardete, Chicago: University of Chicago Press, 2001, p. 87)。

违背德性的。斐德罗之所以相信城邦对德性的理解完全符合德性的本质，是因为他将城邦的诉求和德性的表现都限制在最低的层次。我们很快发现，斐德罗心目中的德性就等同于勇敢，而勇敢之德的意义就在于保卫城邦。他设想，如果一个城邦的军队完全由爱者和被爱者组成，那么它将战无不胜（178e－179b），①这无异于说爱欲的功用最终在于维持城邦的存活与安全。总之，通过强化羞耻感的方式，爱欲能够塑造公民的勇敢之德，从而有利于城邦在战场上取得胜利。由此可见，斐德罗的爱欲观带着显著的血气色彩，局限于习俗道德的视域。②

在谈及爱欲与德性的关系时，斐德罗提到"自然"，"没有人会如此地坏，以至于连爱欲都无法激发他的德性，让他与天生的（φύσει）优秀者相似"（179a7－8）。所谓"天生的"优秀者就是"在自然上"优秀的人。在斐德罗看来，人可以通过两种方式获得德性，一是通过先天的自然本性，二是通过爱欲的后天激发，这种区分以再明确不过的方式将爱欲与自然对立起来。那么，什么样的人是受爱欲激发而获得德性，什么样的人又是天生的优秀者呢？斐德罗列举了几个神话中的例子，③其中，愿意代替丈夫阿德墨托斯赴死的阿尔刻斯提斯是受爱欲激发的典范，④而愿意以生命为代价为自己的爱者帕托克鲁斯复仇的阿基琉斯是天生优秀的典范。⑤ 斐德罗接着说，由于爱者比被爱者"更神圣"（θειότερον），因此，被爱者对爱者的"挚爱"（ἀγάπη）要比爱者对被爱者的爱欲或妻子对丈夫的爱欲更高贵，这正是诸神

---

① 斐德罗的设想并非异想天开，公元前4世纪的底比斯就拥有一支完全由同性恋组成的军队，号称"神圣军团"，战斗力非常强大。参考黄洋：《从同性恋透视古代希腊社会》，前揭，第78页。

② Alessandra Fussi, "The Desire for Recognition in Plato's Symposium", *Arethusa*, 2008, Vol. 41, No. 2, p. 239 ff.

③ 斐德罗共举了三个神话中的例子：愿意替丈夫赴死的阿尔刻斯提斯，不愿与妻子同死的俄耳甫斯，愿意为朋友复仇而死的阿基琉斯。其中，俄耳甫斯是反面案例，而他之所以没有德性（即不敢死）是因为他是软弱的（179d4），而这又是因为他是一个竖琴师。由此可见，斐德罗基本上将德性等同于勇敢，并将被爱欲所激发的德性等同于敢于为爱而死的勇敢。斐德罗特别喜欢用"敢"这个词（177c3，抱怨没有人"敢"赞美爱若斯；179d5，批评俄耳甫斯"不敢"为爱而死；179e5，赞美阿基琉斯"敢"为爱而死）。这些都说明斐德罗的爱欲赞词是充满血气、相对比较"硬"的一篇。不过，斐德罗自己要比他所赞美的爱者和被爱者都"软"：热衷于修辞术的他显然更接近音乐家俄耳甫斯，且他唯一声称自己"敢"做的事不是为爱而死，而只是赞美爱若斯。

④ 根据古希腊神话，弗里城国王、阿耳戈英雄之一阿德墨托斯受阿波罗庇护，当阿波罗发现他不久于人世，便设法灌醉命运女神，劝她允许让某人自愿代替阿德墨托斯去死，以便延长他的寿命，结果只有妻子阿尔刻斯提斯愿意为他而死。参阅埃斯库罗斯：《和善女神》，723—728；欧里庇得斯：《阿尔刻斯提斯》，15—21；参见〔美〕贝尔格（Steven Berg）：《爱欲与启蒙的迷醉——论柏拉图的〈会饮〉》，乔汀译，华夏出版社，2016年，第25—27页。

⑤ 荷马并未提及英雄之间的同性恋，斐德罗认为阿基琉斯与帕托克鲁斯是同性恋人，这完全是古典时代的希腊人对于荷马史诗的曲解。关于阿基琉斯与帕托克鲁斯的友爱，参陈斯一：《荷马史诗与英雄悲剧》，第178—218页。

将阿基琉斯的地位置于阿尔刻斯提斯之上的原因(180a－b)。①

　　通过爱欲之德与自然之德的区分以及阿基琉斯和阿尔刻斯提斯的高下之别,斐德罗的发言从赞美爱欲的习俗规范悄然转变为赞美道德的自然根基,他实际上认为对神圣事物的挚爱高于追求光荣的爱欲。斐德罗的赞词始于强调爱欲的古老权威,终于承认自然的更高价值,这个内在矛盾揭示出习俗论爱欲观的局限。事实上,斐德罗提到的挚爱要比他理解的爱欲更接近苏格拉底将会在真正自然的意义上阐发的爱欲,也就是人对神圣、美好、高贵之事物的追求。这种追求包含但超越了城邦的存亡、战士的勇敢和公民的荣誉,也摆脱甚至颠覆了爱者和被爱者的传统等级制。如果爱者是更神圣的一方,那么自然的爱欲恰恰应该属于被爱者,这与通常的男童恋关系完全相反。②

　　斐德罗讲辞的出发点是追求光荣、避免羞耻的习俗道德以及城邦的自我保存,同时也触及爱欲与自然的关系。紧接着,包萨尼亚的发言将问题抬高了一个层次,他探讨爱欲与教育的关系,这其实是在更高的维度探讨自然与习俗的关系。斐德罗将爱欲归于习俗这一方,他是一个被爱者,男童恋爱欲并非他的自然情感。③ 包萨尼亚则是一个爱者,而且是一个严格意义上的男同性恋者。④ 对他来说,男童恋爱欲是自然的生理欲望,而爱者对被爱者的教育是这种自然欲望参与城邦道德构建的习俗渠道。与斐德罗的习俗论不同,包萨尼亚的立场

---

　　① 在爱者和被爱者的关系中,爱者对被爱者有爱欲,但被爱者对爱者没有爱欲,只有友爱(φιλία)或挚爱(ἀγάπη),爱欲与友爱/挚爱的实质区别在于,前者是带着性欲的,后者是无性欲的,这是古希腊男童恋的重要规范之一。这一规范性区分在异性恋者阿尔刻斯提斯身上体现并不明显,斐德罗在描述她对丈夫的情感时也并不区分φιλία(179c1)和ἔρωτα(179c2);但是在赞扬阿基琉斯的时候,斐德罗非常重视爱者和被爱者的区分,他纠正埃斯库罗斯的说法,认为阿基琉斯不是爱者,而是被爱者(180a),并且在描述阿基琉斯的情感时使用ἀγάπη而避开ἔρως(在180a7－b3,斐德罗将τὸν ἔρωτα和ἀγαπᾷ对立起来)。

　　② 斐德罗虽然看到了这一点,但是由于拘泥于习俗,他不愿意用"爱欲"来指代对神圣事物的爱,这也导致他在献给爱欲的赞词中不自觉地贬低了爱欲(cf. Corrigan and Glazov-Corrigan, *Plato's Dialectic at Play*, pp. 53－54)。从他最推崇的例子来看,帕托克鲁斯爱阿基琉斯的理由是阿基琉斯"更年轻、更美",而阿基琉斯爱帕托克鲁斯的理由是帕托克鲁斯"更神圣"。阿基琉斯的挚爱显然高于帕托克鲁斯的爱欲,前者在性质上更接近苏格拉底讲的爱欲。

　　③ 施特劳斯认为斐德罗的被爱者身份决定了他的爱欲观是自利的,着眼于功效(施特劳斯:《论柏拉图的〈会饮〉》,第56页)。我们同意斐德罗对爱欲的赞美着眼于爱欲的功效,但我们认为,他所关心的并非仅仅是被爱者如何从爱欲中受惠(他既赞美为被爱者而死的爱者,也赞美为爱者而死的被爱者),而是整个城邦如何从爱欲中受惠(参见贝尔格:《爱欲与启蒙的迷醉》,第23－24页)。斐德罗赞词的症结不在于自私的算计,而在于他将爱欲完全政治化和习俗化了,这导致他无法理解爱欲在什么意义上是自然的。

　　④ 包萨尼亚与阿伽通是一对终生保持爱欲关系的同性恋人(193b－c),比较柏拉图:《普罗泰戈拉篇》,315d－e;参考布里松:《少男之爱与智慧之爱》,第297－301页。在雅典,包萨尼亚是一个并不典型的爱者,他的爱欲并非"血气爱欲",而是纯粹的同性情欲,这一点在很大程度上决定了他对爱欲的理解。

是自然主义的:虽然他极力强调男童恋的教育意义,并提倡改革雅典关于男童恋的法律,但是他提出这些观点的根本目的在于更好地满足自己的情欲。

包萨尼亚首先区分了两种爱欲:"属天的爱欲"和"民众的爱欲",这个区分的根据在于爱若斯总是跟随阿芙洛狄忒,而阿芙洛狄忒本身就可分为"属天的"和"民众的"(180d-e)。包萨尼亚讲辞的开头是在回应和批评斐德罗讲辞的开头,后者提出爱若斯是最古老从而最受崇拜的神,并援引赫西俄德的《神谱》为证,"赫西俄德说第一个生出的是浑沌,'接着便是宽胸的大地那所有永生者永远牢靠的根基,还有爱若斯'"(178b3—7)。斐德罗对赫西俄德的引用并不完整,《神谱》论及最古老的神是这样说的:

> 最早生出的是浑沌,接着便是宽胸的大地那所有永生者永远牢靠的根基——永生者们住在积雪的奥林波斯山顶,道路通阔的大地之下幽暗的塔尔塔罗斯,还有爱若斯,永生神中数他最美,他使全身酥软,让所有神和人思谋和才智尽失在心怀深处。[①]

赫西俄德对爱若斯的刻画包含一种张力:从爱若斯在诸神谱系中的地位和他在宇宙生成论中的功能来看,他是生育力的神圣化,但是从爱若斯的文学形象来看,他又代表着美的吸引和性的魅惑,是情欲的人格化。[②] 两相比较,爱若斯的情欲色彩是更加明显的,他在《神谱》中第二次出现时,如包萨尼亚所言,就已经是情欲之神阿芙洛狄忒的随从了。[③] 斐德罗只想证明爱若斯的古老,因而他完全省略了赫西俄德对爱若斯那充满了情欲色彩的刻画,仅仅强调爱若斯紧跟在浑沌和大地之后诞生,包萨尼亚则将爱若斯的二分归结于情欲之神阿芙洛狄忒的二分;与此相应,斐德罗对爱欲的赞美绝口不提情欲问题,而情欲是包萨尼亚赞词的起点和归宿。[④] 另一方面,斐德

[①]　赫西俄德:《神谱》,116—122,中译引自吴雅凌:《神谱笺释》,华夏出版社,2010年,第100页。

[②]　吴雅凌认为,在赫西俄德的神话思想中,最初的三位神明象征构成世界的基本元素:浑沌是虚无,大地是实在,而"爱若斯是结合的本原,少了他,繁衍将不可能";其他诸神和自然万物都是借着爱欲的力量从虚无和实在中繁衍出来的(吴雅凌:《神谱笺释》,第191页)。布赖滕贝格(Barbara Breitenberger)指出赫西俄德在《神谱》中最初提到的爱若斯是负责孕育和创造的宇宙论本原(Breitenberger, *Aphrodite and Eros*, pp. 153—163)。罗森(Stanley Rosen)准确地观察到,斐德罗讲辞的根本问题在于割裂了爱欲与生育的内在关系(Stanley Rosen, *Plato's Symposium*, Yale University Press, 1987, pp. 45—50)。

[③]　赫西俄德:《神谱》,201。

[④]　在古希腊语中,虽然ἔρως带有情欲色彩,但这个词本身并不一定指情欲,相比之下,ἀφροδισία(字面意思为"属于阿芙洛狄忒的")专指情欲和性行为。包萨尼亚将爱若斯的二分归结于阿芙洛狄忒的二分,就是要从斐德罗刻意忽视的情欲角度出发理解爱欲。

罗对赫西俄德的引用不仅忽视了爱欲的情欲面向，也未能顾及爱欲的生育面向，而同性恋者包萨尼亚更是明确贬低生育。直到苏格拉底的讲辞，爱欲和生育的关系才成为重要的主题：包萨尼亚区分了低贱的情欲和高贵的情欲，苏格拉底则区分了身体的生育和灵魂的生育。从这个角度讲，斐德罗、包萨尼亚、苏格拉底三个人的观点实现了从习俗到自然的层层递进。与爱欲作为古老神明的权威相比，情欲是更加自然的，而生育又是情欲在自然层面的目的。我们将会看到，在讲辞的序列中，随着爱欲越来越深入它的自然本性，它所支撑的习俗形态也在逐步提升。斐德罗停留于城邦的自我保存和基本的耻感道德，包萨尼亚上升到公民教育与更高的德性（他甚至频频提到哲学）以及法律和政治文化的关系，而最终，苏格拉底将从最深的自然根据（生育）出发论证最高的文明理想（不朽）。

　　让我们回到包萨尼亚的赞词。基于他对阿芙洛狄忒的区分，包萨尼亚提出，那些受低贱爱欲支配的人既爱男童也爱女人，且爱的是身体而非灵魂（181b）。由此可见，包萨尼亚认为这类人的缺陷首先是自然层面的性取向问题，他们不像他那样只爱男性，而且当他们爱男性时，他们所爱的是年龄过低的男童。这种性取向的自然缺陷进而将导致道德问题：他们爱的是对方的身体而非灵魂，因为在他看来，无论是女人还是年龄过低的男童，其灵魂都不具备任何值得被爱的品质（cf. 181d-e）。① 相比之下，拥有高贵爱欲的人只爱男性，这类人的优点同样包括自然和道德两个层面：首先是性取向的高贵，他们爱的是"在自然上（φύσει）更有活力和更具理智"的对象；其次，他们爱灵魂胜过爱身体，这体现为他们不会选择年龄过低的男童作为爱欲的对象，而是要等到少年的理智开始成熟之时方才展开追求，并且在追求成功之后将尽可能长期维持固定的爱欲关系（181c-d）。

　　包萨尼亚的区分大体上符合现实中古希腊城邦（特别是雅典）关于男童恋的传统规范，但是在一些重要的细节方面却是反传统的。首先，在现实中，许多公民，尤其是贵族阶层，确实认为男同性恋比其他性关系更加优越，

---

　　① 在181d-e，包萨尼亚提议法律应该禁止男人与年龄过低的男童发生爱欲关系，但理由并不是为了保护男童不受诱骗或侵犯，而是从爱者的角度出发，为了避免把精力浪费在品质尚不确定的被爱者身上（参见施特劳斯：《论柏拉图的〈会饮〉》，第67页）。进一步讲，包萨尼亚说他的提议所针对的是低贱的爱者，正如现行法律禁止这类人侵犯妇女（181e）。然而，一旦将关于男童的法律与关于妇女的法律并举，我们就不难发现包萨尼亚的真实用意。在雅典社会，禁止侵犯妇女的法律要保护的与其说是妇女，不如说是妇女的法定监护者（父亲、丈夫和其他监护者），同样，包萨尼亚提议的法律要保护的也不是年龄过低的男童，而是男童在身心成熟之后才可能自愿选择的那类爱者，比如他自己。不难推测，那些被包萨尼亚贬为低贱爱者的人是更有可能获得男童监护者青睐的人，在男童恋的爱欲角逐中，他们的家庭背景、财富或权势要远比包萨尼亚的"德性"更具竞争力。

但是像包萨尼亚这样专爱男性的人是少数,大多数人在参与男童恋的同时也要娶妻生子。其次,多数人会同意被爱者的年龄不宜过低,但是绝对不会像包萨尼亚那样提倡长期甚至终身维持爱欲关系,而是认为,年轻人一旦身心成熟且获得充分的政治权利,就不再适合做被爱者了。福柯准确地解释了这种规范的用意:公民在性关系中的被动地位与他在政治生活中的主动地位是不相容的。事实上,即便是在爱欲关系存续期间,被爱者也必须尽可能避免在性关系方面扮演太过被动的角色,这事关他的男子气概和名声,从而在很大程度上决定着他的政治前途。[①] 这样看来,包萨尼亚倡导长期而稳定的关系并承诺不抛弃被爱者(181d),这是一种极具诱导性的说辞。在传统看来,被爱者应该适时终止与爱者的性关系。[②] 从根本上讲,以上两点差异都是因为包萨尼亚是一个生理意义上的同性恋者,他的爱欲几乎不带血气的色彩,而是纯粹的情欲;他也并不热衷于爱欲的竞争,至少在这样的竞争中他不具备传统意义上的优势。因此,对他而言,一种彼此忠诚且长期稳定的性关系是最佳的选择。

　　传统的爱欲规范在很大程度上是为了保护被爱者,而包萨尼亚的理想虽然表面上是在彰显男童恋的高贵,其深层目的却是为了更好地满足同性恋爱者的情欲,从而加剧了对被爱者的潜在威胁。为了掩盖其反传统的倡议对被爱者产生的威胁,包萨尼亚在描述高贵爱欲的开头就提出,这种爱欲是 ὕβρεως ἀμοίρου[完全不会过分的](181c4)。此处笔者译为"过分"(ὕβρις)的词是一个重要的古希腊概念,在雅典道德和法律中占据特殊地位,在与性行为相关时,它指的往往就是强奸或性侵,可译为更具道德色彩的"傲慢"。[③] 在同性行为上,性侵犯是一种严重的傲慢之罪,而在成文法管辖之外的行为

---

　　① Foucault, *The History of Sexuality*, Vol. 2: *The Use of Pleasure*, part 4, chapter 2; cf. Ludwig, *Eros and Polis*, chapter 1, section 3.

　　② 古希腊人认为,男孩成熟的标志是长出胡须,被爱者长出胡须之时,便是他应该离开爱者之日(Foucault, *The History of Sexuality*, Vol. 2: *The Use of Pleasure*, p. 199; Ludwig, *Eros and Polis*, p. 48),包萨尼亚却主张爱者应该在被爱者开始长出胡须之后再展开追求(181d)。比较亚里士多德:《尼各马可伦理学》,1157a6 - 12。亚里士多德也主张爱者与被爱者应该发展为长期稳定的关系,但前提是将单向的爱欲关系转变为基于相似道德习性的友爱关系。

　　③ 在前言中,我们已经提到,雅典法律针对侵犯的诉讼分为两种:私诉与公诉,所谓私诉,指的是被害方针对侵害方的控诉,如果胜诉,被告会受到城邦的惩罚,还要对原告进行赔偿;所谓公诉,指的是被害方(或者任何其他公民)代表城邦针对侵害方的控诉,如果胜诉,被告会受到更加严重的惩罚,但是罚金归城邦所有。针对傲慢的控诉是一种公诉,因为雅典法律认为傲慢之罪冒犯的不仅仅是受害者的个人荣誉,而且是整个城邦的公共秩序。相应地,即便不存在明确的法定侵犯,只要一个自由人以傲慢的方式对待另一个自由人,就不仅损害了后者的尊严和荣誉,还扰乱了城邦的公共秩序。傲慢之所以带有强烈的公共性,是因为它在本质上是一种通过剥夺他人荣誉来彰显自身优越性的行为,这种行为违背了雅典民主制既重视自由和平等,又追求竞争与卓越的政治文化。

谱系中,爱者仍然有可能对被爱者犯傲慢之罪,最典型的表现就是实施鸡奸。事实上,在雅典关于男童恋的传统规范中,最重要的一条就是禁止鸡奸,而这一规范也具有明确的政治意义。我们可以把福柯的表述具体化为:在民主制雅典,被动接受鸡奸与主动行使政治权利是不相容的,因此,被爱者想要保护自己的尊严、荣誉和未来的政治地位,就必须拒绝鸡奸,而城邦想要实现公民体的健康传续、维持良好的政治文化与道德风貌,也必须杜绝鸡奸。

那么,当包萨尼亚强调他所提倡的爱欲关系"完全不会过分"或"不包含任何傲慢"时,他是在委婉地承诺不会对被爱者实施鸡奸吗? 或许如此,但是我们也必须记得,包萨尼亚在其演说的开头就提出了一条极具颠覆性的原则:任何行为就其自身而言都无所谓对错,关键在于以什么方式去做(180e－181a),随后又说:以坏的方式满足坏人是错误的,以好的方式满足好人是正确的(183d),这里所谓"满足"指的就是接受对方的性行为。虽然包萨尼亚没有明说,但根据他的逻辑,一个年轻人只要怀着受教育的动机(所谓"以好的方式")去满足一个能够教育他的成年人(所谓"好人")的性欲,就一定是正确的,至于具体如何满足,乃至于是否接受鸡奸,则是"无所谓"的。这当然是一种非常反传统的观念。①

综上所述,我们认为,包萨尼亚对所谓高贵爱欲的赞美看似符合雅典关于男童恋的传统规范,但实际上具有很强的革命性。进一步讲,在他强调男性高于女性、灵魂高于身体并且倡导爱欲关系要专一而稳定的表面之下,隐藏着同性恋爱者满足自身情欲的出发点,而他提出应该根据行为的"方式"而非"类型"来判断对错的主张,也暴露出一种非常激进的反传统观念。我们接下来会发现,包萨尼亚将自己的爱欲理想包装为一种对雅典政治文化与法律精神的捍卫和传承,但其内在本质却是一种身体和"德性"的交易。

在充分阐述了低贱爱欲和高贵爱欲的区别之后,包萨尼亚转而讨论各城邦关于男童恋的法律(νόμος)以及雅典法律的复杂性和独特性。② 他指

---

① 如果将包萨尼亚所谓"以好的方式"理解为对鸡奸行为的排除,那么他的观念将显得更加符合传统规范。然而,单从包萨尼亚的表述来看,我们的解释是不违背文本的;而从包萨尼亚的同性恋爱者身份和讲辞思路来看,他极有可能对雅典人禁止鸡奸的规范感到不屑。毕竟,对于他而言,鸡奸确实不是一种旨在羞辱对方的"侵略性行为"(Dover, *Greek Homosexuality*, p. 104),而只是单纯的性享乐罢了。关于180e4－181a6,罗森和安德森(Daniel E. Anderson)准确地指出,包萨尼亚实际上区分了"道德"和"风格",只谈性行为在风格上的差异(Rosen, *Plato's Symposium*, p. 69; Daniel E. Anderson, *The Masks of Dionysus: A Commentary on Plato's Symposium*, State University of New York Press, 1993, p. 27);福柯显然很欣赏这一区分,再加上他忽视了爱者的血气(因而忽视了某些性行为在雅典人眼中的侵略性),这导致他高估了古希腊性伦理的自由和开放程度(Foucault, *The History of Sexuality*, Vol. 2: *The Use of Pleasure*, pp. 208—209)。

② 包萨尼亚下面要谈的各城邦法律并不局限于成文法(law),而是包括风俗和惯例(custom)在内的社会道德规范,这也是希腊语νόμος一词的完整含义。

出,大多数城邦关于男童恋的立法是简单易懂的,要么像伊利斯(Elis)和波奥提亚(Boeotia)那样规定"满足爱者是好的"(182b3),要么像伊奥尼亚地区以及波斯帝国控制下的其他城邦那样明令禁止男童恋。他接着解释道:伊利斯和波奥提亚之所以那样规定,是因为这些城邦的人不善言辞,不愿意费力说服被爱者接受爱者的追求(182b),而波斯帝国之所以禁止男童恋是因为其政体是僭主制,这种政体认为,"被统治者中间产生伟大的骄傲思想(φρονήματα μεγάλα)或是牢固的友爱与共同体(φιλίας ίσχυρὰς καὶ κοινωνίας)是对统治者不利的"(182c1 - 3),①由于臣民之间的爱欲关系是产生这些不利因素的重要根源,法律就必须禁止之。包萨尼亚接着说,雅典关于男童恋的法律之所以比上述双方都更加复杂,原因就在于,一方面,雅典实行民主制,鼓励城邦公民产生"伟大的骄傲思想",建立"牢固的友爱与共同体",对此最好的证据便是,雅典民主派将因为受辱而刺杀僭主的一对同性恋人②奉为城邦的英雄;另一方面,雅典人不仅善于言辞,而且重视自由,他们认为爱欲关系的建立应该是爱者说服被爱者自愿接受,因此不会简单而无条件地规定这种关系是"好的"。③结果便是雅典选择了一种独特的中道,一方面鼓励爱者公开地、热情地追求被爱者,以至于公众意见认为成功捕获被爱者就是爱者的光荣,失败是爱者的耻辱(182d - 183b);另一方面又要求被爱者不能轻易接受爱者的追求,必须矜持而谨慎地鉴别和选择爱者(183c - d)。④包萨尼亚提倡将这两方面结合起来,从而对爱者和被爱者

---

① Cf. Marrou, *A History of Education in Antiquity*, p. 54.

② 哈摩狄乌斯(Harmodius)和阿里斯托吉吞(Aristogiton),因刺杀雅典僭主希庇亚斯(Hippias)的兄弟希帕库斯(Hipparchus)而被雅典人奉为民主制的英雄。该事件发生在公元前514年,参阅修昔底德:《伯罗奔尼撒战争史》,6. 54—59。根据修昔底德的记载,包萨尼亚此处的讲述并不符合事实,因为哈摩狄乌斯和阿里斯托吉吞的刺杀行为仅仅是私人性的报复,事实上也并未终结僭主制。

③ 包萨尼亚在182b1将斯巴达和雅典一并归入"法律复杂"的城邦,一些文本编校者倾向于认为此处有误,因为斯巴达也是一个"不善言辞"的城邦。在爱欲问题上,雅典与斯巴达的一个重要区别在于,男童恋在斯巴达是公共教育制度的一部分,在雅典则是公民出于自愿的私人选择,我们认为,这一点能够解释包萨尼亚为何对斯巴达一笔带过。虽然斯巴达崇尚男童恋,因而有利于包萨尼亚的立场,但是他理想中的男童恋在本质上是一种德性与身体的自由交易,这是一种完全非斯巴达的观念。另一方面,在爱欲关系方面完全自由的伊利斯和波奥提亚也无法满足包萨尼亚的理想,因为在这样的城邦中,他将失去自己同其他爱者竞争的优势,这种优势与其说是德性,不如说是关于德性的言辞。包萨尼亚之所以不喜欢那些"不善言辞"的城邦,是因为在这样的城邦中,他所代表的类型(举止得体、言辞优雅,但是既不英俊,也缺乏财富和权势的中年知识分子)很难获得被爱者的青睐。Cf. Harry Neumann, "On the Sophistry of Plato's Pausanias", *Transactions and Proceedings of the American Philological Association*, Vol. 95 (1964), pp. 263—264; Nichols, *Socrates on Friendship and Community*, pp. 42—43.

④ 施特劳斯指出,包萨尼亚讲的雅典男童恋法律与他看待爱欲的德性视角具有结构的一致性:"德性本身是彻底禁绝和彻底自我沉溺之间的中间路线。"(参见施特劳斯:《论柏拉图的〈会饮〉》,第68页)

进行测试，他说，唯有这样的一对爱者和被爱者才能通过这场测试，他们"一个能够（δυνάμενος）提供明智和其他德性，另一个需要（δεόμενος）获得这些以便接受教育和其他智慧，唯有当这两种法律并存而且朝向同一个目标的时候，被爱者满足爱者才会是好的"（184d7－e4）。通过这一倡议，包萨尼亚既强调男童恋关系对被爱者的教育功能，同时也暗示爱者的情欲必须得到满足。他从教育的供求关系出发将爱者和被爱者的关系描述为前者"能够"提供后者所"需要"的，从而将整个关系呈现为"朝向同一个目标"，并看似不经意地补充被爱者对爱者的性满足，这当然才是爱者的真正目标，而就这个目标而言，唯有被爱者"能够"满足爱者身上那更加自然且远为迫切的"需要"。

对包萨尼亚而言，爱欲的实质是教育与情欲的交换，这种爱欲观既在一定程度上反映了男童恋之于城邦的基本意义，也是其理想化的呈现。在现实中，被爱者的吸引力首先在于身体的美貌，而爱者所能提供的主要是权力场的经验、社会关系、晋升推荐等有形帮助。包萨尼亚则将交换双方所提供的都加以道德化，他提出，爱者在选择被爱者的时候，应该更加看重对方灵魂的潜质，而非身体的美貌（182d），而被爱者在选择爱者的时候，也应该更加看重对方的德性和善意，而非财富和政治影响力（184a－b）。然而，在他对这种理想化男童恋的描述中，包萨尼亚反复使用了一种奇怪的修辞，暴露了这种理想的内在困难。他说，爱者为了追求被爱者而自愿接受连奴隶都不愿忍受的奴役，①这非但不应该受到谴责，反而是值得称赞的（183a－b），而被爱者为了获得德性而自愿接受爱者的奴役，②这也绝不是低贱的（184c）。理想的爱者和被爱者都被描述为"自愿接受奴役者"，尽管这种奴役由于双方的高贵动机而值得称道，但奴役毕竟是奴役。具有讽刺意味的是，包萨尼亚对雅典爱欲法律的解释从城邦的同性恋英雄推翻僭主奴役的自由精神开始，却以被爱者受爱者奴役、爱者受自己的情欲奴役结束。对于民主制而言，政体的品质取决于公民的自我统治能力，在很大程度上，德性的教育就是为了培养这种能力。受教育者为了获得自我统治的能力而必须接受教育者的统治，这固然是一切德性教育和政治教育的内在机制，然而，包萨尼亚的爱欲教育将这种统治关系与一种单向的性关系结合在一起，从而让教育关系带上了强烈的奴役色彩。更加重要的是，被爱者受爱者奴役的根源是爱者受自身的情欲奴役，而这恰恰是爱者缺乏自我统治能力的表

---

① 具体指恳求、献殷勤、发誓、睡门槛等求爱行为。
② 指满足爱者的性欲。

现。一个受制于自身情欲从而无法实现自我统治的人，如何通过一种带有奴役色彩的统治关系，教育出民主制所需要的具备自我统治能力的公民？即便爱者确实具有德性而且能够把他的德性教给被爱者，他在教授德性的同时也在用自己的行动传授着一种比德性更根本的原则——德性并非自身的目的，而是用来满足情欲的工具。从这场交易中领略了这个更根本原则的被爱者难以对德性产生真正的敬意。最后，如果一个人所追求的目标要比他的行为举止更能决定他的品质，那么在爱欲教育的关系中，以接受教育为目标的被爱者就要比以满足情欲为目标的爱者更有德性，既然如此，后者又如何有资格向前者传授德性呢？[1] 包萨尼亚的政治修辞暴露了其爱欲理想的内在矛盾，他的演说始于高贵和低贱的区分，终于自由和奴役的悖谬。

包萨尼亚试图通过教育与情欲的交换来实现自然与习俗的配合，让爱者在满足自身情欲的同时为民主制雅典培养出合格的公民，从而维持政体与道德的传承。然而，包萨尼亚的出发点和归宿并非年轻人的成长和城邦的秩序，而是情欲的满足。他的方案与其说是为了保护雅典的政治文化，不如说是为了实现尽可能顺畅的交换。[2] 这种交换对于被爱者来说是习俗的安排，对于爱者来说则是自然的需要。通过包萨尼亚的赞词，柏拉图深刻地揭示出自然情欲和习俗道德的张力。在《会饮篇》中，包萨尼亚是第一个提到"哲学"的发言者，他先是说东方僭主们谴责爱欲，正如他们也谴责哲学（182b），后来又提议将"关于恋童的法律和关于哲学的法律"相结合（184d）。在包萨尼亚看来，爱欲和哲学的关系是希腊文化的瑰宝，而雅典是这种文化的最高峰；爱者应该给被爱者提供的教育就是哲学教育，而他自己就是这种爱者/教育者的代表。在苏格拉底的赞词中，爱欲与哲学的关系将获得真正的界定，届时我们也将清楚地看到包萨尼亚与真哲学家的巨大差距：前者所谓的"哲学"并非对智慧的爱，而是用修辞包装私欲的智者术（sophistry）。[3] 根据苏格拉底对爱欲和哲学的理解，包萨尼亚心目中理想

---

[1]　Cf. Scott and Welton, *Erotic Wisdom*, p. 53.

[2]　包萨尼亚最后谈到的一点是：即便被爱者受骗了，误以为一个没有德性的人是有德性的而选择他做自己的爱者，这也并不可耻（185a-b），而在此之前，他提到即便爱者为了追求被爱者而违背誓言，这也是应该被原谅的（183b）。这两点"立法改革"对包萨尼亚来说极为重要：一个尚未获得德性的年轻人不可能具备鉴别德性的能力，因此，彻底取消鉴别的必要，让被爱者毫无顾忌地接受"高贵爱者"的追求（无论这种高贵是真是假），是达成爱欲交易的重要前提。我们不必怀疑包萨尼亚自己会不会违背誓言，是否真的具有他所声称的德性，但显然，他宁愿看到被爱者投入伪君子的怀抱，也不愿减弱有德者俘获被爱者的希望。

[3]　柏拉图：《高尔吉亚篇》，452d—453a。Cf. G. M. A. Grube, *Plato's Thought*, Boston: Beacon Press, 1958, p. 98; Corrigan and Glazov-Corrigan, *Plato's Dialectic at Play*, pp. 57—58, 60—61.

的被爱者反而更接近因感受到自己缺乏智慧而"爱智慧"的哲学家。就此而言,包萨尼亚其实以新的方式重复了斐德罗的错误。① 尽管如此,包萨尼亚对哲学的赞美确实预示着苏格拉底的爱欲观念,这在根本上是因为,智者术与城邦的张力同哲学与城邦的张力具有结构上的相似性,二者都是自然与习俗之张力的表现;智者遮遮掩掩地低于城邦之处与哲学家坦然地高于城邦之处,都反映了自然对习俗的逾越。不过,在从爱者的智者术转向真正的爱欲哲学之前,我们首先需要走出政治生活的领域,超越城邦的视角,进入更广阔、更深层的"自然"世界。这正是下一对发言人的任务。

---

① 斐德罗和包萨尼亚心目中的被爱者(为朋友而死的阿基琉斯、用身体交换智慧的男孩)更加接近苏格拉底理解的爱者。

第四章　厄里克希马库斯与阿里斯托芬

按照座次顺序，排在包萨尼亚后面的本来应该是阿里斯托芬，但他突然开始打嗝，只好让排在他后面的厄里克希马库斯先讲（185c－e）。施特劳斯认为，柏拉图设计这番临时互换次序的情节有多重意义：首先，这意味着厄里克希马库斯和阿里斯托芬关于爱欲的思想在某种意义上是可以互换的；①其次，这使得前三位发言者和后三位发言者形成了按照酒量区分的两个半场，上半场的都是酒量小的，下半场的都是酒量大的；最后，通过换位，阿里斯托芬的赞词成了整部对话七篇赞词的第四篇，处于中心位置。②

关于第一点，我们认为，厄里克希马库斯和阿里斯托芬最明显的共同之处在于，他们都并非从城邦生活内部的视角出发理解和赞美爱欲，因此，他们对爱欲的阐发几乎完全不带男童恋的等级制色彩，他们谈到的爱欲都是相互的，而非单向的。而且，与半遮半掩的包萨尼亚不同，作为显白的自然主义者，他们都更加坦率地承认爱欲首先是属于身体的。就自然视野而言，厄里克希马库斯和阿里斯托芬的区别在于，前者将爱欲关涉的领域从人的身体往外推及自然万物，③而后者通过一则关于身体的神话揭示出"人的自然"中包含一种比任何身体爱欲都更加深层的对于"属己整全"的爱欲。

关于施特劳斯指出的第二点，即基于酒量大小分出两个半场，我们认为，柏拉图或许是在利用酒和爱欲的天然联系暗示我们，酒量大的人要比酒量小的人更懂得爱欲。前三位发言者没有从爱欲自身出发理解爱欲，他们谈论的分别是爱欲的政治效用（斐德罗）、教育功能（包萨尼亚）、宇宙论意义（厄里克希马库斯），后三位发言者则是从爱欲自身出发赞美爱欲，尽管他们

---

①　厄里克希马库斯和阿里斯托芬应该是卧在同一张躺椅上。

②　参见施特劳斯：《论柏拉图的〈会饮〉》，第95—96页；比较 Ferrari, "Platonic Love", p. 250。

③　然而，正如布鲁姆指出的，厄里克希马库斯完全是从医学的狭隘视角出发理解自然万物的，这个意义上的自然万物并非真正的"整全"（Bloom, "The Ladder of Love", pp. 96—98）。关于厄里克希马库斯讲辞的医学背景以及他将医学普遍化和哲学化的倾向，参考马克弗伦（Mark McPherran）：《柏拉图〈会饮〉中的医术、魔法与宗教》，收于《爱之云梯》，第92—109页。

对爱欲的本质有着完全不同的理解。

最后，关于阿里斯托芬赞词在整部对话中的位置，我们同意施特劳斯，认为这是柏拉图精心设计的。在《会饮篇》的众发言者中，阿里斯托芬是唯一在思想深度上能够与苏格拉底相媲美的一位，他是诗人的代表，正如苏格拉底是哲学家的代表，这两个人对于爱欲的理解是尖锐对立的，展现了"诗歌与哲学的古老争执"。①

厄里克希马库斯首先评论了包萨尼亚的发言，他说，包萨尼亚对爱欲的区分是一个很好的开头，但是他把爱欲的影响局限在"人类灵魂（ψυχαῖς）对美的反应"方面，则太过狭隘，事实上，爱欲的影响无处不在，"所有动物的身体（σώμασι）和地上生长的一切，几乎所有存在"都受制于爱欲（186a3－7）。厄里克希马库斯认为，包萨尼亚的狭隘视角根源于他只关心人类的灵魂。作为医生，厄里克希马库斯关心的首先是身体，不仅是人类的身体，还包括所有动物的身体，而紧接着，他就从动物扩展到植物（"地上生长的一切"），再从植物扩展到所有物体（"几乎所有存在"）。这种视野扩展的实质，是从修辞术包装下的道德自然主义扩展为不带掩饰的哲学唯物论，也就是从智者术到自然哲学。在《法律篇》第十卷，柏拉图借雅典陌生人之口分析了这两种思想的内在关联。首先，唯物论自然哲学将万物存在的原因归于"自然和机遇"（φύσιν καὶ τύχην）：各种物质元素的机械组合产生了天体，天体的运转产生了四季，四季的循环生成出各种生命，这就是所有的存在；宇宙间并没有神，万物只服从自然与机遇。其次，这种思想导致的政治哲学结论便是，政治并非自然的，而是人为的，立法是一种"技艺"（τέχνη）；自然的善和习俗的善是完全不同的，正义并没有自然基础，道德完全是习俗规定的；唯一"就自然而言正确的生活"（τὸν κατὰ φύσιν ὀρθὸν βίον）是对他人的征服。② 当然，雅典陌生人描述的是自然哲学和智者术的极端版本，相比之下，厄里克希马库斯和包萨尼亚的实际立场要温和得多。包萨尼亚的道德确实服务于他的欲望，但是他并未抛开法律和习俗而追求一种完全符合自

---

① 柏拉图：《理想国》，607b。关于该主题的讨论，参考 Corrigan and Glazov-Corrigan, *Plato's Dialectic at Play*, pp. 70—78；Bloom, "The Ladder of Love", pp. 103—104。

② 参阅柏拉图：《法律篇》，889b－890a；比较施特劳斯：《自然权利与历史》，彭刚译，生活·读书·新知三联书店，2006 年，第 109—120 页。为了让他心目中的柏拉图哲学垄断"自然正当"这个概念，施特劳斯将柏拉图的敌人称作"习俗主义"。但实际上，柏拉图认为他所反对的那种思想也是一种自然主义。"自然正当"这个概念既可以用来描述伊壁鸠鲁的生活（施特劳斯所谓"哲学习俗主义"的代表，实则"哲学自然主义"），也可以用来描述卡里克勒斯的生活（施特劳斯所谓"庸俗习俗主义"的代表，实则"庸俗自然主义"），这正是古典自然主义从不同的方向与城邦形成强大张力的表现。

然的生活，从根本上讲，这是因为他不是《高尔吉亚篇》中的卡里克勒斯（Callicles）那样的强者，没有能力"征服他人"；[①]他更接近《理想国》中格劳孔讲到的弱者，一边寻求法律的保护，一边试图改革法律以便更好地实现自身的利益。[②] 同样，我们会发现，厄里克希马库斯虽然将"几乎所有存在"都化约为身体和物体，但是他并未否定诸神的存在；他强调自然与技艺的合作而非二者的冲突，也对技艺改造自然的能力颇为自信；他并未贬低道德和政治，尽管他并不格外关心道德和政治。

那么，在概观自然万物的视野中，厄里克希马库斯如何解释爱欲？他认为，自然万物的基本原则是同类相吸、异类相斥，而技艺就是协调对立因素、使得整体和谐一致的能力。例如，"医术就是关于身体之爱欲（τῶν τοῦ σώματος ἐρωτικῶν）的知识"（186c5-7），一个好的医生"能够把身体中最敌对的要素变得互具善意（φίλα）且彼此相爱（ἐρᾶν ἀλλήλων）"（186d5-6），这些要素就是热和冷、甜和苦、干和湿，等等。再如，音乐就是关于和声与韵律的技艺，它能够将原本不和谐的高低音符变得和谐，从而创造和声，并将原本不和谐的快慢节奏变得和谐，从而创造韵律（187a-b）。"音乐将爱与和谐（ἔρωτα καὶ ὁμόνοιαν）置入这些事物"，它就是"在和声与韵律方面关于爱欲（ἐρωτικῶν）的知识"（187c3-5）。以此类推，天象学是关于天体运转和四季推移的知识（188b），占卜术是关于人神关系的知识（188c）。爱欲支配所有这些领域，而在一切事物中，爱欲都存在好坏之别。在身体方面，好的爱欲带来健康，坏的爱欲导致疾病（186b-c）；在音乐方面，好的爱欲产生高雅的音乐，坏的爱欲产生低俗的音乐（187d-e）；在天文方面，好的爱欲使得四季有序、风调雨顺，坏的爱欲造成各种灾害和瘟疫（188a-b）；在占卜方面，好的爱欲让人神关系和睦，坏的爱欲破坏宗教虔敬（188c-d）。

厄里克希马库斯有时候将爱欲等同于善，有时候又区分爱欲的好坏，我们认为，这是因为他的发言在自然与技艺之间摇摆。根据自然，同类相吸就

---

① 柏拉图：《高尔吉亚篇》，483d-e，491e-492c。不过，我们可以合理地质疑卡里克勒斯的"自然法"究竟是否"自然"。如果自然是人和动物分享的本原，那么卡里克勒斯的理想显然超出了自然，因为动物并不热衷于对外征服，也并不致力于扩张自己的欲望。相比之下，包萨尼亚专一而稳定的情欲更加自然。如果自然指的是人类超出动物的特殊本性，那么卡里克勒斯的理想就并不完整，因为属人的自然不仅包括追求征服与扩张的血气，还包括追求智慧的理性。从这个角度看，苏格拉底的哲学生活更加自然。事实上，卡里克勒斯心目中的"自然"是高度习俗化的，折射出民主制雅典的帝国主义精神（比较修昔底德：《伯罗奔尼撒战争史》，5.89）。正如苏格拉底所言，卡里克勒斯是雅典民众的爱者（481d, cf. 491d-e）。

② 柏拉图：《理想国》，358e-359b；《高尔吉亚篇》，483b-c。

是爱，异类相斥就是恨，但无论是爱还是恨，都与人类的善恶无关。技艺着眼于人类的善恶来改造自然的爱恨，时而造成同类相斥，时而造成异类相吸，为的是在整体上促进和维持人类所需的自然秩序，而这种秩序的善就是技艺的爱欲，等同于人类的福祉。就此而言，施特劳斯对厄里克希马库斯讲辞的评论是准确的："高贵爱欲的至高地位是技艺的产物，它并非出于自然……最终，不是爱欲居统治地位，而是技艺居统治地位。"①作为温和唯物论哲学在《会饮篇》中的代表，厄里克希马库斯在赞美爱欲的同时极力推崇技艺对自然的改造；在《法律篇》第十卷呈现的自然与习俗之争的图景中，厄里克希马库斯的思想居于反自然的政治习俗与征服性的自然生活之间，他所从事的医术是一种"与自然配合"（τῇ φύσει ἐκοίνωσαν）的技艺。② 然而，医术配合自然的前提恰恰在于，它所配合的自然并非一般而言的自然，而是从人类的视角划分善恶的人类自然（human nature），否则健康和不健康就都是自然的。其他技艺亦如此，例如，天象学所配合的自然其实是人类对自然资源的期许，否则丰收与瘟疫就都是自然的。③ 一旦涉及人类自然或者人性，技艺就不再能够垄断至高无上的统治地位，因为它所追求的人类福祉必须以对于人类善恶的定义为导向，而这是政治哲学的工作。厄里克希马库斯的赞词之所以必须跟在包萨尼亚的赞词之后，就是因为智者的政治哲学立场为唯物主义的技艺至上论提供了真正的前提：幸福就是身体的享乐。无论是包萨尼亚的法律，还是厄里克希马库斯的技艺，都服从于这一根本目标。然而，与包萨尼亚为男童恋编织的精巧辩护不同，厄里克希马库斯的赞词并未提及男童恋，尽管他也是一个爱者。厄里克希马库斯谈到各种对立

---

① 施特劳斯：《论柏拉图的〈会饮〉》，第 105 页，第 111 页；从根本上讲，厄里克希马库斯对待爱欲的态度是技术功利主义，他确实适合做斐德罗的爱者，后者对待爱欲的态度是政治功利主义（cf. Nichols, *Socrates on Friendship and Community*, pp. 46—47）。另见施特劳斯：《论柏拉图的〈会饮〉》，第 110 页，对厄里克希马库斯占卜术的分析。根据《法律篇》，888e，万物的原因有三：自然、机遇、技艺。技艺致力于理解和改造自然，但是无法掌控机遇，这就是为什么推崇技艺，同时认为诸神决定机遇的厄里克希马库斯，最终需要沟通人与神的占卜术来协助其他的技艺。具有讽刺意味的是，最终还是因为机遇，导致厄里克希马库斯的技艺至上论没有在《会饮篇》中占据中心位置：他虽然能够用医术治疗阿里斯托芬的呃逆，但是无法预见该事件对赞词排序的影响。比较贝尔格：《爱欲与启蒙的迷醉》，第 50 页。

② 柏拉图：《法律篇》，889d。雅典陌生人提到三种与自然配合的技艺：医术、农业、健身，厄里克希马库斯也将这三种技艺并举（187a）。

③ 在厄里克希马库斯谈到的技艺中，音乐最能说明这个问题。其他技艺因带有明显的功利性而容易遮蔽唯物论"自然"概念的中立性，但音乐的本质是和声与韵律带来的听觉美感，这是无所谓好坏的，只有在将音乐应用于人类福祉的时候才存在高贵与低贱之分，也只是在这里，在厄里克希马库斯才呼应了包萨尼亚对于属天爱欲和民众爱欲的区分（187d-e）。不过，厄里克希马库斯区分的标准不是城邦秩序，而是"人类的秩序"（κοσμίοις τῶν ἀνθρώπων）（187d5），即健康（贝尔格：《爱欲与启蒙的迷醉》，第 64—65 页）。

要素之间的关系,却唯独没有提及与严格意义上的爱欲最相关的自然对立:男和女。厄里克希马库斯最后说:"或许我在赞美爱欲时遗漏了许多,但我不是故意的。如果我遗漏了什么,补充的任务就交给你吧,阿里斯托芬。"(188e1-3)厄里克希马库斯的遗漏根源于他的思想,因为在唯物论自然哲学的视野中,属人的善是抽象的身体需求,这种需求和性别无关。针对这种抽象的自然主义,阿里斯托芬首先要补充的是人类身体的具象性,他拒绝将身体分析为对立的元素,而他的爱欲神话将围绕最生动的身体与性别之表象展开。

不过,阿里斯托芬针对的不仅是厄里克希马库斯,还是整个上半场的发言。作为大酒量者中的首位发言者,他纠正了从非爱欲的视角看待爱欲的思路,开始正视爱欲自身,"在我看来,人们完全未能理解爱欲的力量(τὴν τοῦ ἔρωτος δύναμιν)",①这首先体现为:爱若斯是最缺乏尊崇的(189c)。这个清醒的观察直指斐德罗讲辞开头的断言:爱若斯是最受尊崇的神(178a)。斐德罗的断言其实为前三篇赞词提供了总的前提:通过虚构爱欲备受尊崇的事实,②斐德罗、包萨尼亚、厄里克希马库斯得以在不同的领域赞美爱欲为人类文明做出的贡献,而在阿里斯托芬看来,这意味着他们真正尊崇的并非爱欲本身,而是爱欲带来的那些众所周知的好处;事实上,他们根本不理解爱欲的本质,"他在诸神中是最爱人类的(φιλανθρωπότατος),③因为他是人类的救助者,他所治疗的疾患,一旦治愈,就构成人类最大的幸福"(189c8-d3)。爱欲的意义不在于它引领人如何进取,而在于它是对于人性疾患的救助;当这种疾患被治愈,人类就获得了幸福,这意味着幸福内在于人性的健全,人无需向外求索。通过回到爱欲本身,阿里斯托芬也返回了人性自身,在他看来,想要理解爱欲就必须理解人性,而他接下来讲的爱欲神话就是一则关于人性的神话。

阿里斯托芬说,"首先,你们必须理解人的自然(τὴν ἀνθρωπίνην φύσιν)及其遭遇(καὶ τὰ παθήματα αὐτῆς)"(189d5-6)。人类过去的自然(φύσις)与

---

①　比较柏拉图:《理想国》,358b4-7,格劳孔请求苏格拉底阐述正义和不正义的本质时说,"我想要听听它们各自是什么,就其自身而言在灵魂中具有何种力量(δύναμιν),不考虑奖励或从它们而来的后果"。在柏拉图的用语中,对于某物内在力量的界定往往就是对于该物之本质的界定(cf. Ferrari, *City and Soul in Plato's Republic*, The University of Chicago Press, 2005, p. 15)。

②　Cf. Breitenberger, *Aphrodite and Eros*, chapter 7.

③　罗森和萨克森豪斯(Arlene W. Saxonhouse)指出,在古希腊神话传统中,"最爱人类"这一殊荣本来属于反叛宙斯、盗火给人的普罗米修斯(Rosen, *Plato's Symposium*, p. 144;〔美〕萨克森豪斯:《惧怕差异:古希腊思想中政治科学的诞生》,曹聪译,华夏出版社,2010年,第195页)。阿里斯托芬把普罗米修斯换成爱若斯,就是要用他理解的爱欲取代厄里克希马库斯的技艺(普罗米修斯是技艺的象征),这一点也与他批判圆球人反叛诸神的骄傲有关。

现在不同，过去的人都是圆球形的，拥有两张脸、两双手、两双脚、两副生殖器，总之是现在人的一倍。与此相应，过去的人有三种性别，男性、女性、双性，其中，男人是太阳的后裔，女人是大地的后裔，双性人是月亮的后裔，这也是人类原初是圆球形的原因（189e－190b）。阿里斯托芬接着说，这些圆球人"有着厉害（δεινά）的力量和能力，拥有伟大的骄傲思想（φρονήματα μεγάλα）"，以至于他们"试图上升（ἀνάβασιν）至天宇，与诸神比高低"（190b5－c1）。为了惩罚人类，宙斯将圆球人劈成两半，就像人们用发丝把鸡蛋割成两半一样，然后将每个半圆人的脸转向切割面，以便让他/她目睹自己的伤口，从而变得温顺，最后再将切割面的皮肤缝合起来，收线处就是肚脐眼（190d－191a）。以这种方式，人的自然（φύσις）变成了现在的样子。①

对阿里斯托芬来说，人的自然首先指的是人类身体的具体形态。他设想的圆球人拥有最完美的形态，从而也最自足、最强大，这导致他们非常骄傲，这种骄傲体现为他们的能力很"厉害"，此处"厉害"（δεινά）一词表达了古希腊诗歌对人性的深刻洞察。在索福克勒斯的《安提戈涅》中，那篇著名的"人颂"在一开头就讲道："厉害的事物虽然多，却没有一个比人更厉害。"②事实上，柏拉图让阿里斯托芬的发言跟在厄里克希马库斯的发言后面，这本身就是对"人颂"的呼应。索福克勒斯在"人颂"中指出，人的"厉害"首先体现为技艺对自然的征服：人类用航行的技艺征服了海洋，用耕种的技艺征服了大地，还征服了海中的鱼和地上的飞禽走兽。③ 在通过这些工具性的技艺创造出人类物质文明之后，人又发明了一种独特的技艺——政治："他教会自己语言、风一般的思想以及城镇生活的本能。"④政治是人征服自然之旅的终点，因为政治共同体的建立以人对于人性自身的征服为前提，而城邦的道德和法律就是人实现这种自我征服的具体方式，因此，政治成就了人性的完善和文明的顶峰。然而，人的"厉害"不会因为城邦的建立而消失，而是继续潜伏在人性深处，反过来对政治秩序构成威胁："如果他尊崇土地

---

　　① 施特劳斯评论道，"波斯人崇拜太阳、月亮、大地、水和火等等，他们不像古希腊人那样相信诸神有人的形状。阿里斯托芬向我们指出的是一种蛮夷的概念"（施特劳斯：《论柏拉图的〈会饮〉》，第124页）。我们更同意路德维格：阿里斯托芬说人类的祖先是太阳、月亮、大地，是为了强调"自然"，相比之下，奥林匹亚诸神代表的是"习俗"（Ludwig, *Eros and Polis*, pp. 79—81）。不过，阿里斯托芬笔下的"自然"并非永恒不变的，圆球人的"自然"不同于半人的"自然"，我们认为，前者展现了人性中的血气，而后者展现了人性中的爱欲。阿里斯托芬的意图在于把骄傲的血气从虔敬的爱欲中净化出去。

　　② 索福克勒斯：《安提戈涅》，332，笔者的翻译。

　　③ 索福克勒斯：《安提戈涅》，335—352，笔者的翻译。

　　④ 索福克勒斯：《安提戈涅》，355—357，笔者的翻译。

的法律和他誓靠的神之正义，他的城邦就将耸立；如果他胆大妄为且不敬，他就会失去城邦。"①显然，在城邦的世界中，胆大妄为要比遵纪守法更加"厉害"，人类命运的内在矛盾就在于，人借以征服自然、创造文明的强大力量——人的"厉害"——反过来与人性的自我完善和文明的最终成果形成尖锐冲突。索福克勒斯的"人颂"表明，对这种冲突的挖掘和审视是古希腊悲剧最重要的思想意义；②而在《会饮篇》的剧情中，阿里斯托芬之所以是诗人的代表，就是因为他充分结合了喜剧和悲剧，用喜剧的语言表达悲剧的思想。在"人的自然及其遭遇"中，我们仿佛远远地听见了《安提戈涅》中忒拜歌队"颂扬"人性的合唱。③

　　如果在"人颂"的参照下解读圆球人的神话，那么阿里斯托芬就是在借这个神话批评前三位发言者的骄傲。④无论是斐德罗的城邦和荣誉，包萨尼亚的道德和法律，还是厄里克希马库斯的科学和技艺，都展现了人的"厉害"，然而，这三位发言者在赞美爱欲为人类文明做出的种种贡献时，都完全没有意识到隐藏在这些成就背后的人性张力。阿里斯托芬反其道而行之，他要在充分正视这种张力的前提下揭示出爱欲的真正本质：爱欲并不是一种"厉害"的进取力量，反而是人由于自身的"厉害"而遭受惩罚之后的一种补救，"在他们的自然（φύσις）被切成两半之后，每一半渴望自己的另一半（ἥμισυ τὸ αὑτοῦ），于是走到一起，张开双臂拥抱彼此，相互缠绕，想要长到一起（συμφῦναι）"（191a5‑8）。完整的人被分割成残缺的半人，变得不再强大、不再自足，也就不再试图"上升"与诸神比高低，而是渴望走向彼此、回归

---

①　索福克勒斯：《安提戈涅》，369—371，笔者的翻译。

②　Charles Segal, "Sophocles' Praise of Man and the Conflicts of the 'Antigone'", *Arion: A Journal of Humanities and the Classics* Vol. 3, No. 2 (Summer, 1964), pp. 46—66；魏朝勇：《人的骄傲与人的限度——索福克勒斯忒拜剧中三组"合唱歌"释义》，载于《学术研究》，2011 年 08 期，第 146—153 页。

③　在苏格拉底看来，最好的诗人既能写喜剧，也能写悲剧（223d），《会饮篇》中的阿里斯托芬就完全符合这个标准。关于阿里斯托芬神话的悲剧性，参考施特劳斯：《论柏拉图的〈会饮〉》，第 141 页，"喜剧诗人阿里斯托芬是唯一教导爱欲本质上具有悲剧性的人"；萨克森豪斯：《惧怕差异》，第 192 页，"在柏拉图文字艺术的控制下，阿里斯托芬成了个悲剧诗人"；王太庆在其译注中也指出：阿里斯托芬的颂词"像他的喜剧作品一样，在谐浪笑傲的外表之下隐藏着很严肃的深刻的思想"（〔古希腊〕柏拉图：《会饮篇》，王太庆译，商务印书馆，2013 年，第 38 页，注释 1）。相比之下，多弗认为阿里斯托芬的神话是一则表达普通人道德观念的民俗故事（Dover, "Aristophanes' Speech in Plato's *Symposium*", *Journal of Hellenics*, 86 (1966), pp. 41—50），这是一个巨大的误解。在《会饮篇》中，阿里斯托芬和苏格拉底的区别不在于前者代表民众观念而后者代表贵族观念，应该说二者沿着不同的方向致力于揭示爱欲在人性中的深层根据。

④　Nichols, "Socrates' Contest with the Poets in Plato's Symposium", *Political Theory* Vol. 32, No. 2 (Apr., 2004), pp. 188—189; cf. Ludwig, *Eros and Polis*, pp. 38—39; Scott and Welton, *Erotic Wisdom*, pp. 66—67.

原初的整全，这种渴望就是爱欲。根据阿里斯托芬的讲述，爱欲不属于人类原初的自然，而是这种自然遭遇惩罚之后的结果，但它仍然是自然的，因为它并非任何技艺的有意识产物，而是人之遭遇的自然后果。在他的神话语言中，阿里斯托芬一直用"自然"来代指人类的身体，在最直观的层面，"自然"的改变就是从圆形变成半圆形，然而，如果将这种喜剧语言的象征意义和自然概念的哲学意义相结合，我们就应看到，柏拉图之所以让阿里斯托芬反复用"自然"这个词，就是为了形象地展现人的本性，因而圆球人与半人所代表的也并非两个不同的历史阶段，而是人性的不同层次。[①] 在阿里斯托芬看来，人性中确实存在前三位发言者无意中承认、索福克勒斯深入剖析过的那种"厉害"，这是一种向外征服和攫取的"纵向"欲望，但是这种欲望没有穷尽人性的全部，因为人还具有一种与其同伴相结合的"横向"欲望，这种欲望并不"厉害"，它根源于人天然的残缺与脆弱，是一种弥补和救助。我们认为，前一种欲望就是阿里斯托芬理解的血气，与之相比，他理解的爱欲是更加内在的，因为它所追求的并非外物，而是内在于自我的完整，只不过这里的"自我"并不是作为欲望主体的个体，而是个体渴望融入的那个整体。用阿里斯托芬的神话语言来讲便是：半人想要实现的并非自我与另一个自我联合，而是自我的一半与另一半联合；人们之所以要"拥抱彼此、相互缠绕"，是因为彼此之间的距离其实是一种需要愈合的伤口，两个半人想要的是"长到一起"，实现他们所组成的那个自我的愈合。[②] 正是在这个意义上，阿里斯托芬的爱欲神话是对于前三篇赞词的结构性纠正。首先，斐德罗虽然看到了爱欲使人们为之献身的巨大力量，但是碍于太过局限的习俗论视野，他

---

　　① 正如路德维格所言，阿里斯托芬讲的是"爱欲的现象学，而非谱系学"(Ludwig, *Eros and Polis*, p. 76)。

　　② 比较亚里士多德：《政治学》，1262b11－14，"在关于爱欲的对话中，我们知道，阿里斯托芬说相爱的人们由于太过强烈的友爱而渴望长到一起(συμφῦναι)，从二变成一，但是这样做的结果必然是两个或其中一个遭到毁灭"(笔者的翻译)。亚里士多德的误解根源在于他的实体论：唯有个人是实体，爱欲或者友爱只能构成实体之间的关系，而不可能构成更大的实体。当然，阿里斯托芬并未提出另一种实体论，但是他的神话遵循着不同于亚氏实体论的诗性逻辑，揭示出一种亚氏实体论难以解释的爱欲经验(191d3－4，"我们每个人都只是人的半块玉珏")。亚里士多德自己对"长到一起"这个词的使用颇能说明问题，参见《尼各马可伦理学》，1147a21－22，"虽然初学者能够将理论话语组合起来，但他仍然并不理解这些话语。因为真正的理解要求它们和他生长到一起(συμφυῆναι)，而这需要时间"(笔者的翻译)，这句话旨在说明不自制者的理性和欲望尚未"长到一起"。换言之，亚里士多德用"长到一起"来表述个人作为实体的道德完善，而非人与人之间形成爱欲或友爱的关系。在现代学者中，路德维格以最极端的方式继承了亚里士多德的误解，他认为阿里斯托芬讲的爱欲是对"另一个自我"的爱欲，最终可以化约为对于"自我"的爱欲，"阿里斯托芬神话的基础似乎就是关于(不一定是善的)自爱之中心地位的洞见"(Ludwig, *Eros and Polis*, p. 55)。我们认为，阿里斯托芬讲的属己之爱不是"一个自我"对"另一个自我"的爱欲，而是"自我的一半"对"另一半"的爱欲，这种爱欲所追求的"自我"不是爱者或被爱者，而是双方所归属的整体。

只能在耻感文化和城邦安危的层次理解这种力量的表现方式,而未能穿透城邦的政治习俗,看到人渴望在一种大于自身的整体中获得存在意义的根源。① 其次,包萨尼亚虽然深入到爱欲更加自然的面向,也开始正视人的欠缺和需求,但是他将爱欲完全等同于情欲,试图用德性的教育换取情欲的满足,而未能理解真正的爱欲并非一场交易,而是一种对于存在之整全的向往。② 最后,厄里克希马库斯虽然与阿里斯托芬共享超越城邦的自然视域,但是二者的实质观点尖锐对立,前者的自然主义泛爱欲论完全忽视人的特殊本性,其技艺至上论所暗含的那种征服性骄傲也是阿里斯托芬的直接批判对象。③

到目前为止,我们所概括的阿里斯托芬神话已经解释了爱欲的诞生,但是还没有谈到情欲的诞生。在这位诗人看来,爱欲和情欲在本质上是相互独立的,爱欲是圆球人遭受惩罚的自然后果,而情欲则在很大程度上是技艺的产物。由于半人对彼此的爱欲太过强烈,他们紧紧拥抱、不吃不喝,以至于大量半人就这样死去了。为了保存人类,宙斯将半人的生殖器从身体的背面移到正面,这样一来,相互拥抱的半人就能通过性交得到缓解,然后继续过日常生活;如果双方是异性,还能通过性交来生育后代,在此之前,人类不是两性繁殖的,而是地生的(191b–d)。④ 在阿里斯托芬看来,爱欲是半

---

① 斐德罗津津乐道于各种为爱而死的英雄故事,但这些故事实际上都服从于他对城邦道德的捍卫;阿里斯托芬则以看似喜剧的语调讲述刚被劈成两半的人们相互拥抱、不吃不喝直至饿死,而这才是最纯粹的为爱而死(191a–b)。

② 在前三位发言者中,包萨尼亚对于爱欲的理解在表面上最接近阿里斯托芬。然而,即便不考虑后者对于爱欲和情欲的区分(cf. 192c4–7),二者的观点仍然有一个重要的区别:阿里斯托芬理解的爱欲并非对于身体享乐的正面追求,而首先是一种对于存在之残缺的弥补,从这个角度看,包萨尼亚的情欲仍然是一种骄傲的进取性欲望。阿里斯托芬说圆球人有着"伟大的骄傲思想"(190b),就是针对包萨尼亚说的,后者在赞美雅典民主制时提出爱欲能够在公民中间激发"伟大的骄傲思想"(182c)。阿里斯托芬颠倒了爱欲和骄傲的因果关系:不是爱欲产生了骄傲,而是骄傲所导致的惩罚产生了爱欲。

③ 正如技艺是索福克勒斯的"人颂"反思人类之"厉害"的起点,代表技艺的厄里克希马库斯也是阿里斯托芬批评圆球人之"骄傲"的直接影射对象。比较贝尔格:《爱欲与启蒙的迷醉》,第58—59页。阿里斯托芬在发言前后都特别针对厄里克希马库斯(189a–c,193d)。同时,在观点上与阿里斯托芬形成最鲜明对立的是苏格拉底(205e),而阿里斯托芬批评圆球人"试图上升到天宇,与诸神比高低",这句话影射的就是苏格拉底对爱欲阶梯的爬升。尽管就对于爱欲的理解而言,厄里克希马库斯的深度远逊于阿里斯托芬和苏格拉底,但厄里克希马库斯的思想与苏格拉底的思想在品类上是一致的:就其都是哲学而言,自然哲学和政治哲学都与诗歌相对立。

④ 贝尔格准确地指出,在阿里斯托芬的思想中,爱欲和死亡的关系、爱欲和情欲以及生育的关系,都是偶然的(贝尔格:《爱欲与启蒙的迷醉》,第82—83页)。这与苏格拉底的爱欲思想形成鲜明的对比。在苏格拉底看来,情欲的自然目的是生育,而生育的意义在于通过种族的繁衍来克服个体的死亡,从而实现某种替代性的不朽,这是爱欲的一个重要维度。所有这些都和阿里斯托芬理解的爱欲无关。阿里斯托芬提出人类原本是"地生的",这是在影射雅典的"地生神话"。关于该神话的政治意义,参考颜荻:《"地生人"与雅典民主》,生活·读书·新知三联书店,2022年。

人最深刻的欲望，情欲则只是一种宣泄性的替代方案，其意义与其说是享受性交带来的快乐，不如说是排解无法真正重返一体的痛苦，只不过在宙斯对人体进行改造之后，爱欲和情欲不可避免地混在一起，以至于人们（例如包萨尼亚）往往将爱欲等同于情欲。既然情欲依附于爱欲，那么性取向就是爱欲取向的后果，其根源在于每个人的原初自然：来自双性圆球人的半人是异性恋，来自男性或女性圆球人的半人是同性恋（191d-e）。其中，男同性恋者从小就喜欢男性，这样的男孩"在自然上最具男子气概（ἀνδρειότατοι ὄντες φύσει）"，他们远非一般人认为的"无耻"，而是勇敢而自信地"喜爱同自己相似的"（τὸ ὅμοιον αὑτοῖς ἀσπαζόμενοι）；他们成年之后也就自然地成了男孩的爱者，只是"出于习俗的强迫"（τοῦ νόμου ἀναγκάζονται）才娶妻生子、组建家庭。阿里斯托芬还说：只有这样的男人才会从事政治，这是其男性气概的明证（191e-192b）。①

　　在阿里斯托芬对男同性恋的阐述中，尽管双方在年龄方面的等级差异得以保留，但是在爱欲方面，男人和男孩是对等的："这样的男人是爱男童的（παιδεραστής），而这样的男孩是爱男人的（φιλεραστής）。"（192b4）②更何况根据神话的叙事，男同性恋的典范是刚刚被宙斯分开的男圆球人的两半，这样的两个半人对于彼此的爱欲显然是完全一样的，双方所追求的也完全一致。包萨尼亚也提倡爱者和被爱者维持长期甚至终身关系，但是他的爱欲理想仅仅在行为规范方面有违传统，相比之下，阿里斯托芬对爱欲的理解彻底突破了传统，甚至带有强烈的现代色彩。在前言中，我们提出对古希腊男

---

　　①　我们认为，阿里斯托芬虽然提出男性高于女性、政治专属于男性，但根据他的叙事逻辑，两性在情欲和政治这两个方面实际上都是平等的。在情欲方面，既然阿里斯托芬提出性取向源于对另一半的爱欲，那么所有的性取向在原则上就是无差别的，并无理由认为男性情欲优越于女性情欲。在政治方面，既然阿里斯托芬提出对于同类的归属感是男人从事政治的根源，那么政治就并非专属于男性，因为并无理由认为男性对同类的归属感强于女性。事实上，阿里斯托芬为男性高于女性提出的唯一"论证"是男性是太阳的后裔而女性是大地的后裔（190b），抛开这一点不谈，他的两性观实际上不包含性别偏见。

　　②　阿里斯托芬区分了παιδεραστής和φιλεραστής，前者是爱欲（ἐρᾶν）的主体，后者是友爱（φιλεῖν）的主体，但是在关于男童恋的传统语汇中，爱欲和友爱的关键区别在于是否包含情欲，由于阿里斯托芬理解的爱欲本身就独立于情欲，因此，παιδεραστής和φιλεραστής在他笔下并无实质区别（比较192b7-c1：φιλίᾳτε καὶ οἰκειότητι καὶ ἔρωτι，阿里斯托芬将φιλία和ἔρως并举，二者的实质都是οἰκειότης）。亚里士多德也提倡爱者和被爱者从不对等的关系走向对等的关系，但是这意味着从爱欲走向友爱（亚里士多德：《尼各马可伦理学》，1157a6-12）。路德维格提出，柏拉图认为阿里斯托芬的主要错误就是混淆了爱欲和友爱（Ludwig, *Eros and Polis*, pp. 212—215）。我们也可以说，阿里斯托芬综合了友爱的对等性和爱欲的强度与专属性，比较亚里士多德：《尼各马可伦理学》，1171a11-12，"一个人不可能对许多人产生爱欲，因为爱欲被认为是某种极端的友爱，只能指向一个人"（笔者的翻译）。

童恋的一种人性论解释：男童恋之所以成为古希腊社会的风尚，是因为城邦政治试图在和平生活中满足公民的"血气爱欲"，这使得爱者和被爱者的爱欲关系同时构成了血气的等级制，这才是传统男童恋的政治意义。阿里斯托芬废除了这种等级制，这意味着他所赞美的那种男同性恋以及他所捍卫的那种唯有男同性恋者才会从事的政治是彻底去血气化的、纯粹爱欲的。我们已经指出，神话中的圆球人是血气的主体，半人是爱欲的主体，在阿里斯托芬看来，政治是属于半人的，因为政治和爱欲都是对于人性之欠缺的补救。① 如果说包萨尼亚讲辞暴露的自然情欲和习俗道德的张力仍然以爱者和被爱者的血气等级和不对等诉求为前提，那么阿里斯托芬就将自然与习俗的张力转移到了爱欲的内部：对于最具男子气概的男人来说，与异性组成家庭是出于习俗，与同性相爱才是出于自然，而与同性一起从事政治最符合自然。尽管由于原初自然的差异，自然与习俗的差别对于每个人而言是不同的，但是，如果说男同性恋者作为太阳的后裔是人类最高的自然类型，那么他们的天性与选择就构成了具有普遍规范意义的标准，由此产生的结论便是，政治生活最符合人的本性。这一结论与亚里士多德在《政治学》中提出的那个著名的命题相契合：人就自然而言是政治的动物。② 而在亚氏为这一命题做出的种种论证中，最能打动阿里斯托芬的或许是看上去最不起眼的一句话："即便不需要彼此的帮助，人们仍然想要共同生活（ὀρέγονται τοῦ συζῆν）。"③ 这句话虽然未能表达政治生活最高远的人性目标，

---

①　参见林志猛：《柏拉图〈会饮〉论喜剧诗人的爱欲观》，载于《海南大学学报（人文社会科学版）》，2017 年 03 期，第 24—25 页："圆球人的完满状态没有显示任何潜能，人是反社会和非政治的，如亚里士多德所说的非神即兽。宙斯将人切成两半后，不完满的人就处于潜能状态，进入了政治领域这片栖息之地。"但笔者认为林志猛接下来的判断是不正确的，他认为同性恋者的男子气概"源于圆球人的强力和狂妄。人被切之后，仍然保留着初始的强力倾向，并延续到政治和战争中"（第 25页）。根据我们对阿里斯托芬的解读，政治意义上的男子气概和圆球人的狂妄无关，一方面，包括女性和双性在内的所有圆球人都是狂妄的，但是他们被分割之后并不热衷于政治；另一方面，从事政治的男同性恋者最具有男子气概的原因在于，从他们的性取向可以看出他们原本属于男性圆球人，而非双性圆球人，因此所谓的男子气概强调的不是狂妄，而是对"同类"的需求。阿里斯托芬理解政治的角度是公民的彼此需要，而非权力或战争，这与现实中喜剧诗人阿里斯托芬的政治观是一致的。

②　亚里士多德：《政治学》，1253a1 - 3。

③　亚里士多德：《政治学》，1278b20 - 21；另见亚里士多德：《尼各马可伦理学》，1169b17 - 19，"没有人愿意孤独地享有哪怕全部的善，因为人在自然上就是政治的和倾向于共同生活的动物"（笔者的翻译）。潘戈（Lorraine Smith Pangle）的解读是非常准确的，"亚里士多德的深刻洞见在于，无论相互助益在多大程度上支撑和巩固友爱，友爱的核心都不在此，而在于一种无算计的社会性和对于同伴的欲望，这是所有友爱的前提"（Lorraine Smith Pangle, *Aristotle and the Philosophy of Friendship*, Cambridge University Press, 2008, p. 52）。关于阿里斯托芬神话中爱欲和政治的关系，罗森正确地指出，"分割圆球人所产生的相互渴望正是政治友爱的前提条件……无论他个人的性取向如何，人献身于政治本身就是爱欲双重性的最高展现"（Rosen, *Plato's Symposium*, pp. 146—149）。相（转下页注）

但是它准确地揭示了政治生活最深刻的人性根据,这也意味着,在《会饮篇》中,阿里斯多芬不仅是诗歌的代表,他还为政治做出了最深刻的辩护。在此前的三篇发言中,厄里克希马库斯的思想是非政治的,如果从他的立场出发理解政治的本质,那么政治就不过是人类用技艺征服自然的最终环节,展现了人的"厉害"(正如索福克勒斯的"人颂"所揭示的)。斐德罗与包萨尼亚的发言虽然从城邦的视角出发,但是归根结底地讲,他们对政治的理解都停留在公民们"需要彼此帮助"的层面。斐德罗希望爱者和被爱者的相互注目为彼此注入道德力量,从而勇敢地保卫城邦,却从未论证城邦为何值得我们为之献身;包萨尼亚主张用德性的教育换取情欲的满足,他所理解的政治生活在本质上就是一种通过法律来实现交易、保障爱者和被爱者彼此帮助的制度。在阿里斯托芬看来,这些发言者对于政治的理解都未能触及人性深处那种单纯"想要共同生活"的欲望,因而他们仅仅赞美爱欲的好处,而非爱欲本身。①

　　阿里斯托芬的爱欲神话完全用身体的语言阐述人性,但是与厄里克希马库斯不同,他并未将人化约为身体。在最后的总结中,他讲道:相爱的人们说不出他们的"灵魂"(ψυχή)究竟想要从爱欲中得到什么(192c7),只是在工匠神赫菲斯托斯的提示下才明白,②爱欲的终极目的是与自己的另一半融为一体,"因为我们原初的自然(ἡ ἀρχαία φύσις)就是这样的整体(ὅλοι),而对整体(ὅλου)的欲望和追求就叫爱欲(ἔρως)"(192e9 - 193a1, cf. 191c8 - d3)。然而,爱欲驱使我们融入的整体并非一种没有限制的普遍整体,而是每一个人感到自己生来就归属的那个独一无二的整体,"在我们目前的处境

_____

(接上页注)比之下,路德维格完全误解了阿里斯托芬的思想,他认为后者将政治的目标化约为"人类的存活",从而与亚里士多德的观点对立(Ludwig, *Eros and Polis*, pp. 33—35)。路德维格未能理解,在阿里斯托芬这里,哪怕只谈论"存活",而非像亚里士多德那样谈论"活得好",真正属人的存活也绝非鲁滨逊式的,而是具有内在的政治性;在这一点上,阿里斯托芬的爱欲神话与亚里士多德的政治哲学是完全一致的。

　　① 为了更好地理解阿里斯托芬为政治所做的辩护,我们不妨再比较柏拉图笔下的普罗泰戈拉解释政治起源的神话(柏拉图:《普罗泰戈拉篇》,320d 以下)。在普罗泰戈拉的神话中,宙斯赐予人类政治技艺是为了限制人与人相互伤害(柏拉图:《普罗泰戈拉篇》,322b - d),而在阿里斯托芬的神话中,政治是人类(至少是男同性恋者)的自然需求。宙斯在政治的诞生中发挥了间接的作用:他移动人类的生殖器从而发明了性,好让人类不会因为太过强烈的爱欲而死去;性的满足缓解了爱欲的需求,这是日常生活得以继续、政治生活得以成立的前提。关键在于,阿里斯托芬理解的政治不是对于不义和相互伤害的限制,而是对于过于强烈的爱欲的替代和限制,在他看来,相互伤害不属于人的天性,就连圆球人也并不相互伤害。

　　② 我们认为,阿里斯托芬此处提及工匠神,与他将爱欲理解为一种治疗一样(189c - d),都是在针对厄里克希马库斯的技艺至上论。在阿里斯托芬看来,真正的技艺,尤其是作为"医术"的爱欲技艺(由工匠神赫菲斯托斯代表),不是为了改造和征服自然(即便是以"配合自然"为名),而是为了恢复原初的自然。

中,爱欲给予我们最大的帮助,它引领我们追求属己之物(οἰκεῖον)"(193d),爱欲就是灵魂对于属己之物的欲求。我们很快就会发现,在苏格拉底看来,这就是阿里斯托芬的根本观点,同时,这也是苏格拉底最无法接受的一种观点,他借蒂欧提玛之口说:

> 但是我主张,爱欲既不追求一半,也不追求整体,除非这些是某种善的东西(ἀγαθόν)……我认为人们并不追求他们自己的,除非有人把凡是他自己的属己之物称作善的(ἀγαθὸν οἰκεῖον καλεῖ καὶ ἑαυτοῦ),把凡是别人的称作恶的。(205e1-7)

诗人认为爱欲追求的是属己,哲学家认为爱欲追求的是善好;在对于爱欲的理解上,诗歌与哲学的争执归根结底就是属己和善好的争执。[1] 在诗人看来,有些事物是天然属于每一个人的,比如他/她的家庭和城邦,因为任何人都无法选择他/她的家人和祖国,当我们说"亲人"或"同胞"的时候,就是在表达属己的爱欲;一般人或许认为爱人是可以选择的,但是爱人恰恰是诗人心目中属己之物最纯粹的典范,每个人命定的爱人是他/她自然的另一半,至少是最接近他/她的自然本性的那个人(193c)。[2] 在这个意义上,爱欲的法则不是理性,尤其不是区分善恶的理性,而是命运;任何对于善恶的辨别都背叛了命运对于属己之物的分配。为了排除理性的干扰,阿里斯托芬用身体的语言讲述他的神话,他唯一提到灵魂之处,恰恰是在强调灵魂缺乏关于爱欲的"逻各斯"。诗人的爱欲世界是完全沉默的,没有言语和知识,更没有哲学。[3] 在神话中,人"试图上升至天宇,与诸神比高低"的骄傲既是

---

[1]　施特劳斯:《论柏拉图的〈会饮〉》,第173页:"从苏格拉底的观点看,对美的爱高于对属己之物的爱。这两种爱合起来就是完整的爱欲现象,某种意义上也是完整的人性现象。"需要注意的是,首先,这里"善好"的概念并不直接带有道德意涵,而是指自然意义上的"善好"。我们会发现,苏格拉底认为爱欲追求的善好包括三种不朽,其中只有第二种可以称得上是道德性的。其次,《会饮篇》中阿里斯托芬对属己之爱的阐述和苏格拉底对善好之爱的阐述都出自柏拉图之手,柏拉图试图通过展现双方的冲突来揭示人性的复杂面貌,而非简单地赞同一方,驳斥另一方。在《吕西斯篇》,柏拉图也让苏格拉底为属己之爱辩护,参考陈斯一:《柏拉图论爱欲与友爱:〈吕西斯〉释义》,载于《哲学与文化月刊》,2019年第2期,第183—196页。关于阿里斯托芬和苏格拉底的对峙,还可做一个重要的补充:萨克森豪斯观察到,唯有当灵魂脱离了身体的束缚之后,阿里斯托芬的爱欲才能完全实现:"在死亡中,这些爱人们才能获得被他们的身体所否定的那种完整性"(Saxonhouse, "Eros and the Female in Greek Political Thought: An Interpretation of Plato's Symposium", *Political Theory*, 1984, Vol. 12, No. 1, p. 18),这一点非常类似于苏格拉底对于死亡的理解,只不过后者认为唯有当死亡将灵魂和身体分离之后,灵魂才能实现纯粹的理智之善。参见柏拉图:《斐多篇》,80e-81a。

[2]　比较柏拉图:《吕西斯》,221d-222a。

[3]　Nichols, "Socrates' Contest with the Poets in Plato's Symposium", pp. 189—190.

在批判前三位发言者的骄傲,也预先揭露了苏格拉底的骄傲,前三位发言者的骄傲是政治和技艺的骄傲,苏格拉底的骄傲是哲学的骄傲。在诗人看来,哲学家试图按照美和善的理性秩序爬升爱欲的"阶梯",这是人性所能企及的最"厉害"的一种骄傲。① 按照阿里斯托芬对爱欲的理解,他甚至不能接受这个阶梯的第一步爬升:从爱一个独一无二的美的身体到爱两个以及多个美的身体(210a - b)。② 诗人归属于个别具象的世界,拒绝走向普遍抽象的美善。③

　　最后,阿里斯托芬以对虔敬的呼吁结束他的赞词:一方面,人类应该对以宙斯为首的奥林匹亚诸神表示敬畏,以避免更严厉的惩罚(193a);另一方面,人类应该赞美的神只有爱若斯,因为唯有他带给我们幸福(193d)。如果爱若斯代表自然,奥林匹亚诸神代表习俗,那么阿里斯托芬似乎是在暗示自然与习俗的冲突,并且歌颂自然、贬低习俗:人类尊重习俗仅仅是出于恐惧,唯有自然的爱欲才能带来幸福。④ 我们认为,阿里斯托芬的思想要更复杂一些。首先,他并非无条件地赞同人类的自然本性。圆球人所象征的"厉害"和反叛习俗的骄傲也是人性的一部分,但这就不是阿里斯托芬所赞同的部分;他虽然认为半人的爱欲追求的是与自己的另一半融为一体,但是并没有提出半人的最终目标是恢复圆球人的骄傲,因为那种向上斗争与向外攫取的欲望是与全身心追求属己之物的欲望格格不入的,前者实际上是血气而非爱欲。其次,阿里斯托芬也并没有不加区分地贬低习俗,事实上,爱欲

---

① 苏格拉底用以描述爱欲等级的"阶梯"(211c3,ἐπαναβασμοῖς)一词与阿里斯托芬用来形容圆形人之骄傲的动词"上升"(190b8,ἀνάβασιν)是同源的。施特劳斯准确地指出,"如果不以水平的方式、不在同一层面上,阿里斯托芬便无法构想爱欲,他不能像苏格拉底那样垂直地构想爱欲"(施特劳斯:《论柏拉图的〈会饮〉》,第140页)。萨克森豪斯也认为,阿里斯多芬对圆球人的批评是在暗指苏格拉底的骄傲,苏格拉底是"最接近古代圆球人的人"(萨克森豪斯:《惧怕差异》,第196—197页)。

② Cf. Bloom, "The Ladder of Love", p. 148.

③ Dover, "Aristophanes' Speech in Plato's *Symposium*", pp. 47—50; Gregory Vlastos, "The Individual as Object of Love in Plato", in *Platonic Studies*, Princeton University Press, 1981, pp. 3—42.

④ 施特劳斯认为,在阿里斯托芬的思想中,"爱欲必须透过自然与约定的对抗来理解。爱欲既是对深情拥抱的渴望,与此同时也是自然对约定的反叛"(施特劳斯:《论柏拉图的〈会饮〉》,第145页)。伯纳德特(Seth Benardete)和萨克森豪斯也持同样的观点(Benardete, "On Plato's *Symposium*", pp. 174—175;萨克森豪斯:《惧怕差异》,第198—200页)。我们不同意这种观点。施特劳斯的主要依据是圆球人的反叛形象,但圆球人是没有爱欲的;他还认为半人的爱欲不仅追求属己的整全,还要恢复圆球人的骄傲,但这一点是没有文本根据的。我们同意安德森的理解:在阿里斯托芬看来,"我们建立真正的爱欲关系的条件(至少在这种关系的限度内)是彻底放弃对于权力和统治的抱负"(Anderson, *The Masks of Dionysus*, p. 45; cf. Anthony Hooper, "The Greatest Hope of All: Aristophanes on Human Nature in Plato's 'Symposium'", *The Classical Quarterly*, Vol. 63, December 2013, pp. 567—579)。

本身就是习俗参与构建人性（表现为宙斯对人类自然的改造）的结果，而且他对自然等级最高的男同性恋的辩护同时也是对政治的辩护，只不过这种辩护不局限于具体的政治习俗，而是要捍卫政治之为政治的本质及其最纯粹的人性根据：人类的政治本性以及人与人即便不需要彼此的帮助也想要生活在一起的欲望。在任何具体的人身上，这种欲望最终会表现为对于某个具体政治共同体的归属，但是同样，这种归属也并非任何政治共同体所特有的，而是政治作为政治的本质特征。对于自然爱欲最无保留的赞美和对于政治习俗最为纯粹的辩护同时出现在阿里斯托芬的讲辞中，连接二者的桥梁是一种被充分自然化了的古希腊习俗——作为男同性恋的男童恋。我们认为，阿里斯托芬既不是自然主义，也不是习俗主义，他试图在人性与政治的深处实现自然与习俗的融合。[①]

　　然而，这种融合是有代价的，它选择了命定的属己，牺牲了理性和善好。阿里斯托芬的赞词占据《会饮篇》的中心位置，与此相应，它表达了对于爱欲、人性和政治的一种极为深刻但是极端片面的理解；反过来讲，也正因为无比执着于它所看到的片面，这篇赞辞才显得如此单纯而极致，这正是它作为诗歌的力量之所在。[②] 我们会发现，在爱欲中实现自然与习俗的融合也是苏格拉底的理想，只不过哲学家要在理性和善好的基础上实现这一点，换言之，要在哲学的基础上实现这一点。通过呈现阿里斯托芬和苏格拉底在爱欲中结合自然与习俗的两种对立方案，柏拉图并不试图一劳永逸地解决"诗歌与哲学的古老争执"，而是邀请每个读者自行评判。[③]

---

　　① 　Cf. Bloom, "The Ladder of Love", p. 110.

　　② 　古希腊诗歌热衷于也善于刻画偏执而纯粹的人物形象，例如荷马的阿基琉斯和索福克勒斯的安提戈涅。在某种意义上，雷德菲尔德（James Redfield）对阿基琉斯的评价也点明了古希腊诗歌的文学和思想特质："阿基琉斯之所以看得如此透彻，是因为他只看到了事情的一部分"（James Redfield, *Nature and Culture in the Iliad：The Tragedy of Hector*, The University of Chicago Press, 1975, p. 13）。另见施特劳斯对阿里斯托芬的评价，"阿里斯托芬是个更强有力的个人，他的讲辞比任何其他人的讲辞都更为深刻和丰富。但另一方面，从苏格拉底的观点看，他的讲辞错误最多，因为它以最激情洋溢的方式走在错误的方向上"（施特劳斯：《论柏拉图的〈会饮〉》，第 172 页）。

　　③ 　关于阿里斯托芬，还有一个重要的问题我们尚未讨论：《会饮篇》中的阿里斯托芬和现实中的阿里斯托芬有何关系？ 二者关于爱欲和政治的思想是一致的吗？ 由于论域和篇幅的限制，我们仅做简要的补充。首先，关于爱欲，不少学者认为两个阿里斯托芬持有完全相反的观点（例如 Robert Eisner, "A Case of Poetic Justice：Aristophanes' Speech in the 'Symposium'", *The Classical World*, Apr. - May, 1979, Vol. 72, No. 7, pp. 417—419）。我们认为，这种观点忽视了，柏拉图笔下的阿里斯托芬为之辩护的男同性恋，与现实中阿里斯托芬一贯嘲讽的男童恋，是两种性质完全不同的爱欲。其次，关于政治，也有不少学者认为两个阿里斯托芬的观点是完全相反的（例如 Ludwig, *Eros and Polis*, pp. 61—65）。这种观点同样忽视了，两个阿里斯托芬赞同和批判的是政治的不同层次。施特劳斯、罗德（James Rhodes）、胡珀（Anthony Hooper）是少数认为两个阿里斯托芬的思想在最根本的层面完全一致的学者。施特劳斯认为，柏拉图笔下的阿里斯托芬站 （转下页注）

<hr />

（接上页注）在爱若斯一边反叛奥林匹亚诸神，而现实的阿里斯托芬珍视乡村生活、批判城邦政治，二者的思想实质都是崇尚自然、贬低政治习俗（参考施特劳斯：《论柏拉图的〈会饮〉》，第149—150页；路德维格也认为，两个阿里斯托芬都运用喜剧的手法"从政治生活的扭曲返回自然"，参见 Ludwig, *Eros and Polis*, p. 39）。我们同意施特劳斯的解释方向，但是认为他的具体观点有失偏颇，他既误解了柏拉图的阿里斯托芬对圆球人的态度，也低估了现实中的阿里斯托芬对雅典（既包括阿提卡乡村也包括民主制城邦）的热爱。罗德对两个阿里斯托芬的解读都错得离谱，不值得回应（James Rhodes, *Eros, Wisdom, and Silence: Plato's Erotic Dialogues*, University of Missouri, 2003, pp. 264—280）。胡珀的理解是相对准确的："阿里斯托芬认为，许多心理状态干扰着人们去满足那些对于幸福生活来说极为重要的基本需求，给人们灌输一种对于'更高'存在的欲望。在他的剧作中，这种状况的常见例子是贪婪和嫉妒，而在他的会饮讲辞中，另一个显著的例子是野心"（Hooper, "The Greatest Hope of All", pp. 578）。笔者也认为两个阿里斯托芬的思想是一致的。通过《会饮篇》的爱欲神话，柏拉图展现了他对阿里斯托芬的深刻理解，揭示出后者通过其喜剧表达的政治思想之实质在于对血气的排斥和对爱欲的净化。

第五章　阿伽通与苏格拉底

阿伽通的赞词

大多数学者都认为,阿伽通的爱欲赞词是最乏味的一篇。不过,从《会饮篇》整体的结构和思路来看,这篇赞词却具有非常重要的意义。在大酒量者发言的下半场,阿伽通处于中心位置,他的座次紧挨着苏格拉底,他的酒量也仅次于苏格拉底。[①] 在苏格拉底之前的所有发言者中,只有阿伽通提出了独立于善但是又与善息息相关的美:他在讲辞开头提出爱若斯是最美的,最后又说美是爱欲的对象,这已经非常接近苏格拉底赞词的出发点了(尽管在苏格拉底看来,他还是搞错了爱欲和美的关系);同时,他关于爱欲之善(即德性)的论述,其最重要的部分(即正义和智慧)都是从爱欲之美推论而出的,而这样一种从美到善的转向也将是苏格拉底赞词的关键环节。如果正如上文所言,在爱欲的问题上,诗人与哲学家的争执就是属己之爱与善好之爱的争执,那么歌颂美和善的悲剧诗人阿伽通或许就居于这两种爱欲之间,完美地实现了从阿里斯托芬到苏格拉底的过渡。

阿伽通从一个重要的修辞学原则开始:在赞美一个事物带来的好处之前,必须首先确定这个事物"是什么样的"(οἶος)(195a)。从表面上看,这个原则非常接近苏格拉底常用的给事物下定义的方法,然而,定义追问的是事物"是什么",而非事物"是什么样的"。如果借用亚里士多德的范畴来说就是:定义表达本质,而非属性。[②] 我们很快就会发现,阿伽通根本没有正确

---

① 比较223c-d。第二天早上,其他客人要么喝醉了,要么回家了,只有苏格拉底、阿里斯托芬和阿伽通仍在喝酒和交谈。后来阿里斯托芬和阿伽通都撑不住了,阿里斯托芬先睡着,然后才是阿伽通,而苏格拉底始终保持清醒。可见,三位大酒量者的酒量从大到小依次是:苏格拉底、阿伽通、阿里斯托芬。

② Bloom, "The Ladder of Love", p. 117.

地定义爱欲的本质,而是通篇描述爱欲的种种美好属性,这又恰恰暴露出他错误地理解了爱欲。阿伽通的发言远非苏格拉底式的,而是高尔吉亚式的(cf. 198c)。[①]

在阿伽通看来,爱若斯是诸神中最幸福的,因为他是"最美的和最好的"(κάλλιστον ὄντα καὶ ἄριστον)(195a)。接着,他分别从"美"和"好"这两个方面赞美爱若斯。爱若斯是最美的,因为他是最年轻的、最柔软的、最轻盈的。首先,爱若斯是最年轻的,而且是永远年轻的,总是与年轻人为伴。阿伽通认为,在这一点上,他与斐德罗持相反的观点,后者说爱若斯是最古老的神之一(178b)。不过,如果仅仅是为了论证爱若斯是年轻的,那么阿伽通对斐德罗的批评就并无必要,因为对于不朽的神而言,"最年轻"与"最古老"并不矛盾,但阿伽通不仅主张爱若斯是年轻的,而且主张爱若斯是晚出的,这是因为他要表达一个更加重要的观点:"赫西俄德与巴门尼德讲述的那些神界的远古事迹是根据必然性发生的,不是根据爱若斯发生的(Ἀνάγκη καὶ οὐκ Ἔρωτι)。"(195c1-3)这样看来,爱欲对于必然性的超越才是"爱若斯最年轻从而最美"的实质意义。阿伽通所谓的必然性指的是"强力"(βίαια),例如克洛诺斯阉割自己的父亲乌拉诺斯,他认为在爱若斯诞生之前,神界的法则就是冲突和征服、暴力与战争,而爱欲则带来了进步,实现了"友善与和平"(φιλία καὶ εἰρήνη),用美的吸引取代了强力的法则(195c5-6)。虽然阿伽通讲述的是神界的"历史",但是其思想明显透露出一种对于人类历史进步的乐观态度:爱欲的诞生标志着文明取代野蛮。[②] 这与阿里斯托芬对于人类命运的暗淡洞察形成鲜明对比,后者的叙述自始至终遵循着必然性,而且在他的神话中,作为宙斯惩罚人类的后果,爱欲自身也是一种让人无法抗拒、至死方休的强力。

阿伽通描述爱欲之美的第二个要点是:爱欲是最柔软的。他援引荷马对于蛊惑女神阿特(Ate)的刻画来说明爱欲在何种意义上是最柔软的:"她步履轻柔,从不沾地面,只在人们的头上行走,使人的心智变模糊。"[③]这几行诗出自《伊利亚特》第 19 卷,阿伽门农在全体将士面前向阿基琉斯道歉,

---

①　柏拉图:《高尔吉亚篇》,447d-449a,苏格拉底想知道高尔吉亚的技艺"是什么",高尔吉亚的学生柏鲁斯却回答说"是最值得敬佩的"。比较柏拉图:《理想国》,358b4-7,格劳孔请求苏格拉底阐述正义和不正义的本质时说:"我想要听听它们各自是什么,就其自身而言在灵魂中具有何种力量,不考虑奖励或从它们而来的后果。"阿里斯托芬在其赞词的开头也声称要阐述"爱欲的力量"(189c)。根据柏拉图的用语,我们可以判断,在苏格拉底之前,只有阿里斯托芬给出了爱欲的定义、讲出了爱欲的本质。

②　施特劳斯:《论柏拉图的〈会饮〉》,第 158 页;贝尔格:《爱欲与启蒙的迷醉》,第 103 页。

③　荷马:《伊利亚特》,19.92-94。

把自己的错误归咎于蛊惑女神阿特："宙斯的长女阿特能使人们变盲目，是个该诅咒的女神；她步履轻盈……"①将人的动机归结于神对人的影响是荷马的惯用手法，而阿伽门农此处的说法其实是在指出，蛊惑女神影响人的方式并非摆布人的身体，而是迷乱人的头脑，"她步履轻柔，只在人们的头上行走"，在这个意义上，阿特是柔软的。阿伽通非常准确地理解并推进了荷马的比喻："爱若斯不仅不在地上行走，他甚至不在人们的头上行走，因为头也不是特别柔软，他只行走和栖居于最最柔软的事物，那就是神和人的品性与灵魂（ἤθεσι καὶ ψυχαῖς）。"(195e2－4)②当然，阿伽门农说的"头"指的不是头盖骨，而是人的心智，而阿伽通换之以听上去更加柔软的"品性与灵魂"，只不过是一种修辞的效果罢了。然而，他接下来的说法却表达了更加实质的观点：爱若斯并不作用于所有的灵魂，他远离"坚硬的灵魂"，只居于"柔软的灵魂"(195e5－7)。这个重要的补充把爱若斯和阿特对立起来。荷马史诗中的大多数英雄都拥有一个坚硬的灵魂，这种灵魂的典型特征是固执。阿伽门农抢夺阿基琉斯的礼物在很大程度上就是出于他的固执，这样看来，阿特给阿伽门农灌输的"可怕的迷乱"就是他的固执。这种固执展现了英雄灵魂的强盛血气，它所引发的后果则是另一个英雄更强盛的血气、更坚硬的固执，在某种意义上，《伊利亚特》讲述的就是一出英雄们"硬碰硬"的固执所导致的血气悲剧。③ 毫无血气（众发言者中最无血气）的阿伽通是英雄的反面，他之所以援引荷马刻画蛊惑女神阿特的诗句，是为了凸显爱若斯如何用超越阿特的柔软克服英雄血气导致的坚硬和固执。在荷马那里，同作用于身体的强力相比，作用于头脑的阿特是柔软的，但是在阿伽通这里，同作用于坚硬灵魂的阿特相比，作用于柔软灵魂的爱若斯才是最柔软的。阿伽通赞美的爱欲是一种完全不带血气的爱欲，也就是他的爱人包萨尼亚身上的那种爱欲。如果说阿伽通的修辞技巧反映了高尔吉亚的影响，那么他的思想品性就反映了包萨尼亚的影响，他的演说为我们生动呈现出包萨尼亚式的爱欲教育的实际成果：一个柔软的爱者教出一个更加柔软的被爱者。④

① 荷马：《伊利亚特》，19. 91－92。

② 此处"最最柔软"所翻译的原文是μαλακωτάτοις τῶν μαλακωτάτων，字面意义是"最柔软的东西当中最柔软的"。为了表现爱若斯的柔美，阿伽通反复提到"软"(195d7, 195e3, 195c7)。"软"这个观念此前出现过多次(173d8, 174c1, 179d4)，都是贬义，阿伽通是唯一把这个观念用作褒义的发言者，这当然符合他的灵魂品性。

③ 在《伊利亚特》第 19 卷开头，在阿伽门农道歉之前，阿基琉斯已经更加诚恳地将阿开奥斯人遭遇的灾难归咎于阿伽门农和他自己的血气，参阅荷马：《伊利亚特》，19.56—73。

④ 罗森准确地指出，与卡里克勒斯相比，阿伽通把高尔吉亚的教导"变软了"(cf. Rosen, *Plato's Symposium*, pp. 73—74, 161—163, 184)。实际上，阿伽通真正的老师不是高尔吉亚，而是包萨尼亚(Anderson, *The Masks of Dionysus*, pp. 49—50)。

　　阿伽通关于爱欲之美的阐述是高度一致的：年轻的爱若斯取代必然性，结束了诸神的冲突和战争，柔软的爱若斯带领人类走出英雄世界的暴力与仇杀，而在消除了一切强力和血气的坚硬之后，轻盈的爱若斯留给我们的世界将是优雅的，"哪里鲜花盛开，芬芳四溢，爱若斯就在哪里驻足"（196b2-3）。以一种比之前的所有发言者都更加显白的方式，阿伽通以赞美爱若斯的名义赞美了他自己：一位柔软、优雅、俊美的被爱者，即便青春不再，内心却永远年轻，灵魂如鲜花一般娇嫩而芬芳。①

　　我们很快会发现，在阿伽通看来，如果说他的人格体现了爱欲之美，那么他的诗歌就体现了爱欲之善。阿伽通继续讲到，爱若斯不仅是"最美的"，而且是"最好的"，因为他拥有所有的德性：节制、勇敢、正义、智慧，其中，地位最高的智慧，实际上指的是诗歌。让我们依次分析阿伽通对德性的阐述。首先，他关于爱若斯拥有节制和勇敢这两个德性的论述明显是诡辩：爱欲是最强烈的快乐和欲望，因此它能"战胜"别的快乐和欲望，而"能够战胜快乐和欲望"就是节制（196c）；爱欲能够捕获勇敢者，正如神话中对于阿芙洛狄忒的爱欲捕获了最勇敢的战神阿瑞斯，而"能够捕获最勇敢者"的爱欲才是真正最勇敢的（196d）。我们不难看出，这两个论证都完全扭曲了节制和勇敢的含义：节制是理性战胜欲望，而不是一种欲望战胜别的欲望；勇敢是不害怕危险和死亡，而不是对勇敢者的捕获。阿伽通之所以运用如此明显的诡辩，是因为他所理解的爱欲实际上与节制和勇敢并不相容，而且他自己也的确不具备节制和勇敢的德性。

　　相比之下，阿伽通关于爱若斯拥有正义和智慧的论述是更值得讨论的。阿伽通从爱若斯的美推论出他的正义：由于爱欲的法则是美的吸引，而非强力，因而爱欲也就不可能不义，因为一切不义都是某种强力；关于爱欲的一切都是自愿的，而自愿的就是正义的（196b-c）。这番论证有一个逻辑漏洞：阿伽通忽视了非强力、诱导致使自愿的不义——欺骗，这让我们再次想起包萨尼亚的观点，后者认为在高贵的爱欲关系中，被爱者自愿接受爱者的奴役并不是低贱的，并且认为这种自愿的奴役即便是基于欺骗，也并不是可耻的。如果说包萨尼亚的表述还是辩护性的，仅限于论证爱欲不是恶，那么

---

　　① 在这个意义上，阿伽通的讲辞"对他自己和对爱若斯都非常恰切"（198a）。注意阿伽通反复提到两个重要的词：εἶδος 和 ἰδέα，指的都是爱若斯的"外形"："爱若斯不仅是最年轻和最柔软的，他的外形（εἶδος）也是最轻盈的"（196a2），"他的外形（ἰδέας）轻盈，比例协调，对此的一大证据就是他的优雅"（196a5）。在柏拉图哲学中，这两个词作为概念指的是揭示事物本质的"型相"或"理念"（例如柏拉图：《美诺篇》，72c-d；《巴门尼德篇》，129a；《理想国》，597a；《智者篇》，255e）。从阿伽通的外形之美出发，苏格拉底最终会上升到"美本身"（211c-d）。

阿伽通就更进了一步，他取消了高贵和低贱的差异，将正义和不义的区分完全等同于自愿和强力之分，从而论证爱欲之善。我们已经指出，包萨尼亚试图尽可能解除城邦法律对于男童恋的限制，其说辞服务于情欲的满足，而阿伽通似乎真诚地相信一切自愿的行为都是正义的，包括受到欺骗而做出的自愿行为。或许阿伽通对于正义的错误理解本身就是他受到欺骗的后果：包萨尼亚没有真正的德性，也无法教授给阿伽通真正的德性；按照他自己承诺的"交易法则"，他与阿伽通的爱欲关系尽管不算是低贱的，但也并不是正义的。然而，作为一个毫无血气，也完全不在乎雅典公民权的被爱者，[①]阿伽通其实并不关心正义和不义之别，他真正关心的是自愿与强力之别，而爱欲行为确实是最纯粹的自愿行为："所有人在所有事情上，都给爱若斯做自愿的奴仆。"（196c1－2）[②]

　　阿伽通对于爱欲之善的最后一步阐述是论证爱若斯是智慧的，对他而言，所谓智慧就等同于诗歌的技艺。他说，爱若斯是一个诗人，不仅如此，他还是一个能够教授诗艺的诗人，因此他是最具智慧的（196e）。爱若斯能够教授诗艺的证据是：在爱欲的激发下，不会写诗的人也会变成诗人，例如《吕西斯篇》中的希波泰勒斯，他为了追求吕西斯而写了大量赞美后者的诗歌。[③]在所有技艺中，诗歌确实与爱欲有着某种天然的联系。然而，阿伽通不仅认为爱欲能够产生诗歌，还提出"在几乎所有缪斯主管的生产（ποίησιν）领域，爱若斯都是好的生产者（ποιητής）"（196e4－5）。古希腊语单词ποιητής既可以指"诗人"，也可以指"生产者"，阿伽通利用这个词的多义性扩展了爱欲的"生产力"。那么，爱欲是如何生产其他技艺的？阿伽通接着说，正如所有生命都是通过"爱欲的智慧"而生成的，所有的技艺也都来自爱欲的教导，例如阿波罗的箭术、医术和占卜术，赫菲斯托斯的锻造术，雅典娜的编织术，等等，这些天神都是在爱欲的激发下发明了各自的技艺，这是因为唯有在爱欲的教导下他们才能"声名远扬、闪闪发光"（ἐλλόγιμος καὶ φανός）（197a－b）。阿伽通在这段话中提出了一个重要的类比：爱欲不仅产生一切生命，还产生所有的技艺，前一种生产是通过性和繁殖，后一种生产是通过技艺发明者对

---

　　①　布里松提到，"根据亚里士多德的记录，公元前411年，阿伽通在他的颂词中赞扬安提丰，这似乎暗示出他对民主制度并没有多大的好感"（布里松：《少男之爱与智慧之爱》，第298页）。公元前407年，阿伽通在包萨尼亚的陪同下离开了雅典，移民马其顿。

　　②　"做自愿的奴仆"（ἑκὼν … ὑπηρετεῖ，196c1－2）呼应包萨尼亚提出的"自愿受奴役"（δουλεία ἑκούσιος，184c2）。

　　③　柏拉图：《吕西斯篇》，204d－205d。希波泰勒斯是一个拙劣的诗人；他不是一个天生的诗人，只是在爱欲的激发下才成了一个诗人，就像斐德罗谈到的那种天性并不勇敢，只是受爱欲激发而变得勇敢的人。参见施特劳斯：《论柏拉图的〈会饮〉》，第162—163页。

于声名的追求。再加上他最开始关于爱欲产生诗艺的说法,阿伽通围绕爱欲的智慧呈现了爱欲的三个层次:创造诗歌的情欲、创造生命的生殖欲、创造技艺的声名欲,①而整个论证的枢纽是ποιητής一词从狭义("诗人")到广义("生产者")的推展。在这个意义上,诗歌是创造力的典范,从而是最高的、最具爱欲的智慧。阿伽通的技艺就是爱若斯的技艺。

爱若斯的正义源自爱欲的自愿取代了强力的必然性,爱若斯的智慧也源自于此:阿伽通再次提到,在爱若斯诞生之前,诸神在必然性的统治下做出种种可怕的行为,而"在这位神诞生之后,由于有了对美的爱欲,所有的善才发生于诸神和人类中间"(197b7-9)。根据讲辞的语境,这句话中的"美"指的是"声名远扬、闪闪发光",而"所有善"指的是诸神发明了各种造福人类的技艺。通过再次对比爱欲和必然性,阿伽通回到了对于人类文明进步的歌颂,并将文明的成就归结于技艺。这与厄里克希马库斯的思想是一致的,难怪在转向智慧这个话题之初,阿伽通提到厄里克希马库斯,他坦率地声称,正如医生歌颂了医术,他也要歌颂诗艺(196d-e)。厄里克希马库斯以医术的方法和目标为范式理解所有的技艺:技艺就是通过制造对立面的和谐来服务于人类的物质需求,而阿伽通则指出,是一种更高的精神需求创造了包括医术在内的所有技艺。厄里克希马库斯的技艺利用身体的爱欲来实现健康,而阿伽通的技艺满足灵魂对声名的爱欲:唯有诗歌的颂扬才能让人"声名远扬、闪闪发光"。② 在这个意义上,阿伽通的赞词胜过了厄里克希马库斯的赞词,正如他的技艺胜过了后者的技艺。③

在其讲辞的尾声,阿伽通不光为爱若斯谱写了诗歌,而且穷其修辞学功力,用整齐的赋辞罗列爱欲带来的种种美好(197c-e)。④ 在诗人阿里斯托

----

① 或者爱欲负责的三种"制作"(ποίησις)(Rosen, *Plato's Symposium*, p. 187 ff.)。

② 贝尔格指出,唯有诗歌的颂扬能够实现神与人的"声名欲",在这个意义上,诗歌才是"技艺中的技艺",参见贝尔格:《爱欲与启蒙的迷醉》,第112页。苏格拉底也会着重分析人对于不朽声名的渴望,但是在他看来,这种渴望的满足取决于德性与功业本身,而非诗歌对此的美化与传颂。诗人自身的不朽也是通过他们的作品来实现的——荷马和赫西俄德并不需要后世诗人的美化和传颂。

③ 施特劳斯评论道:"既然爱欲在最高意义上是对声名的爱,那爱欲与文明就是协调一致的"(施特劳斯:《论柏拉图的〈会饮〉》,第166页)。我们很快会看到,苏格拉底进一步揭示出,声名之爱与人类文明的自然根据在于灵魂对不朽的渴望;在他的讲辞中,声名之爱将获得重要的位置,但并非最高的位置。

④ 笔者尝试在尽可能贴近原意的前提下,将阿伽通讲辞的结尾段落翻译如下:"世间享和平,大海变宁静,风浪皆止息,烦恼亦睡去。他为我们空杯疏异,斟满属己;他让我们每每相聚,皆如今宵,亦立节日、舞蹈、祭礼,亲自引领;迎来温良,驱走暴戾;散满友善,拒收恶意;吉祥美好,于智者可观,于诸神可叹,于富者可欲,于穷者可羡;柔软而精致者,奢华而优雅者,凡此欲念渴求,皆以他为父;事善者不事恶者,于劳作、畏惧、渴念、述说,做舵手、兵士、战友、救星,皆属最佳;彼乃神人全体之良序,至美至善之向导,人人皆须跟随彼身,美美同唱彼歌,此歌迷醉一切人神之心智。"(197c-e)为了押韵,部分语句的顺序有所调整。

芬与哲学家苏格拉底之间，阿伽通代表的并非悲剧，而是修辞学。阿里斯托芬的赞词有一种单纯而极致的感染力，这种诗性的力量无需理性对善恶和美丑的辨别，忠实于沉默无言的属己。相比之下，阿伽通的赞词虽然结构清晰、格调优雅、引经据典、辞藻华丽，却毫无触动人心的力量。① 从阿里斯托芬到阿伽通，讲辞的思想高度发生了明显的下降，关于爱欲的理解从深刻返回表浅。但《会饮篇》的叙事为什么需要这样一种转折？苏格拉底的发言为何紧跟在阿伽通而非阿里斯托芬的讲辞之后？ 在阿里斯托芬的神话中，人们无法言说的灵魂渴望要比工匠神的提示更能展现爱欲的本质，相比之下，阿伽通对爱欲"是什么样的"这个问题极尽修辞术的辞藻，却始终未能解释爱欲究竟"是什么"。尽管如此，言辞毕竟是理性的同盟，而理性是哲学家通往本质和存在的道路。在这个意义上，阿伽通的修辞虽然肤浅，但是要比阿里斯托芬的神话更接近苏格拉底的哲学。② 不过，在正式进入苏格拉底的爱欲哲学之前，我们仍然需要理解柏拉图的谋篇布局：《会饮篇》中最重要的一篇爱欲讲辞始于苏格拉底和阿伽通的对话，这个情节究竟意味着什么？

辩证与次航

在阿伽通发言之前，苏格拉底已经与他有过一番对话。在阿里斯托芬讲完之后，苏格拉底对厄里克希马库斯说，自己排在善于言辞的阿伽通后面，感到压力很大。阿伽通接过话头回答道："苏格拉底，你这是想迷惑我，让我认为观众对于我的上佳赞词抱有极大的期望，从而陷入慌乱。"（194a5-7）阿伽通的话表明，他把赞美爱欲的讲辞视作一种表演，如同他在城邦剧院中上演悲剧一样；作为一个精通修辞学的职业剧作家，阿伽通对观众预期带给表演的影响极为敏感。事实上，他口中的"观众"（θέατρον）一词本意就是"剧院"。③ 苏格拉底抓住这个机会与阿伽通展开对话：阿伽通在剧院的"大群观众"（τοσούτῳ θεάτρῳ）面前都不曾慌张，在"我们少数几个人"

---

① 中文翻译很难还原阿伽通的修辞技艺。参考布里松：《少男之爱与智慧之爱》，第 309 页："阿伽通的颂词文风空洞但具有精美的结构……我们看到了很多以具有丰富的谐音和相似的变音为特色的精短的、并列的短语。"

② 尼科尔斯（Mary P. Nichols）准确地指出，阿里斯托芬神话所描述的沉默的爱欲世界是一个"反哲学的"世界（Nichols, "Socrates' Contest with the Poets in Plato's Symposium", pp. 189—190），相比之下，苏格拉底的言辞居于半人的沉默与阿伽通的饶舌之间。

③ 比较柏拉图：《高尔吉亚篇》，502d，苏格拉底认为诗歌就是"剧院的修辞术"；《法律篇》，701a，雅典陌生人将败坏的民主制描述为"剧院统治制"。

(ἡμῶν ὀλίγων ἀνθρώπων)面前又怎么会慌张呢？阿伽通也准确理解了苏格拉底的用意，他立刻声称，自己完全知道，"少数几位有理智的人要比缺乏理智的大众更加可怕"（194a8 - b8）。就文人雅士相互客套的一般情形而言，苏格拉底挑起的话头实际上是对阿伽通的称赞，而阿伽通最终的回答又称赞了包括苏格拉底在内的所有在场客人，这番友好的对话到此即可完满结束。然而，苏格拉底不是一般的文人雅士，他对阿伽通的称赞并不领情，反而抓住其逻辑漏洞，"但是，我们这几位并不是你说的那种有理智的人，因为我们当时也在剧院里，也是大众的一部分"（194c4 - 5）。阿伽通本想奉承他的朋友们，把他们归入"少数几位有理智的人"，但是经苏格拉底这么一说，反倒显得冒犯了他们，因为他们的确也曾在剧院里观看他的悲剧，的确也曾是大众的一部分。① 究竟是阿伽通不够谦逊，还是苏格拉底故意刁难？② 这是不易回答的，不过，此处的叙事意图是非常清楚的：柏拉图安排这番针对阿伽通的对话，目的在于让读者在听闻其说之前，先见识其人。阿伽通既是一个善于用言辞取悦大众的剧作家和修辞学家，又似乎懂得大众的流行意见不如少数贤者的真知灼见，这样的人既能够为大众代言，又具备超越大众的潜力，因此，他是苏格拉底独特的哲学对话方法——辩证法（dialectics）的合适对象。在对话的末尾，阿伽通承认，如果他在"少数有理智的人"面前犯了错，他是会感到羞耻的（194c）③，这意味着，如果苏格拉底作为"少数有理智的人"通过一问一答的对话让阿伽通认识到自己发表的某个意见存在缺陷，苏格拉底就能够利用阿伽通的困惑和羞耻感，引领他考察该意见的深层前提和逻辑后果，从而向着超越意见的真理上升——这就是辩证法。后来，正是通过运用辩证法的问答对话，苏格拉底纠正了阿伽通的根本错误，澄清了爱欲与美善的关系，从而为自己的发言做好了铺垫。

　　在《斐多篇》中，苏格拉底讲述了辩证法的由来，他说，自己年轻时候也曾经热衷于自然哲学，但是最终发现，自然哲学无法回答"善"的问题。苏格拉底相信，"如果有人想要研究某物以某种方式生成、毁灭、存在的原因，他就必须研究，该物以何种方式存在、遭受影响、发挥影响是最好的（βέλτιστον）"。④ 自然哲学的路数与此相反，虽然像阿拉克萨戈拉这样的哲

---

　　① 阿伽通的逻辑漏洞带出一个更实质的问题：有理智的少数人究竟是不是愚昧大众的一部分？这个问题的极端版本便是：哲学家究竟是不是城邦的一部分？

　　② Cf. Rosen, *Plato's Symposium*, pp. 166—167.

　　③ 比较柏拉图：《高尔吉亚篇》，461b - c，482d - e。柏鲁斯和卡里克勒斯先后指出，对话者的羞耻感是苏格拉底辩证法发挥作用的前提。

　　④ 柏拉图：《斐多篇》，97c6 - d1。

学家提出"心灵"(νοῦς)是万物的本原,但是在实际解释事物时,他也和其他自然哲学家一样,把各种物质元素视作真正的原因,苏格拉底认为,这无异于把他坐在牢房里的原因归结于关节和骨头,却忽视了"真正的原因"(τὰς ὡς ἀληθῶς αἰτίας),那就是城邦认为处死苏格拉底是好的,而苏格拉底认为服从审判是好的。① 换言之,自然哲学看似整全的视野恰恰无法顾及人类关于善恶的争论,只有政治哲学能够思考雅典对苏格拉底的审判和苏格拉底拒绝越狱的决定究竟是不是好的。为了从自然哲学走向政治哲学,苏格拉底改变了研究真理的方式,提出了著名的"次航",即"转向言辞,在言辞中探求存在的真理"(εἰς τοὺς λόγους καταφυγόντα ἐν ἐκείνοις σκοπεῖν τῶν ὄντων τὴν ἀλήθειαν)。② 这里的"言辞"指的就是城邦大众关于善恶的种种意见,政治哲学必须以这些意见为出发点,通过围绕这些意见展开的辩证来超越意见、通往真理。③

在《会饮篇》中,代表自然哲学的是厄里克希马库斯,与他相比,阿里斯托芬和苏格拉底的讲辞都称得上是"次航",因为二者都从无差别的自然回到了人性。④ 区别在于,诗人讲述的是关于属己之爱的神话或"秘索斯"(μῦθος),而政治哲学家阐述的是关于善好之爱的理性言辞或"逻各斯"(λόγος)。⑤ 阿里斯托芬的赞词紧跟在厄里克希马库斯之后,并且直接针对厄里克希马库斯另辟蹊径,因为诗歌和神话并不需要辩证;苏格拉底的赞词紧跟在阿伽通之后,并且始于苏格拉底和阿伽通的对话,因为政治哲学以辩证为前提。如果说斐德罗和包萨尼亚的发言代表着城邦关于爱欲的意见(爱欲以不同的方式为城邦带来善),那么阿伽通的发言就完成了对于城邦意见的提炼(爱欲就是善)。⑥ 进一步讲,斐德罗和包萨尼亚都是从城邦习俗的视角出发赞美爱欲的,而阿伽通的赞词则在一个更加自然的层面展开,

---

① 柏拉图:《斐多篇》,98c - e;比较色诺芬:《回忆苏格拉底》,1.1.11 - 16。

② 柏拉图:《斐多篇》,99e5 - 6。

③ 正如伯纳德特所言:苏格拉底的辩证法是将真理的碎片(即意见)放在它们各自的位置上,并在这个过程中体察真理的整体(Benardete, *Socrates' Second Sailing: On Plato's Republic*, University of Chicago Press, 1989, pp. 1—5)。另见施特劳斯:《论柏拉图的〈会饮〉》,第178—179页。柏拉图在各个对话中对于辩证法的运用和阐述,参考先刚:《试析柏拉图的"辩证法"概念》,载于《云南大学学报(社会科学版)》,2013年第2期,第15—24页。

④ 布鲁姆正确地指出,《会饮篇》中的阿里斯托芬和苏格拉底都反对厄里克希马库斯的自然哲学,而且柏拉图希望用《会饮篇》中的政治哲学家苏格拉底回应现实中的阿里斯托芬在其喜剧《云》中批评的那个自然哲学家苏格拉底(Bloom, "The Ladder of Love", pp. 56—57, 98—99)。

⑤ 关于古希腊思想中μῦθος和λόγος的关系以及柏拉图的理解,参考布里松:《柏拉图:语词与神话》,陈宁馨译,华东师范大学出版社,2020年。

⑥ "阿伽通"(Ἀγάθων)这个名字和"善"(ἀγαθός)的复数属格(ἀγάθων)发音相同。

这集中体现为他是从爱欲之美出发赞美爱欲之善的,爱欲之美(年轻、柔软、轻盈)是比爱欲之善(四大德性)更加自然的品质。虽然斐德罗、包萨尼亚、阿伽通的赞词都表达了城邦关于爱欲的意见,但是在阿伽通发言之前,厄里克希马库斯和阿里斯托芬已经开辟出一个比习俗更加广阔、更加深邃的自然视野,阿伽通继承了这一视野,他的爱欲赞词一方面装饰着最受城邦欢迎的修辞,另一方面着眼于自然的美和善。① 在这个意义上,阿伽通的发言是对于城邦爱欲观念的最高表达,他所赞美的爱欲最符合习俗所能设想的至高自然:爱若斯是"最美和最好的"神。② 不仅阿伽通这个人物是辩证法的合适对象,而且他所表达的意见也是辩证法的最佳起点。

阿伽通的赞词赢得听众们的热烈掌声,唯独苏格拉底不为所动,他评论道,"我原本愚笨地以为,当我们赞美一物时,必须讲出关于该物的真理,再以此为前提,从中挑选最美的要点,进行最恰当的安排"(198d3-6),但是从现场听众的反应来看,最受欢迎的赞词竟是"把尽可能伟大和尽可能美的属性归于该事物,不管是否属实"(198e1-2)。最后,苏格拉底尖锐地指出,"只有对于那些无知的人,这样的赞词才显得是华美的,对于有知识的人则并非如此"(199a1-3)。如果说阿伽通先前无意中冒犯了在场的客人们,那么苏格拉底现在就是在直言不讳地批评所有其他客人;同时,这也说明阿伽通只在口头上区分了"少数有理智的人"和"没有理智的大众",因为实际上,他对在场少数客人发表的爱欲赞词和他在剧院大群观众面前上演的悲剧作品并无实质区别。苏格拉底试图用行动指出,适合少数明智者探讨问题的方式是理性的对话,而非迎合大众口味、煽动大众情绪的演说,因此,他向先前打断对话的斐德罗请求道:"我能否问阿伽通几个小问题,从而和他达成一些共识,作为我发言的出发点?"(199b8-10)

接下来,苏格拉底就展开了他与阿伽通的第二轮辩证,他问阿伽通的一连串"小问题"直指阿伽通发言的根本矛盾:如果爱若斯作为一种欲望是有对象的,如果爱若斯欲求某个对象就意味着他并不拥有这个对象,那么,一旦阿伽通承认爱若斯欲求美,他就必须承认爱若斯并不拥有美,而这就证明他对爱若斯的理解是完全错误的(199d-200b)。阿伽通几乎毫无反抗地接

---

① 布鲁姆准确地指出,希腊语καλόν在斐德罗和包萨尼亚的发言中也出现过,但意思都是"高贵",到了阿伽通口中才意指"美";另一方面,厄里克希马库斯和阿里斯托芬都完全忽视了καλόν(Bloom, "The Ladder of Love", pp. 115—116)。我们认为,阿伽通对"美"的强调结合了第一组发言者对καλόν的关注和第二组发言者超越习俗的自然视野,因此,在他的赞词中,καλόν被自然化了,指的是纯粹的外形美,而不再是道德意义上的高贵。

② 关于阿伽通的爱欲赞词在何种意义上是一个"高潮",参考 Corrigan and Glazov-Corrigan, *Plato's Dialectic at Play*, pp. 85—94。

受了苏格拉底的逻辑,只是在一个关键要点上表露出一丝迟疑:他不能完全确定是否欲求某个对象就意味着不拥有这个对象(200a7)。针对阿伽通的迟疑,苏格拉底立刻在爱欲和缺乏之间建立起"必然"(ἀνάγκη)联系:①有时候,一个人表面上会欲求他已经拥有因而并不缺乏的东西,例如一个健康的人也会希望自己健康,但事实上,这种欲求仍然以某种缺乏为前提:虽然此人现在拥有健康,但是他未来不一定继续拥有健康,他所希望的其实是自己"将会"始终保持健康,而这是他在任何一个"当下"都并不拥有的(200a - e)。正是在这个意义上,爱欲的对象必然是爱者缺乏的东西,换言之,爱者必然并不拥有他所欲求的对象。因此,既然阿伽通承认爱若斯欲求的对象是美,那么他就不得不承认爱若斯并不拥有美从而并不美。面对苏格拉底的严密辩证,阿伽通最终承认自己对于爱欲一无所知(201a - b)。最后,苏格拉底补充道:既然爱若斯缺乏美,而阿伽通认为善是美的一种,那么他就必须承认爱若斯也缺乏善(201c)。②

　　对于苏格拉底的爱欲赞词而言,上述关于"小问题"的辩证至关重要。首先,苏格拉底纠正了阿伽通的根本错误:爱若斯并不是至美至善的,而是欲求自己所缺乏的美和善,从这一点出发,只需要再添加一个步骤,就可以得出爱欲的本质了。其次,苏格拉底在看似不经意间扩展了"缺乏"的意义:"缺乏"指的不仅仅是"现在不拥有",还包括"未来不一定持续拥有",我们会发现,正是这一点揭示出爱欲最根本的对象,那就是"永远"拥有美和善。③接下来,苏格拉底将转述蒂欧提玛关于爱欲的教导,作为其爱欲赞词的主要内容。蒂欧提玛的教导分为两个步骤:首先讲授爱欲"是什么以及是什么样

---

　　①　苏格拉底问"当他欲求并爱欲一个事物时,他是拥有这个他欲求并爱欲的事物呢,还是不拥有?"阿伽通有些迟疑地回答道"或许不拥有",苏格拉底立刻说"不是或许如此,而是必然如此。"(200a)

　　②　需要指出的是,苏格拉底的辩证并未穷尽所有的逻辑和人性可能。正如罗森看到的,"如果爱欲是对于我们不拥有之物的欲望,那么我们所欲求的对象自身就是非爱欲的"(Rosen, *Plato's Symposium*, p. 215)。苏格拉底至少排除了以下两种欲望:对于缺乏之为缺乏的欲望(比较奥古斯丁在《忏悔录》第三卷开头提到的"爱上了爱")和对于自己被他人所欲求的欲望(比较〔法〕卢梭:《爱弥儿》上卷,李平沤译,商务印书馆,2015年,第334页)。事实上,所有的发言者都忽视了这两种欲望。其中,第一种欲望(正如奥古斯丁所揭示的)确实是一种病态的欲望,但第二种欲望不是。在《会饮篇》中,最接近怀有第二种欲望的人是阿尔喀比亚德,他讲述了自己曾经如何强烈地想要成为苏格拉底的被爱者,而现实中的阿尔喀比亚德也极度需要雅典对他的需要,这是一种极其深层的政治欲望。

　　③　正如布鲁姆所言,"健康的人说他们想要健康,而这就意味着他们知道健康会离开他们。他们虽然不缺乏健康,但是缺乏永恒。在人们欲求的所有善背后是永恒之善"(Bloom, "The Ladder of Love", p. 126)。贝尔格准确地看到,此处苏格拉底改造了阿里斯托芬的属己之爱,对我们现在拥有之物的爱欲不是要恢复我们和它的属己关系,而是希望"永远保存属己之物"(贝尔格:《爱欲与启蒙的迷醉》,第126页)。

的",然后讲授爱欲的"活动"(201e1 - 2),第一步教导阐述的是爱欲的本质(居于丰裕和缺乏之间),第二步教导阐述的是严格意义上的爱欲对象(不朽)。通过与阿伽通对话,苏格拉底已经以辩证的方式为这两个步骤做好了铺垫。

苏格拉底的赞词

爱欲的本质

从他与阿伽通达成的共识出发,苏格拉底正式开始了他的爱欲赞词。他说,自己曾经犯过和阿伽通一样的错误,误认为爱若斯是一位至美至善的神。一位来自曼提尼亚的女祭司蒂欧提玛纠正了他的错误,就像苏格拉底纠正了阿伽通的错误一样。事实上,正是这位女祭司教给了苏格拉底关于爱欲的全部知识(201d - e)。接下来,苏格拉底向听众们复述了他与蒂欧提玛当年的对话,借蒂欧提玛之口阐述了他对爱欲的理解。①

---

①　我们认为,蒂欧提玛并非历史人物,而是柏拉图创造的一个文学角色,不仅如此,在《会饮篇》的戏剧情节中,她也是苏格拉底当场编造出来的一个虚构人物,这令她具有双重的虚构性。柏拉图让苏格拉底声称自己的爱欲知识都来自蒂欧提玛的教导,这与这份教导的形式和内容有关。在形式上,这份教导的几个关键论证都是通过苏格拉底和蒂欧提玛的对话来完成的,这种辩证体与其他讲辞的独白体形成鲜明对比(Corrigan and Glazov-Corrigan, *Plato's Dialectic at Play*, p. 114);在内容上,蒂欧提玛的核心观点是爱若斯的居间性本质源自其双亲,特别是他的母亲,且爱欲通过身体和灵魂的生育来实现不朽。柏拉图安排女性角色来阐述这种观点,从被先前的男同性恋发言者们贬低或忽视的生育现象出发理解爱欲,这在情节上是非常恰当的(Nichols, "Socrates' Contest with the Poets in Plato's Symposium", pp. 198—199; Saxonhouse, "Eros and the Female in Greek Political Thought", pp. 21—22)。我们认为,苏格拉底借蒂欧提玛之口讲出了自己的爱欲观念,因此,我们反对诺伊曼(Harry Neumann)将二者对立起来的主张。除了他对蒂欧提玛观点的解读(我们稍后会批评他的解读),诺伊曼还提出两个证据:首先,蒂欧提玛理解爱欲的范式是生育,而苏格拉底却在《泰阿泰德篇》,150c - d说自己的灵魂不孕不育,只能为别人助产;其次,苏格拉底在208c1说蒂欧提玛"像个完美的智者"(Neumann, "Diotima's Concept of Love", *The American Journal of Philology*, 1965, Vol. 86, No. 1, pp. 57—59)。关于第一点,我们认为,蒂欧提玛讲的灵魂生育和《泰阿泰德篇》中苏格拉底运用的助产术在实质上是一致的,都是在德性和智慧方面教育青年,只不过前者的话题是爱欲,因而重点放在作为教育者的爱者身上。无论是"怀孕"的教育者在被教育者的灵魂中生育,还是教育者帮助"怀孕"的被教育者生育,本质上都是教育者帮助被教育者从自身之中产生德性和智慧。正如哈布斯(Angela Hobbs)正确指出的,"孕育者形象和助产士形象……说明了柏拉图的以下信念,即达到智慧的过程是创造性的过程,而不是……被动吸取知识的过程"(见哈布斯:《柏拉图的女性隐喻》,收于《爱之云梯》,第336—337页)。关于第二点,苏格拉底说蒂欧提玛"像个完美的智者"的语境是后者对荣誉和政治爱欲的阐述,这确实是智者的领域,但我们不能由此推断苏格拉底在批评蒂欧提玛,他完全可能是在强调蒂欧提玛在智者的领域超越了智者(这是因为她揭示出,荣誉与政治爱欲的人性根据不是对权力和财富的渴望,而是对灵魂不朽的渴望),因此是在严肃而非反讽地赞美她是比高尔吉亚和普罗泰戈拉更加完美的　(转下页注)

　　在蒂欧提玛迫使苏格拉底承认爱若斯既不美也不好之后，不同于毫无招架之力的阿伽通，年轻的苏格拉底敏锐地反问道：难道爱若斯又丑又坏吗？蒂欧提玛对这个问题的回答构成了她对爱若斯的初步界定：爱若斯既不是美善的，也不是丑恶的，而是介于二者之间，正如正确意见介于知识和无知之间一样（201e－202b）。拥有正确意见的人不是完全无知的，因为他的意见毕竟是正确的，但是他也并不拥有知识，因为他无法说明他的意见为什么是正确的。与此类似，爱若斯既不是美善的，因为他并不拥有美和善，也不是丑恶的，因为他毕竟追求美和善。蒂欧提玛接着说，既然爱欲不拥有美和善，那么他就一定不是神，这个判断引出了她对于爱若斯的最终界定：爱若斯既不是不朽的神明，也不是必死的凡人，而是一个居于二者之间的"精灵"（δαίμων）（202b－e）。①

　　蒂欧提玛教会苏格拉底，爱欲是一种"居间"的存在，她提到了三种居间性：美善与丑恶之间，知识与无知之间，不朽与必死之间。我们会发现，这三种居间性从不同的方面刻画出爱欲的本质，尤其重要的是知识与无知之间的居间性，以这种居间性为前提的爱欲正是苏格拉底身上最强烈的爱欲——"爱智慧"。和其他发言者一样，苏格拉底理解的爱欲也折射出他自己的灵魂，他对爱欲的赞美也是对哲学的赞美；然而和其他发言者不同，苏格拉底强有力地论证了哲学是爱欲之本质的最高表达。要理解苏格拉底的爱欲赞词，我们就必须理解爱欲与哲学的关系，换言之，我们必须理解"爱智慧"这种独特的居间性如何展现爱欲的居间性本质。

　　在蒂欧提玛的初步教导中，介于知识与无知之间的并非哲学，而是正确意见。虽然哲学和正确意见拥有类似的居间性，但是一方面，并非只有哲学家才具备正确的意见；另一方面，具备正确意见的人也不见得会爱智慧。哲学家拥有的是一种独特的正确意见，这种正确意见能够激发对于智慧的爱欲。首先，正确意见介于知识和无知之间，但并不一定是关于知识或智慧的。如果某人只具备关于某件事的正确意见，却以为自己拥有关于这件事的知识，那么他就并不具备关于他自己的正确意见，也就是说，他对自身的

（接上页注）智者。此外，关于蒂欧提玛和苏格拉底的关系，贺方婴提出一个非常有趣的观点，"柏拉图笔下的苏格拉底与第俄提玛的关系，恰好对应的是《奥德赛》中的奥德修斯与基尔克的关系……其用意在于，把苏格拉底与智术师的论战置于广阔的苏格拉底与荷马竞争的语境之中"，参见贺方婴：《荷马的女神与柏拉图的女先知：从〈奥德赛〉中的基尔克看〈会饮〉中的第俄提玛》，载于《江汉论坛》，2014 年 03 期，第 113—114 页。

　　①　关于古希腊的δαίμων观念，参见 E. R. Dodds，*The Greeks and the Irrational*，University of California Press，1951，pp. 40—43；Corrigan and Glazov-Corrigan，*Plato's Dialectic at Play*，pp. 119—120。

认知水平缺乏自知之明,这种自知之明就是"无知之知"。在《申辩篇》中,苏格拉底解释了何谓"无知之知"。① 德尔菲神谕宣称没有人比苏格拉底更有智慧,这让苏格拉底感到非常困惑,因为他清楚地知道自己并没有智慧。为了验证这个神谕,苏格拉底开始与各种各样的人物对话,试图找到比自己更有智慧的人,结果却发现,这些人要么事实上无知却以为自己有知,要么只拥有某个领域的知识却以为自己无所不知,与他们相比,他虽然无知,但至少知道自己是无知的。苏格拉底于是懂得了德尔菲神谕的含义:他之所以是最有智慧的人,是因为他比其他所有人都更加清楚地知道自己是没有智慧的。苏格拉底的"智慧"是"无知之知",这是一种关于自己在何种意义上拥有或缺乏智慧的正确意见。然而,虽然"无知之知"已经离哲学很近了,但是它仍然只是哲学的前提,因为一个明知自己缺乏智慧的人并不一定会欲求智慧,除非他感受到智慧的吸引力,否则他只会清醒地漠视智慧。苏格拉底这样总结他对神谕的理解:"神是真正有智慧的,通过这一则神谕,神告诉我们,人类智慧的价值很低,甚至毫无价值。"②这份总结以看似谦卑的姿态暗示着某种极为高迈的追求:虽然人类的智慧一文不值,在智慧方面有自知之明者也甚是可贵,但是哲学家不应该满足于"无知之知",而应该追求神所拥有的智慧。③ 由此可见,智慧对哲学家的吸引力是神性对人性的吸引力,哲学家对智慧的爱欲归根结底是必死者对不朽的爱欲。正是因为智慧与不朽密切相关,"爱智慧"的生活才是爱欲的最高表达。④ 在整篇讲辞的最后,蒂欧提玛将回到哲学与不朽的关系,尽管她的爱欲教导囊括了人类爱欲的整全谱系,但是唯有哲学所实现的不朽才是爱欲的最终归宿。

让我们回到蒂欧提玛提出的三种居间性:美善与丑恶之间、知识与无知之间、不朽与必死之间,其中,第二种居间性是哲学爱欲的前提,但是从正确

---

① 参阅柏拉图:《申辩篇》,21a 以下。

② 柏拉图:《申辩篇》,23a5 - 6。

③ 在《申辩篇》,23b 以下,苏格拉底并未从他对神谕的理解推出人应该"爱智慧",而是推出人应该在神面前保持谦卑,怀有"无知之知"。他声称自己继续与人们对话以便揭露他们的无知,是为了服务于神。直到 28e - 29a,他才提出"神命令我从事哲学,省察我自己和其他人"。我们已经指出,对话或者辩证是苏格拉底从事哲学的方式,他暴露自己和他人的无知,是为了用困惑来激起对智慧的爱。《申辩篇》对哲学生活的描述侧重于苏格拉底对于无知的揭露,而非对于智慧的爱欲,这一方面是为了说明他为什么引发城邦的愤怒和敌意,另一方面是为了强调他的虔敬。这里的悖谬就在于,相比于追求神的智慧,揭露人的无知似乎是更加虔敬的,但恰恰是后一种活动才会引发城邦如此强烈的愤怒和敌意。雅典在给苏格拉底定不虔敬的罪名时没有意识到,正是哲学家对神的虔敬造成了他对人的冒犯。

④ 比较亚里士多德:《尼各马可伦理学》,1177b31 - 33:"我们不应该听从某些人的建议,说我们既然是人就应该只想人的事情,既然是有朽者就应该只想有朽者的事情,而是应该尽可能地追求不朽"(笔者的翻译)。

意见到哲学,中间需要的桥梁首先是"无知之知",其次是不朽的智慧对于必死之人的吸引力。在这个意义上,第三种居间性才是爱欲最深刻的表达。蒂欧提玛说爱若斯居于人和神之间,"填满二者的裂隙,使得整全($\tau\grave{o}\ \pi\tilde{\alpha}\nu$)与自身统合在一起"(202e6-7)。和阿里斯托芬一样,苏格拉底也认为爱欲旨在实现整全,但是对于阿里斯托芬来说,整全意味着一个人与另一个人相结合,而对于苏格拉底来说,整全意味着人性朝着神性的上升。[①] 在诗人的爱欲神话中,正是这种上升导致圆球人遭受惩罚,因此,诗人告诫人们要心怀虔敬地满足于横向的爱欲,这种爱欲追求的不是美善,而是属己,人们不必具有关于它的知识,它与不朽也毫无关系,甚至在情欲这一替代品出现之前,属己之爱的满足不惜以死亡为代价。苏格拉底的爱欲赞词以他与阿伽通的辩证为序幕,而蒂欧提玛关于爱欲的教导又将这份辩证的结论发展为爱欲的居间性学说,整个思路所针对的正是阿里斯托芬的观点:如果爱欲在本质上居于一高一低的两个端点之间,那么它就注定是纵向的,而非横向的。这无异于向阿里斯托芬指出,从结构上讲,圆球人企图同诸神比高低的欲望要比半人返回属己一体的欲望更接近真正的爱欲。那么,是否真如阿里斯托芬所言,纵向上升的欲望,尤其是人性朝着神性上升的欲望,必然是一种骄傲的僭越?[②]

　　在初步探明了爱若斯的居间性之后,苏格拉底问蒂欧提玛:爱若斯的父母是谁?[③] 蒂欧提玛对这个问题的回答是《会饮篇》的第二则爱欲神话。她说,在阿芙洛狄忒的生日宴会上,贫乏之神(Penia)趁丰裕之神(Poros)酒醉

---

　　① 不可否认,厄里克希马库斯所代表的自然哲学也旨在探求整全,然而,这是一种非爱欲的整全。厄里克希马库斯最后也谈到人与神的关系,然而,与苏格拉底追求的上升不同,"当他谈论神与人的友爱时,这种友爱意味着神性的某种下降,因为诸神成了被人类技艺或科学宰制的对象"(Nichols, *Socrates on Friendship and Community*, p. 45)。

　　② 蒂欧提玛指出爱若斯是一个精灵,这本身就是在隐晦地呼应阿里斯托芬。在荷马史诗中,"精灵"($\delta\alpha\acute{\iota}\mu\omega\nu$)一词可以指神,例如荷马:《伊利亚特》,1. 221-222,而在特定语境中,"精灵"又与英雄关系密切,例如在荷马:《伊利亚特》,5. 438,16. 705,16. 786,20. 447,这四处用"精灵一般"($\delta\alpha\acute{\iota}\mu o\nu\iota\ \acute{\iota}\sigma o\varsigma$)来形容英雄对阿波罗的挑战。面对这种僭越神人秩序的挑战,阿波罗发出警告,"你考虑考虑,往后退却,别希望你的精神像天神,永生的神明和地上行走的凡人在种族上不相同"(5. 440-442)。由此可见,"精灵一般"特指有死的凡人挑战不死的神。仅从结构上看,《伊利亚特》中"精灵一般"一语的意义符合蒂欧提玛对于精灵的居间性理解,同时也让人联想到阿里斯托芬讲的圆球人对神的挑战(190b-c)。

　　③ 我们已经提到,蒂欧提玛对爱欲的解释以生育为范式,爱若斯自身也是父母所生。在此前的发言者中,第二组的两个发言者和第三组的阿伽通都没有讲到爱若斯的出身问题。第一组发言者中,斐德罗说爱若斯无父无母;包萨尼亚没有提到爱若斯的出身,但他区分了两个阿芙洛狄忒,属天的阿芙洛狄忒有父无母,民众的阿芙洛狄忒有父有母。借蒂欧提玛之口,苏格拉底是唯一主张爱若斯是父母所生的发言者。此外,在苏格拉底之前,只有阿里斯托芬和阿伽通一笔带过地谈到了两性生殖(191c,197a)。

熟睡之际,与他交合,生育一子,就是爱若斯。由此可见,爱若斯的身世决定了他的居间性:他的母亲是贫乏之神,所以他总是穷困,外表粗糙坚硬,光着脚,居无定所……总之,"他有着他母亲的自然,总是与缺乏为伴"(τὴν τῆς μητρὸς φύσιν ἔχων, ἀεὶ ἐνδείᾳ σύνοικος);同时,他也像他的父亲一样勇敢、进取、热切,总是设法获得美好的事物,是一个"厉害的猎手"(θηρευτὴς δεινός),而且"终其一生热爱智慧"(φιλοσοφῶν διὰ παντὸς τοῦ βίου)……总之,"他的自然既不是不朽的,也不是必死的(οὔτε ὡς ἀθάνατος πέφυκεν οὔτε ὡς θνητός)……爱若斯既不贫乏,也不丰裕,他总是居于二者之间,正如他居于智慧和无知之间"(203b1 – e5)。① 蒂欧提玛把爱若斯的居间性归结于他的身世:他是贫乏之神和丰裕之神的孩子,这实际上是用神话的语言进一步概括爱欲的本质。同时,蒂欧提玛回应了阿里斯托芬,后者说圆球人"有着厉害的力量",而她说爱若斯是一个"厉害的猎手"。在阿里斯托芬的神话中,"厉害的力量"体现为圆球人攻击神的企图,而在蒂欧提玛的神话中,爱若斯作为"厉害的猎手"体现为他"总是设法获得美好的事物"。和阿里斯托芬一样,蒂欧提玛的爱欲神话也是关于人性的神话,这两则神话都反复提到"自然",其实指的都是人性。蒂欧提玛承认,人性中确实包含阿里斯托芬看到的那种"厉害",但是她指出,这种"厉害"不一定表现为盲目的自足性,不一定表现为向外征服和攫取的骄傲僭越,它也可以表现为对自身缺乏处境的深刻感知以及对美好事物的热切追求,特别是"终其一生热爱智慧"。换言之,并非所有上升的欲望都是血气之欲,爱欲也是引领我们上升的欲望。蒂欧提玛相信,作为上升性爱欲的最高形态,哲学非但不会招致神的惩罚,反而是"为神所爱的(θεοφιλεῖ)"(212a6)。②

---

① 施特劳斯认为爱若斯"只像他母亲,一点都不像他父亲"(施特劳斯:《论柏拉图的〈会饮〉》,第194页),伯纳德特也认为"贫乏之女神……在她自身之中已经包含爱若斯据说从他父亲那里继承的一切"(Benardete, "On Plato's Symposium", p. 180)。尼科尔斯则认为,"仅凭缺乏无法解释对美的爱欲。如果爱若斯既不美也不丑,且欲求他所缺乏的,那么他就会欲求丑不亚于他欲求美。对美的爱欲本身必定有着某种美"(Nichols, "Socrates' Contest with the Poets in Plato's Symposium", p. 197)。判断这个问题的关键是203b7 – 8:"由于自身贫乏,贫乏之神就想生个出自丰裕之神的孩子。"如果贫乏女神是有意识地选择丰裕之神,那么她就已经具有爱若斯的那种爱欲了;如果贫乏女神只是想要生育,而丰裕之神的酒醉沉睡为她提供了机会,也就是说随便换个别的男神也一样,那么贫乏女神就不具有爱若斯的那种爱欲。从203b7 – 8的文本来看,施特劳斯和伯纳德特的观点更合理。比较普罗提诺:《九章集》,3.5.7、3.5.9。
② 在苏格拉底和阿里斯托芬关于爱欲的分歧背后,存在双方对于神的不同理解。阿里斯托芬的理解更加接近古希腊神话传统的理解:神是嫉妒的,人一旦变得太强、太好、太自信,神就会惩罚人;但在苏格拉底看来,神是至善的,因而不可能是嫉妒的,神会希望人变得尽可能好。参阅《蒂迈欧篇》,29e;《斐德罗篇》,253b – c,在前一段文本中,蒂迈欧提出,创世神是不嫉妒的,因而他希望被造的世界尽可能和他相似;在后一段文本中,苏格拉底说真正的爱者是不嫉妒的,因 (转下页注)

在对爱若斯的刻画中,蒂欧提玛特别强调他"终其一生热爱智慧",而在神话的末尾,她更是从爱若斯的居间性过渡到哲学的居间性:

> 没有神爱智慧或者欲求变得有智慧,因为神已经有智慧了,而凡是已经有智慧的就不会爱智慧;但是无知者也不会爱智慧或者欲求变得有智慧,因为无知的问题就在于,无知者虽然既不美好也没有智慧,却对自己非常满意。凡是不觉得自己有所缺乏的人都不会欲求自己觉得不缺乏的东西。(204a1-7)

既然有智慧的神和无知的人都不爱智慧,那么就只有居于二者之间的爱若斯才爱智慧,因此,"爱若斯必定是一个哲学家(φιλόσοφον),哲学家居于智慧和无知之间,原因就在于他的身世,他的父亲是有智慧的、丰裕的,母亲则是无智慧的、贫乏的"(204b4-7)。蒂欧提玛明确将爱若斯和哲学家等同起来,她的最后一句话更是用"哲学家"替换了"爱若斯",给读者的感觉是哲学家是丰裕之神和贫乏之神的孩子,甚至可以说,哲学家虽然是人,但他身上具有某种包含神性的东西。正是因为对智慧的爱欲展现了人性中的神性,所以,拥有这种爱欲的哲学家就是一种精灵般的存在。①

至此,蒂欧提玛完成了她关于爱若斯居间性的教导,这一步教导从阿伽通的错误(由青年苏格拉底代替阿伽通表达这种错误)开始,由美善过渡到不朽的智慧,不仅清楚阐明了爱欲的本质,而且有力论证了哲学是最能够彰显爱欲之本质的活动。最后,蒂欧提玛返回起点,她指出,青年苏格拉底之所以误解了爱欲的本质,原因在于混淆了爱者和被爱者:"亲爱的苏格拉底,这就是爱若斯这个精灵的自然(φύσις)……但你将爱若斯等同于被爱者,而非爱者,我认为这是你觉得爱若斯极为美丽的原因。"(204b7-c4)②实际上,对于爱者和被爱者的混淆也是斐德罗和包萨尼亚的错误。斐德罗认为阿基琉斯

(接上页注)此,他会教育被爱者,让被爱者尽可能变得和他以及他所仿效的神相似。正如布里松所言,"学生要模仿老师,老师要模仿诸神,而诸神没有嫉羡"(布里松:《柏拉图论嫉羡》,收于布里松:《普罗提诺哲学导论》,陈宁馨译,刘玮编校,北京大学出版社,2021年,第222页)。

①　稍后阿尔喀比亚德会称苏格拉底为"精灵般的人"(219c1)。关于"精灵般的人"(δαιμόνιος ἀνήρ)这个观念,参见 Lorelle D. Lamascus, *The Poverty of Eros in Plato's Symposium*, Bloomsbury Academic, 2016, p. 78。

②　这句话中的"爱者"(τὸ ἐρῶν)和"被爱者"(τὸ ἐρώμενον)都使用了中性名词,指物,而这两个词在其他发言者的讲辞中都是阳性,指人。在蒂欧提玛看来,爱欲的真正对象并不是人,而是美善的事物。因而她实际上区分了"被爱者"和"爱欲对象"。为避免混淆,我们将仍然使用"被爱者"一词来指代爱欲关系的被动方即男童和少年,并用"爱欲对象"一词来指称爱者追求的美善、不朽等事物。

爱帕托克鲁斯是因为后者是神圣的,这种爱其实就是爱欲,但斐德罗认为阿基琉斯是被爱者,他用"挚爱"而非"爱欲"来称呼阿基琉斯的爱;类似的,包萨尼亚心目中理想的被爱者(希望获得德性与智慧的青年)也要比他推崇的那种爱者(拿他自以为拥有的德性和智慧换取情欲之满足的成年人)更加接近真正的爱者。这样看来,阿伽通其实以最明确的方式展现了这种错误。厄里克希马库斯和阿里斯托芬没有犯这种错误,这是因为他们从一个更加自然的视角出发,取消了爱者和被爱者的习俗区分。可见,对于爱者和被爱者的混淆是内在于古希腊男童恋风尚的一种典型错误,从而也是内在于城邦爱欲观念的一种典型错误。① 蒂欧提玛给苏格拉底的教导超越了城邦的男童恋风尚和日常爱欲观念,揭示出爱欲的自然本质,同时又没有取消爱欲双方的不对称性,而是要在更加自然的意义上理解爱者和被爱者的区分:在她看来,爱欲的对象不是某个人,而是美好的事物,尤其是不朽的智慧。在这个意义上,苏格拉底讲辞的第一部分作为一个整体是辩证性的,它质问并纠正了第一组发言者的习俗观念,继承和转化了第二组发言者的自然视野,实现了从意见到真理的上升。借蒂欧提玛之口,苏格拉底告诉我们,关于爱欲的首要真理是,爱欲必然是一种上升的欲望。辩证的上升与爱欲的上升是同构的,辩证法之所以是苏格拉底从事哲学的方式,就是因为它是最富有爱欲的方式。

爱欲的活动

苏格拉底在一开始就说,蒂欧提玛关于爱欲的教导分为两个步骤,首先讲爱欲"是什么以及是什么样的",然后讲爱欲的"活动"(ἔργα)(201e1 - 2)。在蒂欧提玛充分阐述了爱欲的居间性从而揭示出爱欲的本质之后,苏格拉底接着问道:"这样的爱若斯对于人类有什么用处?"(204c8)蒂欧提玛回答这个问题的方式就是阐述爱欲的活动。② 她首先提出,苏格拉底的问题其

---

① 比较 Breitenberger, *Aphrodite and Eros*, pp. 177—192,布赖滕贝格指出,古希腊城邦对于爱若斯的神化是以萨摩斯为代表的伊奥尼亚会饮文化的产物,这种东方式的会饮极具爱欲色彩,并且去除了多利安文化赋予男童恋的政治教育意义,"斟酒者成为公开的欲望对象和诗歌主题……男童恋的浪漫化(亲密的会饮氛围为此提供了合适的场所)最终造就了被爱男孩的神圣化"(pp. 183, 188)。比较色诺芬:《会饮》,1.8 - 10。在柏拉图的《会饮篇》中,阿伽通就是这种观念的代表,作为一个伊奥尼亚式的被爱者,他所赞美的爱若斯其实是一个以他自己为模型的神圣化的被爱者。

② 苏格拉底说他赞同阿伽通的发言顺序,即先讲爱欲是什么样的,再讲爱欲的活动(ἔργα)(199c),他所转述的蒂欧提玛的教导也遵循同样的顺序,但是他把"爱欲是什么样的"换成了"爱欲是什么以及是什么样的",然后再讲爱欲的活动(ἔργα)(201e)。我们译为"活动"的古希腊语ἔργα还可译为"功能"。此处苏格拉底询问"爱欲对于人类有什么用处",问的其实就是爱欲的活动或功能。参见 Lamascus, *The Poverty of Eros in Plato's Symposium*, pp. 98—100。

实是在问"当爱者爱美的事物的时候,他爱的是什么?"(204d5－6)通过置换苏格拉底的问题,蒂欧提玛完成了两个层面的转化:首先,关于爱欲本质的第一步教导已经将爱欲的对象从美和善拓展为知识与不朽,以便证明哲学是爱欲的最高表达,而关于爱欲活动的第二步教导则返回爱欲最初的对象:美。阿伽通起到的关键作用就在于,他提出爱欲和美息息相关,尽管他误解了爱欲和美的关系。与前几位发言人理解的爱欲相比,阿伽通的爱欲观是更加自然的——比斐德罗和包萨尼亚讲的爱欲更加自然,因为它从城邦的道德和政治理想回到了最直接的感官吸引力;比厄里克希马库斯和阿里斯托芬讲的爱欲更自然,因为它从或广阔(自然哲学)或深邃(诗歌)的自然回到了最素朴的自然,无需科学的思考或诗性的洞见。阿伽通实际上已经看到,美是最直接、最素朴的爱欲对象。苏格拉底完全同意阿伽通的这个观点:爱欲首先是关于美的。蒂欧提玛的第一步教导从美开始,也以美结束,即便她口中的爱若斯已经化身为哲学家,她也不忘加上一句,"因为智慧是最美的事物,而爱若斯是关于美的爱欲"(204b2－3)。爱欲对象的拓展就是美的拓展。然而,美虽然是爱欲最自然的出发点,却并非其最终的归宿。蒂欧提玛置换苏格拉底的问题所要实现的第二个转化就是要挖掘比美更深层次的爱欲对象:当我们爱美时,我们爱的究竟是什么? 如果不存在比美更深层次的爱欲对象,这个问题就是不合法的,因为那样的话,我们爱的就不是他物,而就是美而已(即,对于"当我们爱美时,我们爱的究竟是什么"这个问题,答案就是"美")。需要注意的是,从美导向更深层次的对象,这个转变是由苏格拉底自己开启的,因为他主动询问蒂欧提玛"这样的爱若斯对于人类有什么用处",正是"用处"这个观念导致爱欲的对象不能仅仅是美,因为单纯的美并没有"用处",它无法满足人性真实的需求。① 苏格拉底下意识地认为、蒂欧提玛有意识地提出,我们虽然爱美,但我们对美的爱欲所满足的并非我们对美的需求;我们真正需求的东西要比美更加深沉,对于这种需求的满足才是爱欲的活动。如果说爱若斯的身世神话揭示出爱欲在本质上居于缺乏和丰裕之间,那么爱欲的本质对象就应该是爱者缺乏而又需要的事物。这样看来,如果美作为爱欲的自然对象并不能满足爱者的真正需求,它就并非爱欲的本质对象。那么,究竟什么才是爱欲的本质对象? 在我们对美的爱欲背后,究竟存在一种什么样的需求? 爱欲如何满足这种需求? 为了理解柏拉图对这些问题的回答,我们必须仔细考察蒂欧提玛和苏格拉底

---

① 当然,我们可以说"美满足了我们的审美需求",但蒂欧提玛和苏格拉底都忽视了这种可能。他们或许认为审美的需求并非"真实的需求"(下文将继续讨论这个问题)。

接下来的对话。

蒂欧提玛:"当爱者爱美的事物的时候,他爱的是什么?"

苏格拉底:"是它们成为他自己的。"

蒂欧提玛:"但是美的事物成为他自己的,又能让他得到什么呢?"

苏格拉底无法回答这个问题(之所以不能回答,就是因为苏格拉底感到,对美的事物的获取和占有"没有用处")。于是蒂欧提玛换了一个问法,用"好"替代"美":"当爱者爱好的事物的时候,他爱的是什么?"

苏格拉底:"是它们成为他自己的。"

蒂欧提玛:"那么好的事物成为他自己的,又能让他得到什么呢?"

苏格拉底:"幸福。"

蒂欧提玛:"是的。幸福的人是通过获取(κτήσει)好的事物而变得幸福的。没有必要再问为什么人想要幸福了,因为这个答案已然完满(τέλος)。"(204d5 – 205a3)①

苏格拉底对蒂欧提玛第一个问题的回答是:对于美的爱欲是想要占有美,让美"成为属于自己的"。显然,这并不是一个不言自明的答案,因为"占有"并不能穷尽我们对于美的态度,例如,我们还可以远远地"观看"美,不带占有欲。② 苏格拉底无视这种可能性的原因或许是"爱欲"这个词内在包含"占有"的意味,一种不带占有欲的纯粹欣赏或单纯的爱慕不能被称作是爱"欲"。在《形而上学》的开篇,亚里士多德选择了另一个表达欲望的词来描述人对于知识的欲望,并将这种欲望与观看相类比,以便说明它没有外在于自身的目的:"所有人就自然而言都想要(ὀρέγονται)获得知识……即便不考虑诸感官的用处,我们也喜爱它们本身,这又尤其以视觉感官为甚。"③虽然这里没有提到"美",但观看美丽事物,显然是我们"不考虑其用处也喜欢视觉感官"的原因。正是通过"观看"与"求知"共通的目的内在性,亚里士多德得以论证求知欲与对于美的观看欲是一样自然的。这种求知是纯粹哲学意义上的求知,而作为它的最高境界,哲学家对真理的"沉思"是一种完全超越城邦实践视野的精神活动。④ 相比之下,苏格拉底对蒂欧提玛的回答意

---

① 这一点并非不言自明。尽管阿里斯托芬也认为爱欲带给人幸福,但是根据他对人性的理解,可以说我们追求幸福是为了逃避不幸,这才是人性的根本处境。相比之下,蒂欧提玛和苏格拉底一致同意幸福是无需解释的爱欲对象,这是因为他们理解的爱欲是一种旨在占有善的进取性欲望。我们认为,这两种对幸福的理解体现了悲剧和哲学的差异。

② 实际上,正如贝尔格指出的,"美可能而且有时候是必然要从远处才能感受到,也就是说,需要一段距离。因此美是抵抗被拥有的"(贝尔格:《爱欲与启蒙的迷醉》,第145页)。

③ 亚里士多德:《形而上学》,980a21 – 24;参考陈斯一:《从政治到哲学的运动》,第27—32页。

④ 在古希腊语中,特别是在亚里士多德的用语中,"沉思"与"观看"是同一个词:θεωρία。

味着，人类对于美的爱欲并非无功利性的审美，而是有外在于美的目的，那就是对于美的占有。我们会发现，正是通过对于其对象的占有，蒂欧提玛讲的爱欲才不仅仅体现为爱智慧，还将其他种种人类活动也纳入它的范畴，尤其是城邦的道德政治活动。事实上，苏格拉底的哲学爱欲本身就带着强烈的实践色彩，这是他视野博大的一个根源。① 在所有的发言者中，唯有苏格拉底不仅赞美自己身上的哲学爱欲，还赞美人类爱欲的整全谱系，尤其是政治爱欲。在某种意义上，其他赞词所包含的关于爱欲的片面真理被苏格拉底整合为一个融贯的整体，而这种整合的第一步就是转化与吸纳同哲学爱欲观念最针锋相对的政治爱欲观念——阿里斯托芬的属己之爱。虽然阿里斯托芬的爱欲完全无视苏格拉底追求的美善，但苏格拉底的爱欲以某种方式容纳了阿里斯托芬追求的属己：爱欲美就是让美成为"属于自己"的。当然，苏格拉底和阿里斯托芬对属己的理解仍然有着本质的差异：在阿里斯托芬看来，首先，属己之爱并不是把自己欲求的东西变成属于自己的东西，而是欲求（重新获得）原本就属于自己的东西；其次，属己之爱也并非一种获取和占有的欲望，而是一种归属的欲望，它与其说想要把爱欲对象变成属于自己的，不如说想要和爱欲对象一起归属于更大的整体。简言之，苏格拉底将横向的属己之爱转化为纵向的善好之爱：爱欲就是获取和占有那本不属于自己的美善之物。

　　虽然苏格拉底很好地回答了蒂欧提玛的第一个问题，他却无法回答第二个问题：占有美能够让爱者得到什么？ 之所以如此，根本原因就在于，在苏格拉底看来，美并不是爱欲的终极对象，不能满足爱者的真正需求。一个人爱欲美，获得并占有了美，那又如何呢？ 在蒂欧提玛把"美"换成"善"之后，苏格拉底才回答道：一个人爱欲善，获得并占有了善，最终是为了幸福。这个回答表明，在苏格拉底看来，人类的终极需求是对于幸福的需求，要想从根本上解释爱欲的活动，就必须说明它如何满足人对于幸福的需求。蒂欧提玛再次通过置换问题向苏格拉底指出，人是通过拥有善，而非通过拥有美，来获得幸福的。因此，不是对美的爱欲，而是对善的爱欲，才能满足人最根本的需求。对善的占有，即幸福，才是爱欲的本质对象。

　　蒂欧提玛接着说，既然爱欲的本质对象是幸福，那么它就应该是属于所有人的，因为所有人都追求幸福，然而，我们并不认为所有人都是爱者，而只把其中的一类人称作"爱者"。类似的，虽然存在许多生产者，但是我们只把

---

① 需要注意的是，在苏格拉底与蒂欧提玛的对话中，"爱欲对于人类有什么用处？"是由苏格拉底主动发起的话题，这个问题本身就反映出苏格拉底对于实践的关注。

其中的一类称作"诗人"(ποιητής)(205b-c)。和阿伽通一样,蒂欧提玛也利用了古希腊语ποιητής的多义性,宽泛地讲,这个单词可以指各种各样的生产者或制作者,比如鞋匠、木匠、建筑师,但是严格地讲,它指的是音乐和韵文的制作者,即诗人。① 根据这个类比,爱欲也有广义和狭义之分,广义的爱欲就是对于幸福的爱欲,所有人都拥有这种爱欲,尽管不同的人对于幸福有不同的理解。贪财者认为幸福取决于财富,健身者认为强壮的身体带来幸福,哲学家认为求知的生活才是幸福的,他们都是爱者,只不过有着不同的爱欲(205d)。然而,在日常语言中,我们并非不加区分地把所有人都称为"爱者"。那么,什么样的人才是严格意义上的爱者呢?

在回答这个问题之前,蒂欧提玛先批评了阿里斯托芬的爱欲观:②"有一种说法认为,那些追求自己的另一半的人才是爱者,但我主张,爱欲既不追求一半,也不追求整体,除非这些是某种善的东西……除了善之外,人类不爱任何其他事物"(205d10-6a1)。最后的结论中,"善"指的并非与"钱""健康"或"知识"相区别的某种具体的"善",而是宽泛意义上的善,蒂欧提玛认为,即便人们所爱的确实是属己之物,这也必定是因为他们认为属己之物是好的、对属己之物的占有能让他们幸福,否则他们就不会爱属己之物,"毕竟,我们愿意把自己的手脚砍掉,如果我们认为自己的这些东西坏透了"(205e)。通过再次强调属己之爱与善好之爱的差异,蒂欧提玛实际上将前者纳入了后者,不过,她现在所阐明的仍然是广义的爱欲,而未能回答狭义的爱欲追求什么,狭义的爱者是哪一类人。这个关键的任务仍然是以辩证的方式来完成的:

蒂欧提玛:"我们可不可以不加限定地说,人们爱欲的是善?"
苏格拉底:"可以。"
蒂欧提玛:"我们是不是还应该加上,人们所爱的,是善成为他们的?"
苏格拉底:"是的。"
蒂欧提玛:"不仅如此,而且是永远(ἀεί)成为他们的?"
苏格拉底:"也应该加上这一点。"

---

① 蒂欧提玛将狭义的生产者(诗人)与狭义的爱者相类比,并不仅仅是出于偶然的语法联系。我们会发现,通过传世的诗歌获得灵魂不朽的诗人,本身就是一种严格意义上的爱者。回到ποιητής的多义性:诗人之所以是严格意义上的ποιητής,是因为诗人展现了人性自身的可能性,而非他物(例如木材)的可能性。与此类似,狭义的爱者所追求的也不是外物(例如金钱),而是人性自身的善。蒂欧提玛认为,由于人最根本的处境是必死,因此,人基于这种缺乏而追求的内在善就必然是不朽。狭义的爱欲就是对不朽的爱欲。

② 从叙事上看,这是一个历史错乱(蒂欧提玛和苏格拉底的对话早于阿里斯托芬的发言),但这种情况在柏拉图对话录中很常见。

蒂欧提玛："那么总而言之,爱欲所爱的就是善永远(ἀεί)属于自己。"

苏格拉底："千真万确。"(206a3－13)

这段对话完成了从广义爱欲到狭义爱欲的推进,后者只比前者多出一个限定:"永远"。① 在宽泛的意义上,爱欲的对象是善,爱者欲求的是占有善;而在严格的意义上,爱欲要实现的是永远占有善,只有那些渴望永远占有善的人才是真正的爱者。换言之,严格意义上的爱者所爱的是一种独特的善:不朽。从占有善到永远占有善,这个推进看似突兀,实则早有预备:在与阿伽通的对话中,苏格拉底已经指出,爱欲与缺乏有着必然的联系,有时候人们看似欲求他们已经拥有的东西,这时候他们实际上欲求的是未来一直拥有这些东西,而这是他们现在所缺乏的。人无法占有未来,因此,对于善的未来占有是人必然缺乏的,而在这种缺乏的背后藏着一个更加根源性的缺乏:人是必死的,因此,对于善的永远占有才是人必然缺乏的。在蒂欧提玛的第一步教导中,爱若斯之所以最终被定义为一个介于必死和不朽之间的精灵,就是因为不朽是必死者最根本的缺乏,而她的第二步教导指明,严格意义上的爱欲追求的正是不朽,因为不朽是必死者最深刻的需求。然而,爱欲追求不朽,这就意味着人最根本的缺乏是无法弥补的,人最根本的需求是不可能满足的。爱欲内在包含着一种悲剧性的悖谬。正如阿里斯托芬神话中的半人不可能真正与自己的另一半重回一体,蒂欧提玛心目中严格的爱者也不可能实现对于善的永远占有。在现实中,属己之爱与善好之爱都只能追求某种替代的满足。对于阿里斯托芬来说,属己之物的替代品是情欲、友爱、家庭与城邦,总而言之,是某种抚慰和安顿人性之不完整的归属;对于蒂欧提玛(和苏格拉底)来说,人类所能实现的至高之善也并非真正的不朽,而只是不朽的替代品。② 对于这些替代品的追求就是爱欲满足人性根本需求的方式,也就是爱欲的活动。

经过如此多的准备,蒂欧提玛终于正式开始了她关于爱欲之活动的教

---

① 在205a6－7,蒂欧提玛说"所有人总是(ἀεί)希望占有所有好的事物",而在206a12,她说"爱欲所爱的就是善永远(ἀεί)属于自己"。通过改变ἀεί的语法位置,蒂欧提玛实现了从广义爱欲到狭义爱欲的推进。到了207a1,蒂欧提玛更是将表述换成"爱欲……必然欲求伴随善的不朽","不朽"是宾语,"伴随善的"成了限定词。通过变换宾语,她最终得出狭义爱欲的对象是不朽。

② 有学者指出,《会饮篇》中蒂欧提玛谈到的不朽与《斐多篇》中苏格拉底论证的灵魂不朽是完全不同的,前者只是替代的不朽,后者才是真正的不朽(R. Hackforth, "Immortality in Plato's Symposium", *The Classical Review*, Sep., 1950, Vol. 64, No. 2, pp. 43—45)。无论《斐多篇》是否论证了"真正的不朽",我们同意蒂欧提玛谈到的不朽是替代的不朽,但是她提出的三种不朽具有递进的关系,尤其是,第三种不朽(通过观看美本身和生育真正的德性而实现的不朽)与前两种不朽有着质的差异,尽管它仍然不是"真正的不朽"。蒂欧提玛的讲辞并不比阿里斯托芬的讲辞更"现实",参考施特劳斯:《论柏拉图的〈会饮〉》,第234页。

导:"在美中生育($\tau\acute{o}\kappa o\varsigma$ $\acute{\epsilon}\nu$ $\kappa\alpha\lambda\tilde{\omega}$),既在身体方面,也在灵魂方面。"(206b7 -
8)如果说属己的替代品是各种各样的共同体,那么不朽的替代品就是生育。
虽然个体必死,但是经由身体的生育,宗族和血脉能够永存;经由灵魂的生
育,名声和功业能够永存。再加上第一步教导谈到的对于不朽智慧的追求,
人所能实现的不朽有三种:宗族的不朽、政治的不朽、哲学的不朽。[①] 蒂欧
提玛的第二步教导主要阐述前两种不朽,这两种不朽也最明确地体现为"生
育"。同时,我们还发现,在第二步教导的开头被"善"所取代的"美"再次出
现了。蒂欧提玛在对于不朽的爱欲中重新安排了美的位置,美并不是爱欲
的对象,而是爱欲活动得以展开的条件:"所有的人都能怀孕,苏格拉底,要
么在身体方面,要么在灵魂方面。[②] 当我们到一定年龄,我们的自然($\phi\acute{\upsilon}\sigma\iota\varsigma$)
就渴望生育,但是在丑中不可能生育,只有在美中才能生育。"(206c1 - 5)美
是通往善的途径,因为生育是实现不朽的途径,而美是生育的条件。[③] 蒂欧
提玛说"我们的自然渴望生育",在所有发言者中,只有阿里斯托芬和苏格拉
底谈到"人的自然",因为只有他们看到爱欲是人性的表达,也只有他们的爱
欲观念反映了对于人性的洞察。在阿里斯托芬的神话中,"自然"几乎就等
同于人的身体,爱欲就是被切成两半的"自然"想要"长回到一起"的欲望;在
蒂欧提玛的教导中,"自然"的意义更广,在她看来,最重要的"自然现象"是
生育。一切生命都要通过生育来繁衍后代,而人的独特之处在于,首先,人
不仅能够在身体方面生育,还能够在灵魂方面生育;其次,人区分美和丑,无
论在身体方面还是在灵魂方面,都只想要在美中生育。

　　在身体方面,人们之所以都想要在美中生育,这是因为"对于必死的生
命而言,孕育和生成实现不朽,它不可能发生于不和谐的因素。丑与神性是
不和谐的,美与神性才是和谐的"(206c7 - d2)。蒂欧提玛认为生育是情欲
的目的,而不朽又是生育的目的。身体的爱欲之所以追求美,也就是说,男
人之所以爱欲美貌的女子,女人之所以爱欲英俊的男子,[④]从表面看是因为

---

　　① 　关于三种不朽,我们采纳了布鲁姆的区分(Bloom,"The Ladder of Love",p. 141)。前两
种不朽是通过生育来实现的;虽然第三种不朽在字面上也是通过生育来实现的,但是这种生育和前
两种完全不同,我们将在本章的末尾讨论这一问题。

　　② 　根据这里的说法,怀孕并非女性专属的生理现象,男人和女人在身体和灵魂方面都能够怀
孕,而且怀孕先于交合。这当然是在比喻的意义上使用怀孕的观念,参见哈布斯:"柏拉图的女性隐
喻",第330—332页。

　　③ 　阿伽通认为美是爱欲的对象(197b),他所理解的善都是从美推论出来的,而苏格拉底认为
善才是爱欲的对象,美从属于善。在206e2 - 3,蒂欧提玛明确讲道:"苏格拉底,爱欲并不像你想的
那样,以美为对象"。美不是爱欲的对象,而是爱欲实现不朽之善的媒介(Neumann,"Diotima's
Concept of Love",pp. 38—39;Rosen,Plato's Symposium,pp. 248—249)。

　　④ 　在身体爱欲这方面,蒂欧提玛只关心自然的爱欲,即对于身体之美的爱欲。

情欲的吸引力，从更深的角度看实际上是为了满足生育的需要。换言之，人之所以有对身体之美的情欲，是因为身体之美通过促成生育来实现物种繁衍，从而与不朽的神性相和谐。在所有发言者中，第一个提出情欲问题的是包萨尼亚，他对于"高贵男童恋"的赞美以爱者的情欲为出发点。然而，无论是包萨尼亚自己的情欲，还是他为情欲的辩护，在蒂欧提玛看来都并不自然。首先，如果情欲的自然目的是生育，那么同性之间的情欲就并不符合自然。① 其次，包萨尼亚对情欲的辩护遮遮掩掩，不肯承认他爱的是身体之美，而是大谈少年的心智潜力、德性的教育、法律与政治文化。第二位谈到情欲的是阿里斯托芬，他完全割裂了情欲与生育的关系。在他的神话中，人类的繁衍本不需要男女交合，而是将种子注入土壤由大地来孵化。情欲是宙斯转移人类生殖器位置的后果，是对于注定无法实现的属己之爱的补偿。因此，在情欲的层面，阿里斯托芬一视同仁地看待同性恋和异性恋，并且无需任何道貌岸然的装饰。在一种更加朴素的意义上，阿里斯托芬讲的情欲是极其自然的，符合我们内心深处的经验与感受。② 与阿里斯托芬相比，蒂欧提玛对情欲的理解更具反思性地揭示出情欲背后更深的自然根据（生育）；同时，与包萨尼亚相比，蒂欧提玛理解的情欲最终要实现的是一种超越道德和政治的人性理想（不朽）。我们认为，这两方面合在一起是蒂欧提玛赋予家庭的意义：家庭既是最自然的共同体，又是一切文明成就的前提，因为每个人首先是家庭的产品，而家庭是人类追求宗族不朽的产物。③

接下来，蒂欧提玛就身体的生育与不朽这一主题进行了两个方向的延伸：首先，她指出这不仅是人类的追求，而且是所有动物的追求（207a - d）。④ 其次，她将生育和新陈代谢并举，统称为"生成"（γένεσις），生育维持种族的存在，新陈代谢维持个体的持存（207d）。正是经由后者，她从身体的生成过渡到灵魂的生成："不仅身体如此，灵魂亦如此，灵魂的习惯、品性、意见、欲望、快乐、痛苦、恐惧，它们中没有任何一项在一个个体身上是持续不变的，而是始终一些在生成，一些在消亡。"（207e1 - 5）⑤然后，她就从灵

---

① 比较柏拉图：《法律篇》，838e - 839a。在这一点上，蒂欧提玛的观点和雅典陌生人是完全一致的。

② Bloom, "The Ladder of Love", pp. 104—105.

③ 我们已经指出，阿里斯托芬的爱欲观念也能解释家庭的人性根据：家庭是典型的属己共同体。蒂欧提玛则转化了家庭的意义：家庭所满足的不是属己之爱，而是通过生育实现宗族的不朽。

④ 亚里士多德更进一步，他提出一切生命（包括植物）都追求种族的不朽，参见亚里士多德：《论灵魂》，415a26 - b1。

⑤ 蒂欧提玛的论述意味着，个体身体和灵魂的生成与持存也体现了爱欲的活动。她关于爱若斯诞生的神话也包含这个方面：爱若斯的存在是生成和消亡的持续循环（203e）。安德森指出，203e 对爱若斯的描述非常接近古希腊神话传统对狄奥尼索斯的描述（Anderson, *The Masks of Dionysus*, pp. 7—8；比较纳斯鲍姆：《善的脆弱性》，第 294—295 页）。

魂的生成与持存过渡到灵魂的生育和不朽,也就是人们对于荣誉和名声的追求。蒂欧提玛说,人们对于灵魂不朽的欲望往往要比他们对于身体不朽的欲望更为强烈,这体现为人们捍卫自己的荣誉甚于保护自己的后代(208c-d)。为证明这一点,她重提斐德罗举过的例子:阿尔刻斯提斯代替她的丈夫阿德墨托斯赴死,阿基琉斯以生命为代价为帕托克鲁斯复仇,并添加了第三个例子:传说中为城邦捐躯的雅典国王科德鲁斯,①并指出,这些人的牺牲都不像表面上那样是出于他们对爱情、友爱和城邦的忠诚,而是为了实现各自灵魂的不朽:"我认为,所有人做所有事都是为了不朽的德性和这种著名的声望(ἀρετῆς ἀθανάτου καὶ τοιαύτης δόξης εὐκλεοῦς),越优秀的人就越是如此,因为他们爱欲的是不朽。"(208d7-e1)在蒂欧提玛看来,斐德罗未能理解阿尔刻斯提斯和阿基琉斯的深层动机,他误以为他们的勇敢要么基于爱欲带来的羞耻感,要么出于高贵的自然天性。她指出,如果说羞耻感确实是爱欲带来的社会效用,那么荣誉就是爱欲自身的对象;无畏赴死的英雄(无论男女)不是迫于羞耻感和社会意见的压力,而是主动追求不朽的个人荣誉。我们曾指出,阿里斯托芬的爱欲赞词揭示出,英雄牺牲自我的根源是他们对于共同体的归属——阿尔刻斯提斯是为了她的丈夫,阿基琉斯是为了他的朋友,科德鲁斯是为了他的城邦。在这个意义上,阿里斯托芬看得比斐德罗更深,但是二者的观点都是从共同体出发的,诗人对于属己之爱的阐述是对于共同体最深刻的辩护。与这种共同体视角针锋相对的是,蒂欧提玛从善好之爱出发重新解释了英雄的动机:既不是出于社会营造的羞耻感,也不是出于共同体的归属感,而是为了获取和占有一种属于个体的不朽。② 需要注意的是,蒂欧提玛的用意并非揭露英雄的"自私",而是在赞美他们对不朽的更高追求,只不过,虽然荣誉的不朽高于

① 传说在多利安入侵期间,有神谕说:只要雅典国王健在,多利安人就能征服雅典。当时的雅典国王科德鲁斯听说了神谕,为拯救雅典,他乔装成一个农民潜入多利安军营,故意挑衅士兵,被杀死了。后来多利安人得知他们杀死的是雅典国王科德鲁斯,出于对神谕的敬畏而撤退。蒂欧提玛补充这个例子是因为斐德罗的两个例子都太过私人化,而她关于第二种不朽的阐述是要挖掘政治生活的爱欲根据。然而,我们很快会发现,她的解释要比斐德罗的解释更加私人化:斐德罗认为英雄慷慨赴死是为了对他人的爱,而蒂欧提玛指出英雄最内在的动机是追求自己的荣誉。

② 以阿基琉斯为例,斐德罗显然误解了这位英雄,实际上,他对于爱欲的诠释和对于英雄动机的理解用在赫克托尔身上更为合适。然而,究竟是阿里斯托芬的属己之爱,还是苏格拉底的善好之爱,才能更好地解释阿基琉斯以生命为代价为帕托克鲁斯复仇的选择? 他究竟是为了友爱,还是为了荣誉? 我们认为应该是二者兼有的,至少并非像蒂欧提玛说的那样完全是为了荣誉,否则我们就无法区分《伊利亚特》中阿基琉斯最初的选择(参与特洛伊战争)和最后的选择(为朋友复仇),参考陈斯一:《阿基琉斯的选择:〈伊利亚特〉的自然与习俗问题》,载于《复旦政治哲学评论》,2020 年第 12 辑,第 199—221 页。

宗族的不朽，但它毕竟低于智慧的不朽，这意味着，尽管蒂欧提玛对于荣誉的赞美也是对于政治生活的一种辩护，但是这份辩护只是一种从身体爱欲到灵魂爱欲的过渡，最终指向了对于哲学生活的推崇。在蒂欧提玛看来，政治的爱欲注定不可能是最高的灵魂爱欲，荣誉的不朽也并非个人所能实现的至高不朽。

然而，需要特别注意的是，蒂欧提玛阐述不朽的出发点是生育，"既在身体方面，也在灵魂方面"，这就意味着个人对于荣誉的追求，就其自身而言，还称不上真正的不朽，因为它并不等同于"灵魂的生育"，尽管它可以伴随这种生育。实际上，在身体方面，与个人荣誉相对应的并非生育后代，而是新陈代谢所实现的个体持存；反过来讲，在灵魂方面，与生育后代相对应的也不是个人荣誉，而是德性和政治事业的传承。蒂欧提玛说，灵魂的"子嗣"是明智与其他德性，"而最伟大、最美好的明智，就是家庭与城邦的治理，我们称之为节制和正义"（209a3‑8）。为了说明灵魂如何生育德性、传承政治事业，蒂欧提玛从负责身体生育的异性恋转向负责灵魂生育的同性恋，从而重新拾起了男童恋的议题。她这样描述爱者对被爱者的追求：

> 当一个人从年轻时起就在灵魂中孕育着这些德性，一旦到了神样的年龄，他就会渴望生育和生产，我相信，他也会四处寻找美，以便在其中生育，因为他绝不会在丑中生育。（209b1‑4）

蒂欧提玛再次运用了此前她描述男女情欲的语言，并补充道，灵魂生育不仅需要身体之美，更需要灵魂之美，也就是"良好的自然禀赋"（εὐφυεῖ）（209b6）。显然，蒂欧提玛所谓"怀孕的人"指的是爱者，而他所追寻的拥有"灵魂之美"的人就是被爱者，当二者相遇，前者就会对后者"滔滔不绝地谈论德性，即好人应该是什么样的，应该致力于何种事业，并试图教育他"（209b8‑c2）。蒂欧提玛的论述呼应了包萨尼亚关于男童恋作为教育关系的论题，但是二者对于该问题的理解有着天壤之别。在包萨尼亚看来，爱者和被爱者要进行合理的交换，后者满足前者的情欲，前者为后者提供教育。我们已经指出，这种交换与它旨在实现的德性教育有着不可化解的矛盾，其最根本的症结就在于，爱者的需求和被爱者的需求并不统一，虽然后者有受教育的内在需求，但是前者没有提供教育的内在需求。蒂欧提玛彻底化解了这种矛盾，因为她所描述的爱者所要实现的爱欲并非（至少不仅仅是）情欲，而是"在美的灵魂中生育"，也就是对被爱者进行教育，从而传承自己的德性和事业,追求不朽。① 由此一来,爱者的内在欲望和被爱者的内在需求获得了统一,共同汇聚于教育。虽然蒂欧提玛没有否认爱者也寻找美丽的身体,并且对被爱者有着身体的情欲,但在这一点上,她对异性恋的理解也适用于男童恋,即,情欲的最终目的是生育,男女的情欲服务于生育后代,男人对少年的情欲服务于生育德性。② 对于包萨尼亚来说,教育青年是爱者满足自身情欲的手段,而对于蒂欧提玛心目中的爱者来说,教育才是根本的目的,情欲仅仅是教育的伴随物。她最后说,教育所成就的德性与事业,作为爱者和被爱者共同生养的"孩子",要比男女交配生育的孩子"更美好、更不朽"(209c6－7),例如荷马和赫西俄德创作的诗歌,莱库古和梭伦创立的法律,这些"孩子"为它们的"父亲"赢得"不朽的荣耀和记忆"(209d3)。③

　　在很大程度上,蒂欧提玛关于第二种不朽的论述是对于政治爱欲的赞美。如果说阿里斯托芬赞美的是最深的政治爱欲,即不问善恶的属己、人性

---

　　① 对蒂欧提玛的论证,马鲁给出了一个精神分析的解释:教育的动机是生育欲望的一种精神投射,"将自己留存于与自己相似的存在"(Marrou, *A History of Education in Antiquity*, pp. 55—56)。比较柏拉图:《理想国》,330c;亚里士多德:《尼各马可伦理学》,1167b33－8a9。

　　② 彭德(E. E. Pender)指出,209c 运用暗示性交的词汇(特别是 209c2 的ὁμιλῶν,这个词既可以指"交谈",又可以暗示"性交"),将爱者对于被爱者的教育描述为一种"精神交合"(spiritual intercourse)(E. E. Pender, "Spiritual Pregnancy in Plato's Symposium", *The Classical Quarterly*, Vol. 42, No. 1 (1992), pp. 78—79)。不过既然是交合,就需要爱者和被爱者双方的参与,否则就是强暴了。诺伊曼对蒂欧提玛的批评就忽视了这种精神交合的互动性(见下一条注释)。

　　③ 在古希腊,诗歌和法律都带有强烈的教育色彩,诗人和立法者都是教育者。诺伊曼准确地指出,"这些伟大的教育者通过生育价值来复制自身,这些价值塑造了后人,是他们借以生死的标准",他紧接着对蒂欧提玛提出如下批评:"为什么会有人允许自己被用作他人抱负的媒介呢? ……蒂欧提玛的讲辞闭口不谈如何帮助美丽的被爱者生育他自己的美好观念……她关于灵魂生育的概念不过是教条灌输罢了"(Neumann, "Diotima's Concept of Love", pp. 40—41)。诺伊曼的批评明显带有现代民主观念的偏见。没有任何一个古代思想家相信人人都具有"生育美好观念"的能力。蒂欧提玛对灵魂生育的描述始于"当一个人从年轻时起就在灵魂中孕育着这些德性",她指的不是所有人。诺伊曼似乎忘了,整个关于生育的论证就是要从广义的爱欲推进到狭义的爱欲,而狭义的爱欲并不属于所有人,只属于真正的爱者。抛开古今差异不谈,蒂欧提玛的论述也并没有忽视被爱者的生育,正如身体生育实现不朽的方式是生养出一代又一代的父母,灵魂生育实现不朽的方式也是教育出一代又一代的教育者。尽管灵魂生育的模式是爱者在被爱者的灵魂中生出前者孕育的德性,但是这种德性是双方共有的精神后代,其重要意义之一就在于帮助被爱者也"从年轻时起就在灵魂中孕育着这些德性"(当然,这一点的前提是被爱者有"良好的自然禀赋")。如果坚决不做"他人抱负的媒介",那么任何一个爱者自己是如何成为爱者的? 正如一个人要成长为身体上怀孕的爱者就需要他的父母把他抚养成人,一个人要成长为灵魂上怀孕的爱者也需要他的爱者"致力于他的教育",从而在他的灵魂中生育出"明智和其他德性"的萌芽。蒂欧提玛所描述的不过就是教育的一般原理,只是她特别强调教育者要通过教育的事业来实现自身灵魂的生育和不朽,虽然这确实是一种利己的"抱负",而非完全利他的"奉献",但如果任何意义上的受教育都是"被用作他人抱负的媒介",那我们只能认为,唯有彻底的自学成才才算是诺伊曼认可的"非灌输"教育,才算是尊重被教育者的自主性和创造性了! 诺伊曼显然没有认识到,他的这种观点恰恰是现代意识形态灌输给他的,而他只是这种意识形态的媒介罢了。

深处那种即便不需要相互帮助也想要共同生活的欲望，那么蒂欧提玛所赞美的就是最高的政治爱欲，即通过荣誉、德性、教育和立法来实现的灵魂不朽。在此前的发言者中，最明确代表城邦视角的是第一组发言人斐德罗和包萨尼亚，斐德罗谈到荣誉感，包萨尼亚谈到德性、教育和法律，但在他们看来，这些政治的善业都是爱欲的外在效用。蒂欧提玛把政治的善好升华为灵魂的不朽，从而证明它们是爱欲的内在对象。然而，与阿里斯托芬相比，她并不是从政治自身出发理解政治的，而是将政治理解为实现不朽的一种途径，而且并非最高的途径。作为一种纵向的爱欲，政治生活必然指向更高的生活，唯有哲学生活才能在最高的层面满足爱欲所追求的不朽。①

　　从表面上看，蒂欧提玛对性取向的评价与会饮的大多数成员保持一致，她热情赞颂了男童恋的教育意义，并认为男同性恋优于异性恋。但实际上，她将所有类型的情欲都纳入到生育的范畴之内，阐述情欲如何实现身体和灵魂的不朽。从根本上讲，严格意义上的生育是异性恋才能够实现的，而严格意义上的怀孕更是女人的特权。在这个意义上，蒂欧提玛选择的解释范式暗含对于此前所有发言者的批判，或许唯一的例外是厄里克希马库斯，因为他的讲辞不包含对于性取向的明确偏好。退一步讲，即便蒂欧提玛将身体的生育归于异性恋，将灵魂的生育归于同性恋，但是由于她认为二者所要实现的是两种不同类型的不朽，因此，二者就是完全相容的，而不是非此即彼的。一个人当然可以既娶妻生子，又教育青年。归根结底地讲，这是因为蒂欧提玛已经尽可能地将男童恋关系去情欲化了。我们在导言中指出，在古希腊社会，男童恋首先是一种情欲关系，并且渗透着征服性的血气色彩，然后才发展为一种教育机制。蒂欧提玛强调男童恋的教育意义，去除其情欲色彩，并且将爱者的激情从"征服他人"的血气转化为"追求不朽"的爱欲，以这种方式，她净化了男童恋。苏格拉底正是这种净化版男童恋者的典范，他孜孜不倦地教育青年，并不着眼于满足情欲，更不是为了建立精神支配，而是希望与青年们一起追求德性和智慧。实际上，蒂欧提玛对苏格拉底的教导本身就证明，辩证的哲学教育不仅完全独立于男童恋习俗，也独立于情

---

　　①　比较 Ludwig, *Eros and Polis*, pp. 35—39，路德维格正确地指出，与斐德罗和包萨尼亚相比，阿里斯托芬和苏格拉底赞美的是爱欲自身，而非爱欲带来的政治效用；他们都认为爱欲能够带给人幸福，但是他们对幸福有着完全不同的理解。路德维格进而提出，阿里斯托芬理解的幸福局限于家庭和私人生活，而苏格拉底理解的幸福则包括政治生活和哲学生活。我们认为路德维格的理解不准确。一方面，阿里斯托芬明确贬低家庭、推崇政治，他和苏格拉底的真正区别其实在于，他是从属己的角度理解政治的，换言之，他是从政治自身的角度理解政治的；另一方面，虽然苏格拉底确实承认政治生活的意义，但是他用个人的不朽之善置换了政治的属己根据，我们会发现，真正能够实现这种不朽之善的是哲学，而非政治。

欲关系,更不包含性别偏见。① 苏格拉底从一开始就说,他关于爱欲的所有知识都是蒂欧提玛这个异邦女人传授给他的,实际上,这句话已经概括了他对于此前所有发言者的批评和他对于古希腊男童恋风尚的超越。②

爱欲的阶梯

在充分阐述了子女的生育和德性的生育、宗族的不朽和政治的不朽之后,蒂欧提玛告诉苏格拉底,相对于关于爱欲"最终和最高的奥秘"(τέλεα καὶ ἐποπτικά)而言,此前的所有教导都只是准备(210a)。接下来,她要向苏格拉底揭示爱欲的至高奥秘,这一长段最终的教导就是著名的"爱之阶梯":爱者要从身体之美开始,沿着从个别到普遍的路径,③上升到灵魂之美,包括实践和法律之美、知识和智慧之美,最终实现从"生成"到"存在"的跨越,看到永恒的"美本身",通过对美之理念的观看生育"真正的德性",从而实现哲学的不朽。从表面上看,爱之阶梯是对于所有爱欲活动的概括和整合,但实际上,它和先前的教导存在重要的差异。首先,整个爱之阶梯要实现的是哲学的不朽,因此,虽然和另外两种不朽相对应的两种美也被保留,但是它们不再能够带来真正的不朽,而只是通往美本身和哲学不朽的阶梯。其次,虽然爱者实现哲学不朽的方式仍然是某种生育,然而,这种生育(以及爱之阶梯的各个环节所提到的生育)都与实现前两种不朽的生育有所不同,这尤其体现为哲学家最终并非在他人之中生育,而是在自己的理智中

---

① 蒂欧提玛在 209b‐c 的论述确实预设了爱者和被爱者都是男性,但在剧情中,柏拉图安排身为女性的她来教导苏格拉底。苏格拉底在 206b6 说自己"求教于"(ἐφοίτων)蒂欧提玛,这个词也可以指性关系,例如荷马:《伊利亚特》,14. 295—296,"就像他们第一次享受爱情的欢乐上床(φοιτῶντε)时那样"。不过,我们认为这只是柏拉图开的一个玩笑。蒂欧提玛对苏格拉底的教导并不要求双方具有性关系。

② 正如施特劳斯所言"《会饮》其实以极戏谑优雅的方式批评了男童恋,它没有赞颂男童恋"(施特劳斯:《论柏拉图的〈会饮〉》,第 50 页)。布里松也指出,"苏格拉底反对在雅典传统习俗的框架下将'智慧之爱'与少男之爱联系在一起,这种年轻男孩和男性长者之间的短暂性关系的结合,与肉体、政治甚至智慧的传播无关"(布里松:《少男之爱与智慧之爱》,第 309—310 页)。多弗未能理解柏拉图的用意,他提出,"纵观《会饮篇》和《斐德罗篇》,具有朝向存在世界之意义的爱欲都被预设为是同性恋的……身体怀孕的男人爱女人并且生育后代,但是灵魂怀孕的男人超越了这一局限,爱欲的'正确方式'只对他们开放"(Dover, *Greek Homosexuality*, 162—163;另见 Morag Buchan, *Women in Plato's Political Theory*, Macmillan Press, 1999, p. 127;比较 Corrigan and Glazov-Corrigan, *Plato's Dialectic at Play*, pp. 117, 144—145)。多弗既没有意识到蒂欧提玛(一个女人!)和苏格拉底的对话正是哲学教育的实例,也没有意识到哲学爱欲对于娶妻生子的男人(比如苏格拉底本人)也是完全开放的,他的错误是忽视对话录戏剧情节的典型后果。而在历史上,柏拉图的学园也不排斥女性学生,见第欧根尼·拉尔修:《名哲言行录》,3. 46。

③ A. W. Price, *Love and Friendship in Plato and Aristotle*, Clarendon Press, 1990, pp. 39—40.

生育。为了理解这些差异意味着什么,从而充分把握爱之阶梯的思想意义,让我们仔细分析蒂欧提玛的最终教导。

蒂欧提玛首先说,想要以正确的方式从事爱欲之事,一个人必须从年轻时候起就关注美的身体,"第一步,如果领路人(ἡγούμενος)正确地指引他,那么他会爱上一个身体并立即生育出美的言辞(λόγους καλούς)"(210a6 - 8)。在先前的教导中,爱者到了一定的年龄自然会对身体之美产生兴趣,这种兴趣并非来自领路人的指引,而是源自于爱者自己的"身孕",他想要"在美中生育,既在身体方面,也在灵魂方面"。如果他的身体怀孕了,他就会受美貌异性的吸引,想要与对方交合、生育子女;如果他的灵魂怀孕了,他就会寻找身心俱美的青年,与他交谈、生育德性。在爱之阶梯的开端,蒂欧提玛提出一种新的教导。首先,爱者对身体之美的兴趣并非出于想要生育的欲望,而是需要一个领路人的指引,后者扮演着教义传授者的角色。① 其次,爱者在领路人的指引下爱上某个身体之后要"立即生育",但生育的既不是子女,也不是德性,而是"美的言辞"。蒂欧提玛先前也提到过爱者的言辞,她说在追求政治不朽的灵魂生育中,爱者向被爱者"滔滔不绝地谈论德性",从而在后者的灵魂中生育出"明智与其他德性"。两相比较,在先前的灵魂生育中,言辞只是生育德性的手段,而在爱之阶梯的第一层,言辞成了灵魂生育的对象;在先前,爱者用以生育的言辞是关于德性的,而现在,爱者生育的言辞是美的,但或许不一定是关于德性的;最后,先前是爱者在被爱者的灵魂中生育德性,而现在则是爱者自己生育言辞,至于那个拥有美丽身体的被爱者听到这些言辞会有什么反应,蒂欧提玛闭口不谈。总之,在爱之阶梯的开端,蒂欧提玛虽然回到了身体之美,但是既没有提到生儿育女,也没有提到德性的教育和传承,因而并没有返回宗族不朽和政治不朽这两种善,而是从善回到了美,并且更加明确地回到了爱者的视角:爱者一开始所爱的是某个身体的美,但是他并不急于以这种美为途径去获取和占有某种异于美的善,而是怀着对身体之美的爱欲生育出属于自己的言辞之美。关键在于,美的言辞无法像子女和德性那样延续爱者在身体或灵魂方面的某种存在,从而无助于实现不朽;由美丽身体所激发的美丽言辞只是爱之阶梯的第一

---

① 关于ἡγούμενος,参见伯里的注释(Bury, The "Symposium" of Plato, p. 125),比较La-mascus, The Poverty of Eros in Plato's Symposium, pp. 117—118。拉马斯库斯(Lorelle D. La-mascus)认为领路人是爱若斯,我们不同意这种解读。从爱之阶梯的戏剧场景来看,领路人就是正在引导苏格拉底的蒂欧提玛,ἡγούμενος用阳性则是因为蒂欧提玛是在描述一般情况(cf. Rosen, Plato's Symposium, p. 269)。注意蒂欧提玛对爱之阶梯的描述一开始就带有强烈的宗教色彩,"最终的和最高的奥秘"(210a1)就是宗教用语,通常指"终极的、高阶的教义或宗教仪式"。

层,距离最终的不朽还有很远的路要走。

以上种种差异意味着什么? 让我们耐心地分析。首先,比较明显的是,蒂欧提玛的论述重心从爱者和被爱者的关系逐渐过渡到领路人与爱者的关系,那么这是否意味着爱之阶梯是完全属于爱者的,被爱者彻底沦为了爱者自我提升的工具? 答案是否定的,理由如下。

首先,我们认为,蒂欧提玛提到的领路人就是她自己,而爱之阶梯就是她要传授给苏格拉底这位年轻爱者的爱欲秘教,相比之下,她关于前两种不朽的教导并不是在指引苏格拉底,而只是在向他解释一般人都具有的爱欲行为背后的深层本质。无需蒂欧提玛的教导,人们也会生儿育女、从事政治和教育,只是一般人不能清楚地认识到这些活动是都为了追求不朽,而是会误以为家庭生活是为了享受天伦之乐,政治生活是为了追逐权力和财富,等等。然而,如果没有领路人的指引,一般人不会爬升爱之阶梯,加入爱欲秘教。爱欲秘教的初步传授已经表明它是对于日常爱欲行为的改造:当爱者遇到一个美的身体,领路人会指引他克制住在美中生育的欲望,既不生育子女也不生育德性,从而不把这种美当作通向前两种不朽之善的途径,而是在美的身体面前生育美的言辞。这意味着爱者要抑制行动($\xi\rho\gamma o\nu$)、转向言语($\lambda\acute{o}\gamma o\varsigma$),通过言语在美的领域内部逐层上升,直至看到美本身,才能回到行动,为了实现最终的不朽而进行最终的生育。唯有在爱之阶梯的最高层次,爱者所实现的不朽才是哲学的至高不朽,为了实现这种不朽,爱者不应该在低层次的美上面浪费自己的爱欲。领路人的指引是爱者能够守住自己的爱欲,从家庭生活、政治生活走向哲学生活的关键。

其次,在先前的生育模式中,虽然爱欲的真正对象不是被爱者(女人或少年),而是自身的不朽,但是被爱者至少是生育的载体,尤其在灵魂生育的情形中,爱者要在被爱者的灵魂中生育,然后双方共同抚养他们的精神后代(209c2 - 4)。但是在爱之阶梯的开端,被爱者不再是生育的载体,而只是以自己的身体之美激发爱者的生育;同时,蒂欧提玛也不再强调爱者和被爱者之间"更紧密的共同体和更牢固的友爱"(209c5 - 6)。这样看来,比起前两种生育,爱之阶梯的爬升确实是一个更加孤独的旅程。不过,我们同时也应该看到,虽然现在爱者和被爱者的关系淡化了,但是另一种关系浮现出来,那就是领路人与爱者的关系,后者是前者的学徒。相比于"爱者在被爱者的灵魂中生育","领路人带领学徒"的模式弱化了教育者对被教育者的利用,强化了被教育者的主动参与(被教育者现在是主动的爱者而非被动的被爱者),而且我们很快会发现,领路人与学徒的关系将会逐渐取代爱者和被爱者的关系,爱者会成为新的领路人,被爱者会成为新的学徒,这意味着爱之阶梯不仅要实现爱者的自我提升，而且要用新的领路人形象取代旧的爱者形象，这种转变非但没有贬低被爱者的地位，反而旨在加强他的主动性：他不再是供他人生育的被动载体，而是爱之阶梯的积极参与者。在蒂欧提玛的最终教导中，正如爱者要从家庭生活和政治生活走向哲学生活，爱者和被爱者的关系也要从"前者在后者中生育"的模式转变为"前者自己生育并且教会后者自己生育"的模式。唯有哲学教育才能在最高的程度上让被教育者成为灵魂的孕育者。

　　爱之阶梯的第二层并非直接从身体上升到灵魂，而是从个别的身体之美扩展到普遍的身体之美："接着，他自己会意识到，任何一个身体的美（τὸ κάλλος）和任何其他身体的美是相互亲缘的，如果应该在理念上追求美（τὸ ἐπ' εἴδει καλόν），那么若不认为所有身体的美都是完全一致的，就是极不明智的"（210a8 – b3）。这句话已经提到"理念"的概念，但这里指的不是"美的理念"，而是"在理念上"（ἐπ' εἴδει），它表达的并非爱欲的对象，而是爱欲的视角。蒂欧提玛指出，爱者如果要从理念出发看待美、爱欲美，就应该对所有身体之美一视同仁，从爱个别的身体之美扩展为爱普遍的身体之美，而这要求他"缓解对某个身体的过度爱欲"，甚至要"鄙视"个别的身体（210b5 – 6）。爱之阶梯的第一步爬升就已经抛弃了阿里斯托芬讲的属己，因为爱者明确宣告，他所爱的并非任何一个具体的被爱者，而是普遍的身体之美，在他看来，"亲缘"关系并非存在于爱者和被爱者之间，而是体现为不同的美丽身体所共有的身体之美。[①] 在先前的教导中，尽管蒂欧提玛区分身体生育和灵魂生育，但是这两种生育并不是互斥的，同一个人完全可以兼备二者；然而，现在她却提出个别性和普遍性的区别，这是一种互斥的区分，爱者要想爬升爱之阶梯，就必须抛弃个别的身体之美，转向普遍的身体之美。[②]

---

　　① 蒂欧提玛说所有身体之美都是"相互亲缘的"（ἀδελφόν，210b1），ἀδελφόν的字面意义为"兄弟"。

　　② 这一点成为许多现代研究者批评蒂欧提玛和柏拉图的主要根据，但是我们认为，这些批评都是不公正的。多弗提出，根据爱之阶梯的逻辑，既然身体之美是通向美本身的"工具"，那么假设和 X 相比，Y"明显是更好的工具"，那么爱者就有义务爱 Y 而非 X；即便 X 是他原本的爱人，爱者也有义务把 X 换成 Y（Dover, *Greek Homosexuality*, p. 161）。这是对爱之阶梯的严重误解。蒂欧提玛并未要求爱者更换被爱者，而是要求他从个别上升到普遍，这种上升并不需要更换具体的被爱者，因为爱者显然不可能把某个身体换成"普遍的身体"。多弗没有意识到，从苏格拉底与阿伽通的辩证开始，"被爱者"和"爱欲对象"就已经被区分开来了，前者是某个人，后者是抽象的美和善、幸福与不朽。在关于爱之阶梯的教导中，蒂欧提玛的重心根本不在于爱者对于被爱者的挑选，而在于爱欲对象的秩序和层次。多弗实际上受了弗拉斯托斯（Gregory Vlastos）的影响，后者批评柏拉图忽视了对于个体作为他/她自身的爱，"作为一种关于对人格的爱（love of persons）的理 （转下页注）

爱之阶梯的第三层是从普遍的身体之美上升到普遍的灵魂之美,"在此之后,他会意识到灵魂中的美(τὸ ἐν ταῖς ψυχαῖς κάλλος)要比身体中的美更值得尊崇"(210b6‑7)。由于这句话中的"灵魂"是复数,我们认为,蒂欧提玛指的是普遍的灵魂之美,而非属于个别灵魂的美。由此看来,在第一步攀升之后,爱者就一劳永逸地抛弃了属己,否认了在身体或灵魂方面存在某个属于他的"另一半"。蒂欧提玛接着说,这个层次的爱者要关注被爱者的灵魂甚于关注其身体,爱者一旦遇到拥有美好灵魂的青年,就会"去爱欲、去关切,生育或寻找那种能让年轻人变得更好(ποιήσουσι βελτίους τοὺς νέους)的言辞"(210c1‑3)。这句话中的"年轻人"同样是复数,而且,这里谈到的生育同样是爱者自己生育,而非在他遇见的那个青年的灵魂中生育,因此,蒂欧提玛并非在重述男童恋的教育意义,而是在一个普遍的层面描述灵魂爱欲和德性教育之间的关系。在先前阐述德性教育与政治不朽的时候,蒂欧提玛重新解释了男童恋关系,而且将诗人和立法者视作教育家的典范。然而,男童恋的私人教育模式和诗歌与法律的公共教育模式是非常不同的,直到爱之阶梯的第三层,蒂欧提玛才为公共教育提供了一份恰当的解释。需要注意的是,和男童恋的教育模式不同,蒂欧提玛并未用生育的范式来解释公共教育,而是说爱者"生育或寻找"合适的言辞,再用这些言辞来"让年轻人变得更好","生育"和教育是两个不同的环节,不仅如此,她还添加了"寻找"的选项,也就是说,爱者不必进行任何生育也能实现对年轻人的教育,因为他可以寻找并运用现有的言辞(例如荷马的诗歌和梭伦的法律),而不必自己创作新的言辞。这个选项的存在让爬升到爱之阶梯第三层的爱者不必成为诗人或立法者,毕竟,他的真正目标是成为哲学家。蒂欧提玛接着说,"他会被迫(ἀναγκασθῇ)观看存在于实践和法律中的美(τὸ ἐν τοῖς ἐπιτηδεύμασι

(接上页注)论,它的关键在于,我们应该爱的是理念在人格中的影像……带着他或她的独特而完整的个体性的个体,永远不会成为我们爱的对象。在我看来,这是柏拉图理论的主要缺陷"(Vlastos,"The Individual as Object of Love in Plato", p. 31)。弗拉斯托斯的批评是不成立的。首先,蒂欧提玛教导的并不是"对人格的爱",而是"爱欲",她区分了被爱者和爱欲对象,整个教导的重心都是爱欲的对象,而非被爱者的人格;其次,蒂欧提玛并不是柏拉图的唯一代言人,阿里斯托芬的讲辞也传达了柏拉图爱欲观的一个方面。然而,虽然相对于善好之爱而言,属己之爱更接近弗拉斯托斯说的个体之爱,但是二者仍然有重要的差异:属己之爱所爱的也并非"独特而完整的个体性",而是与爱者具有自然亲缘的"另一半",这种亲缘关系虽然无法用美、善、德性来衡量,但仍然是某种品质,我们姑且称之为"属己性"(比较纳斯鲍姆:《善的脆弱性》,第 260—261 页)。弗拉斯托斯似乎认为,唯有完全不考虑任何美、善、德性或"属己性",也就是说,唯有完全不考虑一个人身上任何具有吸引力的品质而爱这个人,才算是把这个人当作独特而完整的个体来爱——我们不禁要问,这个人究竟如何催生我们的爱欲呢? 事实上,除了新约圣经讲的耶稣对每个世人的"圣爱",现实中不存在弗拉斯托斯讲的这种爱(参见樊黎:《爱与幸福——再论柏拉图解释史上的一桩公案》,载于《现代哲学》,2018 年第 3 期,第 70—76 页)。

καὶ τοῖς νόμοις καλόν），并且看到它自身作为一个整体是同出一源的"
（210c3－5）。爱者不仅要运用关于实践和法律的言辞来教育年轻人，还要
学会观看实践和法律的美，因为对美的观看才是爱之阶梯的真正线索。在
蒂欧提玛论述爱欲活动的开端，她和苏格拉底面对美的态度都是获取和占
有，而这种态度自然而然地要求爱欲对象从美过渡为善；相比之下，爱之阶
梯虽然也讲从美中获得善，但是整个过程更加重视对美的观看。只不过，由
于实践和法律带着明确的功用目的，它们的美并不是特别适于观看，因此，
这个层次的爱者是"被迫"观看这种美的。① 要从"被迫"观看转变为"主动"
观看，就需要进一步爬升爱之阶梯，寻找比实践和法律之美更加纯粹的一种
美，这正是下一步的任务。

　　爱之阶梯的第四层是从实践和法律之美上升到知识之美。这一步爬升
与从身体到灵魂的爬升是相似的，中间都需要从个别到普遍的爬升。当爱
者意识到所有的身体之美都是"相互亲缘""完全一致的"，他就会自然而然
地上升到灵魂之美；同样的，当爱者意识到所有的实践和法律之美"作为一
个整体是同出一源的"，他就会自然而然地上升到知识之美。灵魂是比身体
更具普遍性的存在，知识又是比行动更具普遍性的存在。美的级别与普遍
性的层次息息相关，从普遍的知识之美到最普遍的美本身只有一步之遥：

　　　　在这些实践之后，爱者要带领（ἀγαγεῖν）被爱者走向各种知识，以便
　　他可以看到知识之美（ἐπιστημῶν κάλλος）；既然已经看见这种大美
　　（πολὺ ἤδη τὸ καλόν），他就不再像一个奴仆那样，满足于喜爱某个男
　　孩、某个人或者某种实践的美，不再因为这种奴役而变得低贱和小气算
　　计，而是会转向美的辽阔海洋，通过观看它，在毫不吝啬的智慧之爱中
　　（ἐν φιλοσοφίᾳ ἀφθόνῳ）生育许多美丽的言辞和伟大的思想，直到他在
　　这个领域变得更强大、更充沛，他就会看到某种独特的知识，它是关于
　　这样的一种美……（210c6－e1）

　　在这段关键的文本中，蒂欧提玛明确将普遍的知识和种种个别的对象
（某个男孩、某个人、某种实践）相对比，并且从一般的知识过渡到最具普遍
性的知识，即关于美本身的知识，从而带领苏格拉底上升到美之阶梯的至高
点。让我们仔细分析这个关键的段落。

---

　　① 蒂欧提玛唯独在此处提到"被迫"，这无疑与"实践和法律之美"强烈的政治色彩有关。爱
之阶梯是通往美本身和哲学不朽的，爱者的爬升动力是哲学爱欲，而非政治爱欲，因此，他对"实践
和法律之美"的观看是被迫的，这种被迫性与《理想国》中哲学家统治城邦的被迫性是相似的。

首先，蒂欧提玛再次提到"带领"，然而，此处"带领"一词的主语已经由领路人变成爱者，其宾语已经由爱者变成被爱者。① 这意味着，在经历了爱之阶梯的前三层爬升之后，爱者已经足够成熟，无需他人的指引，而能够指引他人了。如此一来，领路人与学徒的关系就同爱者与被爱者的关系实现了重叠：爱者就是领路人，被爱者就是学徒。正如领路人指引爱者那样，爱者也要指引被爱者，教他学会爱一个美的身体、爱所有美的身体、爱美的灵魂、爱美的实践和法律，最终带领被爱者走向美的知识。其次，知识之美被称作"大美"，并且被比作"辽阔的海洋"，这是为了强调知识之美的普遍性，而观看这种"大美"的爱者自身也会变得更"大气"，这意味着他将带领被爱者超越他们之间的私人爱欲关系，让这种个别性的关系服从于双方向着普遍性的共同上升。再次，和先前的阶梯不同，知识不是一级很快就被越过的台阶，相反，爱者和被爱者需要留驻在知识的世界中，直到变得更强大、更充沛，这样才能看到美本身。最后，蒂欧提玛回到了"在美中生育"的模式，她说，爱者通过观看知识之美，"在毫不吝啬的智慧之爱中生育……言辞和思想"。思想是属于爱者自己的，言辞则是讲给被爱者听的，这种言辞同样是"能够让年轻人变得更好的言辞"，但不是关于德性和实践的，而是关于知识和智慧的。更重要的是，对知识之美的观看实现了"在智慧之爱中"也就是在哲学中生育，哲学取代了被爱者的灵魂而成为爱者进行生育的载体。蒂欧提玛用以修饰哲学的形容词ἀφθόνῳ意思是"不吝啬的""丰裕的"，柏拉图在其他地方用它来形容土壤和果实。② 可见，此处哲学被比作供爱者播种的肥沃土地，这个比喻实际上回到了两性交合、生育子女的意象。③ 这种全新的生育模式既实现了哲学教育（爱者生育关于知识和智慧的言辞，再用这种言辞教育被爱者），又避免了将被爱者用作生育的载体（爱者不是在被爱者的灵魂中，而是在哲学中生育），从而并未将被爱者用作实现爱者灵魂不

---

① Bury, *The "Symposium" of Plato*, p. 126; Lamascus, *The Poverty of Eros in Plato's Symposium*, p. 120.

② 柏拉图：《智者篇》，222a10；《政治家篇》，272a3。希腊语单词ἄφθονος是对φθόνος的否定，后者的意思是"嫉妒、羡慕、恶意"。这里蒂欧提玛用ἄφθονος形容哲学，而稍后，苏格拉底会用φθόνος形容阿尔喀比亚德（213d2），这一对比或许是在暗示，虽然苏格拉底能够在哲学中生育，但是他不能在阿尔喀比亚德的灵魂中生育，尽管哲学和阿尔喀比亚德都是他的被爱者（《高尔吉亚篇》，481d）。

③ 彭德指出，在《高尔吉亚篇》，481d，苏格拉底称哲学（和阿尔喀比亚德）为他的被爱者，而在《理想国》，496a，哲学被比作一个女人，如果她与配不上她的人交合，生出的就不是真正的智慧，而是智者术。彭德将这些段落与210d相对照，并联系蒂欧提玛先前关于生育的教导，从而推断在210d，"哲学取代了被爱者，在精神交合中扮演女性角色"（Pender, "Spiritual Pregnancy in Plato's Symposium", p. 81）。

朽的工具。

然而，上升到知识的层次并且在哲学中生育，这仍然并非实现哲学不朽的途径，虽然这种生育的对象要比前面几个层次所生育的对象更美、更具普遍性，但是它仍然不能让爱者变得不朽。蒂欧提玛即将传授给苏格拉底的终极奥秘是：唯有在美本身这个至高点，爱者才能实现真正的哲学不朽。当爱者从一般的知识之美上升到美本身，他就爬到了爱之阶梯的第五层即最高层级，此前的四层是：个别的身体之美、普遍的身体之美、灵魂之美（包括实践和法律之美）和一般的知识之美。蒂欧提玛总结道：

> 　　一个人在爱欲方面被教导至此，以正确的顺序依次观看（θεώμενος）过了各种美，现已走到爱欲之事的终点（τέλος），他会突然看见某种其本性令人惊异的美，这就是它，苏格拉底，所有先前的劳作都是为了它！（210e2－6）

蒂欧提玛将通向美本身的教导概括为"以正确的顺序依次观看"各种美，这意味着爱之阶梯在实质上是"观看美"的阶梯，而非"在美中生育"的阶梯，或者说，爱者的上升是通过越来越高的观看，而非越来越高的生育。① 不过，这并不意味着对所有美的观看都以其自身为目的。在转向爱之阶梯之初，蒂欧提玛说先前关于宗族不朽和政治不朽的教导都是"为了"爱之阶梯的教导，现在她又说爱之阶梯的前四个层级都是"为了"通向美本身，这样看来，对于美本身的观看才是整个爱之阶梯乃至全部爱欲教导的"终点"（τέλος），而唯有在抵达这个终点之后，蒂欧提玛才返回生育和不朽的主题。

蒂欧提玛说，美本身是一种"本性令人惊异的美"，它是永恒的、绝对的，完全凭自身而与自身同在（αὐτὸ καθ' αὑτὸ μεθ' αὑτοῦ），其形式始终是单一而纯粹的（μονοειδές），其他所有美的事物都是因为分有（μετέχοντα）美本身才是美的，但是它们以及它们的美无不处在生灭流变之中（211a－b）。由此可见，从具体事物的美（包括一般的知识之美）到美本身的上升，是从"生成"到"存在"的上升，实现这一上升的爱者"终于认识到美本身是什么"，并且体验到"观看美本身"就是人类最应该过的生活（211c8－d3）。有学者指出，蒂欧提玛用来描述美本身的语言深受巴门尼德存在论的影响，而《会饮篇》关于爱之阶梯的论述正是柏拉图构建"生成"与"存在"两分的本体论的一个重

---

① 在211c的重述和概括中，蒂欧提玛只提到"实践"，省略了"灵魂"，因为这里她将爱之阶梯明确表述为美之阶梯，所有的台阶都是观看的对象（一个身体、两个身体、所有身体、实践、知识、美本身）。美的灵魂似乎并不是观看的对象。

要环节。① 蒂欧提玛接着说:

> 只有在此刻,当他用理智看到那个美的时刻,他生育的才不是德性的影像,而是真实的德性,因为他把握的不是影像,而是真实。唯有当他生育并且养育了真实的德性,他才会变得为神所爱并且成为不朽,如果竟有人能够不朽的话。(212a2 – 7)②

用这样一句话,蒂欧提玛结束了她的全部教导。经由爱之阶梯对于各种美直至美本身的观看,她最终回到了自己阐述爱欲活动的解释范式:生育与不朽。整个讲爱之阶梯的段落总共提到了四种生育:第一种是爱者面对美的身体生育"美的言辞",第二种是爱者面对美的灵魂生育"能让年轻人变得更好的言辞",第三种是爱者面对美的知识"在哲学中"生育"美丽的言辞和伟大的思想"。我们已经指出,在谈到这些生育的时候,蒂欧提玛都没有提到不朽,她把不朽留给了最后一种生育,即,爱者通过观看美本身而生育"真实的德性"。在实现宗族不朽和政治不朽的生育中,爱者都是在他人之中进行生育,要么通过女人的身体生育子女,要么在被爱者或者青年们的灵魂中生育政治德性,即勇敢、明智、节制、正义等"德性的影像"。在爱之阶梯的所有生育中,爱者都不是在他人之中生育,而是自己生育,只不过在阐述知识层面的两种生育时,蒂欧提玛回到了"在他者中生育"的语言:在一般的知识层面,爱者"在哲学中"生育;按照这一模式,在美本身的层面,爱者也应该在"美本身中"生育。③ 当然,哲学或美的理念并非外在于爱者的他者,而

---

① 关于巴门尼德对存在的描述与蒂欧提玛对美本身的描述的相似性,参考 Friedrich Solmsen, "Parmenides and the Description of Perfect Beauty in Plato's Symposium", *The American Journal of Philology*, Jan., 1971, Vol. 92, No. 1, pp. 62—70. 不过,一般认为,在柏拉图这里,生成与存在的本体论区分对应于感觉与知识或者意见与知识的知识论区分,但是在《会饮篇》蒂欧提玛的讲辞中,知识被进一步分为生成的知识(208a)和存在的知识(211a – b),只有关于美本身的知识才是超越生成的知识。

② 212a1 的 ᾧ δεῖ 和 212a3 的 ᾧ ὁρατόν 指的都是"理智"(νοῦς),参见 Bury, *The "Symposium" of Plato*, p. 132。

③ 在《理想国》,490a – b,存在(τὸ ὄν)被比作一个女人,哲学家怀着爱欲与之交合(μιγείς),生育出"理智和真理"(νοῦν καὶ ἀλήθειαν)。彭德指出,这段文本与爱之阶梯最终的生育是一致的,都是用男女交合的语言描述哲学的活动与产物。尽管蒂欧提玛没有说爱者"在美本身中"生育,但是她使用暗示性交的语言来描述爱者与美本身的接触,例如 212a2 的"结合"(συνόντος)和 212a4 – 5 的"把握"(ἐφαπτομένῳ),参考 Pender, "Spiritual Pregnancy in Plato's Symposium", pp. 82—83. 此前在阐述男童恋的灵魂生育时,蒂欧提玛说爱者和被爱者要"共同养育"(συνεκτρέφει)他们的灵魂后代(209c4),而在爱之阶梯的尾声,她却说爱者要独自"抚育"(θρεψαμένῳ)他所生育的智慧(212a6)。正如彭德所言,"我们在这里看到一种进展,(转下页注)

是爱者自己的理智活动或理智对象。蒂欧提玛的意思其实是：爱者通过从事哲学而运用自己的理智生育言辞和思想，通过观看美本身而运用自己的理智生育真理，也就是关于存在和理念的智慧。这两种生育的重要区别在于前者的产物是可言传的，后者的产物是不可言传的——爱者无法用言辞向被爱者传授他所看到的美本身。

　　如果爱者不是在他人身上，而是在自己的理智中生育真正的德性，并且以此为途径实现哲学的不朽，那么哲学不朽与前两种不朽就有质的区别。宗族不朽和政治不朽都是通过留存某种存在（子女、名声、德性、政治事业）而在时间的延续中实现不朽，然而哲学不朽指的却是哲学家在观看美本身时的存在状态。哲学家生育的智慧存在于他的灵魂内部，这种智慧无法用言辞传达，无法直接教授给他人，因此，哲学的不朽并不是通过留存、传承和延续来实现的。① 在最初提出生育和不朽的关系时，蒂欧提玛区分了"不死的不朽"和"必死的不朽"，前者体现为绝对保持自我同一，后者体现为新旧替换与历史延续，换言之，前者是存在的不朽，后者是生成的不朽（208b）。宗族不朽和政治不朽属于"必死的不朽"，只有永恒的理念才能在严格的意义上拥有"不死的不朽"。如此看来，哲学不朽就既不是"必死的不朽"，也不是"不死的不朽"，而是介于存在与生成之间，是生成中的必死者（哲学家）对于永恒不朽之存在（美本身）的接触，是一种生存论的不朽。在这个意义上，哲学不朽在最高的程度上符合爱欲的居间性本质，是必死者所能实现的最高程度的不朽。②

―――――――――

（接上页注）从身体到精神，以及进一步地，从两个灵魂之间精神接触的生成之域到一个人类灵魂与真正现实之间精神接触的存在之域"（Pender，"Spiritual Pregnancy in Plato's Symposium"，p. 84）。人与"存在"的接触是无法言传也无法分享的，因此不可能由爱者和被爱者"共同养育"，只有由他们各自独立地"抚育"。

　　① 比较 Hackforth，"Immortality in Plato's Symposium"，pp. 43—45；Neumann，"Diotima's Concept of Love"，pp. 42—47。这两篇文献错误地认为哲学不朽和前两种不朽的模式是完全相同的，这种错误解读的根源在于认为哲学德性是可以传授的。事实上，即便是政治德性，也无法由爱者直接"灌输"给被爱者，而是前者在后者的灵魂中生育，后者自身要扮演生育之载体的角色；至于最终的生育，我们已经指出，爱之阶梯的前三种生育生出的是言辞而非德性，最后一种生育生出的是德性而非言辞，这就割裂了言辞传授与德性获取的关系（cf. Rosen，*Plato's Symposium*，pp. 268—269；Ferrari，"Platonic Love"，p. 259）。以这种方式，蒂欧提玛表明哲学德性（即最高的智慧和真理）是无法传授的，只能由每个人自己去观看和领悟；因此，哲学不朽并非师生代际的传续性不朽，而是属于每个哲学家自身的生存论不朽。

　　② 在爱之阶梯的顶端观看美本身并生育关于存在的智慧，这是否与苏格拉底的"无知之知"相矛盾？我们认为并不矛盾。一方面，蒂欧提玛从一开始就怀疑苏格拉底是否能够完全掌握爱欲的终极奥秘，她仅仅鼓励他尽可能跟上最终的教导。或许蒂欧提玛是智者，苏格拉底是爱智者。另一方面，爱之阶梯的顶端并非对于智慧的"占有"，而是在美本身的激发下产生最高程度的"爱智"。人既不可能一劳永逸地爬到爱之阶梯的顶端，也不可能终其一生停留在那里，爱欲的爬（转下页注）

　　至此,蒂欧提玛的爱欲讲辞首尾呼应,实现了完美的闭环。我们在上一节谈到,蒂欧提玛关于爱欲本质的教导重点在于揭示爱欲与哲学的关系,而最终,她关于爱欲活动的教导也以哲学爱欲为归宿。贯穿整个教导的是必死与不朽的关系、人性与神性的关系,这是爱欲最深刻的居间性之所在,也是哲学生活的人性根据。同时,蒂欧提玛的教导也并未局限于哲学爱欲,通过对不朽的划分,她的讲辞包容了人类爱欲的整全谱系,在赞美哲学的同时也为追求宗族不朽的家庭生活和追求政治不朽的城邦生活做出了辩护。这三种不朽的划分并不是随意的,而是符合柏拉图对于人类灵魂结构的划分。在《理想国》中,灵魂与城邦的类比基于欲求、血气、理智的灵魂三分与劳动者、护卫者、哲学家的阶层三分,蒂欧提玛对三种不朽的划分也符合这种结构。① 在《理想国》中,苏格拉底要探讨的问题是正义,他之所以提出灵魂与城邦的类比,是为了先看清城邦这个"大字",再"把在大型事物中看到的相似的形态放在小型事物的模式中",从而看清灵魂这个"小字"。② 而在《会饮篇》中,蒂欧提玛自始至终未曾离开个人的灵魂,她的方法与《理想国》中的苏格拉底相反,不是从城邦的正义反观灵魂的正义,而是从灵魂的爱欲出发理解不同的生活方式与不同的共同体,从而揭示出家庭生活、政治生活、哲学生活都根植于必死者对于不朽的追求。由于视角的不同,两部对话必然各有侧重,也各有牺牲。《理想国》从共同体的视角出发提出,为了实现城邦的正义,必然牺牲个人的正义,哲学家需要放弃个人的幸福才能成全城邦的幸福。③《会饮篇》中的蒂欧提玛则与之相反,她完全从个人的视角出发,将不同的共同体化约为爱欲的成果,从而必然与共同体的自我理解产生张力。现实的家庭和城邦不可能将自身完全理解为实现不朽的途径,原本的家庭之爱与城邦之爱也并非将家庭和城邦当作追求更高善的手段,而是对于家庭和城邦自身的归属,这种爱更接近阿里斯托芬讲的属己之爱。从这

（接上页注）升更接近一项循环反复、持之以恒的实践。在这个意义上,蒂欧提玛传授的仍然是"无知之知"。Cf. Bloom, "The Ladder of Love", pp. 151—153; Scott and Welton, *Erotic Wisdom*, pp. 23—25.

　　①　比较施特劳斯:《论柏拉图的〈会饮〉》,第 242—243 页。

　　②　见柏拉图:《理想国》,369a,中译引自柏拉图:《理想国》,顾寿观译,吴天岳校注,岳麓书社,2017 年,第 74 页。

　　③　关于该问题,参考 Strauss, *The City and Man*, University of Chicago Press, 1964, pp. 124—125;Jacob Howland, "The Republic's Third Wave and the Paradox of Political Philosophy", *The Review of Metaphysics*, Vol. 51, No. 3 (Mar., 1998), pp. 633—657;李猛:《被迫的哲学家》,收于《从古典重新开始:古典学论文集》,程志敏、张文涛编,华东师范大学出版社,2015 年,第 160—184 页;樊黎:《哲学家的正义与被迫:重审一段解释争论》,载于《世界哲学》,2019 年 05 期,第 46—54 页。

个角度看,蒂欧提玛构建爱欲谱系的出发点本身就是哲学爱欲,她按照哲学的逻辑重新解释了情欲和血气,从而置换了家庭和城邦的人性根据。①

　　然而,尽管两部对话在人性论方面保持着结构的一致性,但是《理想国》中走出洞穴的哲学家和《会饮篇》中爬到爱之阶梯顶端的哲学家,还是存在一个重要的差异——前者是孤独的,后者不是。② 尽管爱之阶梯各层次的生育都是爱者自己完成的,但是在爬升的过程中,仍然存在爱者与被爱者的爱欲关系,至少始终存在领路人与学徒的师生关系。由于最高的智慧是无法传授的,因此,这种关系最终要成就的或许并非人与人之间的爱,而是每个人对于智慧的爱;然而,虽然智慧本身是无法传授的,但是通往智慧之路是可以传授的,这种传授难道不也是出于教授者对受教者的爱吗?③ 在这个意义上,关于爱之阶梯的教学本身就是爱的教导,蒂欧提玛对苏格拉底的教导仍然体现了爱者与被爱者的关系,这种关系与情欲无关,也不带任何利用色彩,更不是教条灌输,而是"毫不吝啬"的指引与分享。在柏拉图书写的

---

　　① 罗森观察到,蒂欧提玛只有在阐述第二种不朽的时候才提到"节制和正义",第一和第三种不朽都和这两种政治德性无关。同时,在关于爱欲之本质的教导中,蒂欧提玛强调"勇敢和智慧",不提"节制和正义"。这意味着身体爱欲和智慧爱欲才真正体现了爱欲的本质,政治爱欲只在一个不严格的意义上才能被称作是某种爱欲。"正义和节制要求超越(ascent)身体,同时,它们又依赖于从最高的灵魂活动下降(descent)",政治爱欲居于自然的"食色性也"和同样自然的"爱智慧"之间,注定不是完全自然的,这意味着在蒂欧提玛看来,人类"没有指向道德德性和城邦的自然倾向"(施特劳斯:《论柏拉图的〈会饮〉》,第 242 页)。罗森还指出,阿里斯托芬讲的属己之爱才是真正的政治爱欲,"他提倡居于中间的政治生活作为唯一的救赎,无论这种救赎是多么的脆弱"(Rosen, *Plato's Symposium*, pp. 259—260)。施特劳斯则认为,蒂欧提玛在阐述家庭之爱和声名之爱的时候"复原"了属己之爱(施特劳斯:《论柏拉图的〈会饮〉》,第 222—225 页),这种解读是错误的,其错误的根源在于混淆了属己之爱与自爱。纳斯鲍姆认为,柏拉图说蒂欧提玛推迟了瘟疫发生的时间,说明她"是一个可以给城邦带来巨大利益,甚至消灾解难的人"(纳斯鲍姆:《善的脆弱性》,第 265 页),我们认为她严重误解了柏拉图的用意。伯纳德特和萨克森豪斯准确地指出,蒂欧提玛推迟瘟疫实际上给雅典造成了更为严重的后果(Benardete, "On Plato's *Symposium*", p. 179; Saxonhouse, "Eros and the Female in Greek Political Thought", p. 20)。

　　② 在《理想国》,515c6 - 7,哲学家走出洞穴之旅始于他"被松绑"(λυθείη),然后"被强迫"(ἀναγκάζοιτο)站立起来、转过身来。这个替他"松绑"、"强迫"他站立起来并转过身来的人所扮演的角色和蒂欧提玛提到的领路人是相似的,然而,这个在《会饮篇》的爱之阶梯中具有重要意义的角色,在《理想国》的洞穴寓言中却几乎完全被隐匿了。感谢樊黎在这个问题上给我的启发。

　　③ 蒂欧提玛并未向苏格拉底传授关于美本身的知识,尽管她描述了美本身。正如罗森所言,"关于不可言说者的言说不等于不可言说者自身"(Rosen, *Plato's Symposium*, p. 269)。不过,虽然关于美本身的知识是无法传授的,但是爱之阶梯作为通向美本身的道路是可以传授的,这种传授最终是通过成为领路人的爱者带领被爱者共同爬升爱之阶梯来实现的(Price, *Love and Friendship in Plato and Aristotle*, pp. 52—54)。在这种新的爱欲关系中,爱者与被爱者的爱趋于平等,最终汇聚为双方共有的对于智慧的爱,正如福柯所言,"这种爱对于双方来说是同样的,因为这是一种带着他们朝向真理的运动"(Foucault, *The History of Sexuality*, *Vol*. 2: *The Use of Pleasure*, p. 240)。

哲学戏剧中,是蒂欧提玛带领苏格拉底,而在历史上,是苏格拉底带领柏拉图。我们今天仍然在阅读柏拉图对话录,就此而言,哲学的不朽也是一种传续性不朽,不过,至少《会饮篇》的教导已经告诉我们,柏拉图希望他的读者们在对话录的带领下,去努力实现那种无法言传的生存性不朽。①

　　通过《会饮篇》对这场教导的叙述,即,通过叙述苏格拉底转述蒂欧提玛对他的教导,柏拉图表达了他对于哲学爱欲和哲学教育的理解:真正的爱智者不仅要自己爬到爱之阶梯的顶端,而且,如果他不仅爱智慧,也爱他的被爱者,那么他就应该引领被爱者和他共同爬升爱之阶梯。借蒂欧提玛这位异邦女祭司之口,柏拉图告诉我们,这才是"正确的男童恋"(τὸ ὀρθῶς παιδεραστεῖν)(211b5－6)。在这个意义上,爱之阶梯最终完成了柏拉图对于男童恋习俗的净化,从必死之人对于至高不朽的自然爱欲出发重新塑造了爱者与被爱者的关系。和阿里斯托芬一样,苏格拉底的爱欲赞词也着眼于实现自然与习俗的融合,他讲的三种不朽都体现了这种融合:必死者对于不朽的自然欲望不仅是哲学生活的人性根据,也是家庭与城邦这两种最重要的习俗共同体的人性根据。

　　在讲辞的末尾,苏格拉底回到自己的视角,对在座客人讲道,"斐德罗,各位,这些就是蒂欧提玛说的。我被她说服了,既然我被说服了,我也要说服所有其他人,为了实现这种境界,很难找到比爱若斯更好的人性的帮手了"(212b1－4)。苏格拉底试图把蒂欧提玛传授给他的"爱欲教义"传授给在座的其他人。除苏格拉底外,在所有的发言者中,只有阿里斯托芬表现出同样的"传教"举动,他在发言的开头就说"我现在要努力向你们介绍爱若斯的力量,再由你去教导所有其他人"(189d3－4)。苏格拉底说爱若斯是人的"帮手",阿里斯托芬说爱若斯是人的"救助者"(189d1),他们都认为爱欲能够促成人与神的友爱(193b,212a)。在《会饮篇》中,苏格拉底和阿里斯托芬分别代表哲学家和诗人,只有他们对于爱欲的理解达到了人性的普遍维度,也只有他们看到爱欲在何种意义上成全了人性,因此只有他们试图且有资格说服或教导"所有其他人"。然而,关于爱欲所揭示的人性诉求,哲学家和诗人提出了完全不同的理解:哲学家认为对于善好的爱欲是人性的根本诉求,最高的善好是不朽,而最高的不朽是哲学的不朽;诗人认为对于属己的爱欲是人性的根本诉求,唯有放弃善恶之分才能完全忠于属己,为了拥抱属己宁可放弃生命。② 不过,二者对待对方的态度却存在重要的差异:在

---

① F. C. White, "Virtue in Plato's 'Symposium'", *The Classical Quarterly*, Dec., 2004, New Series, Vol. 54, No. 2, pp. 366—378.

② Cf. Bloom, "The Ladder of Love", pp. 136—137.

《会饮篇》中，诗人并不试图用诗歌的方式解释哲学，但哲学家却以哲学的方式解释了诗歌。在哲学家看来，虽然诗人为了赞美和宣扬属己之爱而谱写出爱欲的神话，但这种创作本身却是善好之爱的表达，因为诗人创作诗歌也是为了追求不朽。阿里斯托芬的诗歌是完全反哲学的，相比之下，苏格拉底的哲学却并不是完全反诗歌的。哲学在为自身辩护的同时也试图理解超出自身的整全，这一点最鲜明地体现为，哲学并不排斥，而是容纳与自身尖锐对立的诗歌。在《会饮篇》中，阿里斯托芬的神话不包括辩证和论证，但是苏格拉底的讲辞在辩证与论证之外还包括一则神话。阿里斯托芬讲的半人不可能从事哲学，但苏格拉底讲的爱欲谱系却有诗歌的位置，而且是一个极其重要的位置。[1] 最后，阿里斯托芬批判了所有其他人的讲辞，甚至预先批判了苏格拉底的讲辞，而苏格拉底尽管也批评了所有其他人，但他同时也试图改造和整合包括阿里斯托芬在内的所有其他人的讲辞。[2] 通过对阿里斯托芬和苏格拉底的种种比较，柏拉图的《会饮篇》全面而准确地呈现了"诗歌与哲学的古老争执"——尽管最好的诗歌比哲学更纯粹，但最好的哲学比诗歌更博大。[3]

---

　　[1] 蒂欧提玛用以说明广义爱欲与狭义爱欲之分而采用的类比是广义制作与狭义制作（即诗歌）之分，这意味着诗歌与严格意义上的爱欲有着密切的关系。

　　[2] Cf. Bury, *The "Symposium" of Plato*, pp. lviii - lx; Ferrari, "Platonic Love", pp. 252—253; Benardete, "On Plato's *Symposium*", p. 170 ff.

　　[3] 笔者认为，要考察古希腊思想中诗歌与哲学对待对方的态度，苏格拉底在《理想国》第十卷对于诗歌的批评并不是可靠的指南，更好的方法是对比阿里斯托芬笔下的苏格拉底和柏拉图笔下的阿里斯托芬。正如施特劳斯所言，"随着哲学的出现，哲学与诗歌的张力也出现了……为理解这张力，人们必须倾听来自两方面的声音"，一方面，"关于诗歌对抗哲学之事件的最伟大文献是阿里斯托芬的《云》"，另一方面，"对阿里斯托芬喜剧最深刻的现代解释（黑格尔的）远不及柏拉图在《会饮》中对阿里斯托芬所做的阿里斯托芬式的呈现"（施特劳斯：《回归古典政治哲学：施特劳斯通信集》，朱雁冰等译，华夏出版社，2006 年，第 408—409 页）。虽然阿里斯托芬的《云》对苏格拉底提出了致命的指控（柏拉图：《申辩篇》，18c - d），但柏拉图并未报复他，而是在《会饮篇》中尽可能忠实而深刻地还原了这位伟大诗人的思想和诗艺。

第六章　阿尔喀比亚德

　　苏格拉底讲完之后,阿里斯托芬本想说几句,回应苏格拉底对他的批评,却被门外突然传来的嘈杂声打断了(212c)。阿尔喀比亚德闯了进来,他喝得烂醉,吵吵闹闹,头戴常春藤和紫罗兰编成的花冠,还带来一帮随从和一个吹笛女(212d‑e)。在雅典,紫罗兰是阿芙洛狄忒的象征,而常春藤象征狄奥尼索斯。在对话的开头,厄里克希马库斯建议用言辞的盛宴取代饮酒和赏笛,试图以理性的名义驱逐狄奥尼索斯和阿芙洛狄忒,而在会饮的过程中,"整日与狄奥尼索斯和阿芙洛狄忒为伴"的阿里斯托芬用打嗝的噪音嘲弄了医生的那篇阿波罗式的爱欲赞词,并用一篇真正诗性的赞词取而代之。不过,尽管阿里斯托芬的赞词居于整部对话的中心位置,并且非常深刻地揭示出爱欲的政治维度,但苏格拉底仍然用更加博大的哲学理性改造并包容了诗人对爱欲的理解,还原了爱欲的整全谱系。正当苏格拉底的发言结束而阿里斯托芬想要反驳的时候,阿尔喀比亚德闯进来打断并替代了诗人,这位正处在其领袖生涯顶点的政治家用行动带回了阿芙洛狄忒和狄奥尼索斯。[1] 在对话的开场,阿伽通曾提出让狄奥尼索斯来仲裁他与苏格拉底的"智慧竞赛",但实际上,真正的竞赛是发生在阿里斯托芬和苏格拉底之间的诗歌与哲学之争,而在对话的末尾,柏拉图为这场竞赛安排的裁判是政治家阿尔喀比亚德。

　　阿尔喀比亚德会是一个公正的裁判吗? 阿里斯托芬赞美属己之爱,这种爱欲强调共同体的归属,体现为人与人的横向联合;苏格拉底赞美善好之爱,这种爱欲是必死者对不朽的纵向追求,体现为宗族延续、政治荣耀、哲学沉思。从表面上看,作为政治家的阿尔喀比亚德理应站在阿里斯托芬这边,他头顶的常春藤不仅象征狄奥尼索斯,还象征雅典,是诗歌和政治的结合。[2] 然而,就在阿伽通获奖的第二年,阿尔喀比亚德为了实现个人的荣耀,鼓动

---

　　① David Sider, "Plato's 'Symposium' as Dionysian Festival", *Quaderni Urbinati di Cultura Classica*, New Series, Vol. 4 (1980), pp. 55—56; cf. Anderson, *The Masks of Dionysus*, pp. 10—15, 101; Corrigan and Glazov-Corrigan, *Plato's Dialectic at Play*, pp. 163—164.

　　② 纳斯鲍姆:《善的脆弱性》,第292—295页;贝尔格:《爱欲与启蒙的迷醉》,第165—166页。

雅典人远征西西里,率军出征之后,又因政敌的陷害而叛逃到斯巴达,间接
导致了雅典在西西里的惨败,从而决定性地造成了雅典帝国的衰落。在个
人与城邦发生冲突的时刻,阿尔喀比亚德以牺牲雅典为代价实现了自我保
全,以报复雅典为手段捍卫了个人荣耀。正如许多学者指出的,阿尔喀比亚
德的荣耀欲并非阿里斯托芬式的政治爱欲,而更加接近苏格拉底式的政治
爱欲,在他的政治错误背后确实存在苏格拉底的影响。[①] 我们认为,阿尔喀
比亚德对荣耀的欲望既不完全是阿里斯托芬式的横向爱欲,也不完全是苏
格拉底式的纵向爱欲,而是一种通过政治征服来获得民众认可的血气之欲,
我们会发现,这种血气之欲以一种危险的方式结合了爱欲中纵向和横向的
因素。一方面,这种欲望确实旨在实现不朽的名声,从而接近苏格拉底讲的
政治爱欲,但另一方面,它未能真正深入到必死性与不朽的根本关联,而是
追求胜利的优越感与显赫的荣光,从而仍然是一种受制于城邦的政治血气,
而非超越习俗世界的自然爱欲。从表面看,阿尔喀比亚德的问题在于他将
自我荣耀置于城邦利益之上,但是从更加深刻的层面看,他的真正问题在于
无法摆脱自己与城邦的纠葛并返回内在的自我,而这又是因为他未能像苏
格拉底教他的那样"认识自我""照看自我"。[②] 在《会饮篇》中,柏拉图对阿尔
喀比亚德的诊断和对苏格拉底的辩护是在这个更深刻的层面展开的。

　　如果说前六篇赞词以属己之爱与善好之爱的交锋为主线,呈现出爱欲
言辞的循序渐进,那么阿尔喀比亚德的第七篇赞词就是从言辞到行动、从思
想到现实的急转直下。[③] 柏拉图暗示读者,在阿尔喀比亚德的政治生涯中,
正是不同类型的爱欲在血气支配下的混合与畸变造成了一场个人与城邦的
政治悲剧。为了理解《会饮篇》对于这场政治悲剧的分析,我们需要仔细研
读阿尔喀比亚德的第七篇讲辞,而为了理解这篇讲辞,我们有必要对阿尔喀
比亚德的政治生涯和爱欲经历稍作介绍,从这位政治家曲折而丰富的命运

---

　　① Bloom, "The Ladder of Love", pp. 154—155, 166—167; Ludwig, *Eros and Polis*, pp.
218—219. 相比之下,我们更同意伯纳德特的观点,他指出,"在雅典的帝国主义筹划中,苏格拉底
关于爱欲的激进讲辞产生了一种被扭曲和碎片化的回声",但柏拉图告诉我们,苏格拉底的原意是
"在哲学的意义上证成爱欲,把它从近在眼前的误解和误用中拯救出来"(Benardete, "On Plato's
Symposium", p. 169)。

　　② 〔古希腊〕柏拉图:《阿尔喀比亚德》,梁中和译/疏,华夏出版社,2009 年,第 19 页(后文称
"梁中和译本")。正如梁中和指出的,《阿尔喀比亚德前篇》的根本问题在于"认识自我、照看自我"
的哲学反思对于政治行动究竟有何益处。我们认为,苏格拉底从未打算教导阿尔喀比亚德过哲学
生活,而是希望他在投入于政治事业的同时能够获得哲学反思的灵魂维度,从而拥有在城邦面前守
护自我的精神能力。柏拉图相信,一个真正领略了哲学何以高于政治的人能够在命运的关键时刻
超越个人与城邦的纠葛,从而避免由这种纠葛引发的政治悲剧。

　　③ Cf. Kenneth Dorter, "The Significance of the Speeches in Plato's Symposium", *Philoso-
phy & Rhetoric*, 1969, Vol. 2, No. 4, pp. 215—234.

出发,窥察爱欲和血气经受的历史考验。

阿尔喀比亚德的政治生涯

　　阿尔喀比亚德生于公元前 450 年,他是雅典大贵族的后代,在父亲光荣战死之后,成为伯利克里的养子。他外貌俊美、天赋异禀、能言会道、野心勃勃。普鲁塔克这样概括他的性格:"他天生(φύσει)就具有许多强烈的激情,其中最强大的是热衷争斗(φιλόνεικον)、渴望优胜(φιλόπρωτον)。"①阿尔喀比亚德拥有高贵的身世和过人的血气,也具备上佳的军事和政治才能,又生逢伯罗奔尼撒战争,本应成为雅典的新一代政治领袖。然而,由于他私生活放荡不羁,言行张狂任性,散发出强烈的僭主气质,雅典民众无法完全信任他,这导致他的政治生涯充满坎坷。

　　在战争双方缔结停战和约之后的僵持期,30 岁出头的阿尔喀比亚德作为主战派的领袖正式登上雅典政坛。根据修昔底德的叙述,阿尔喀比亚德之所以主张继续开战,一方面是因为他确信这符合雅典的利益,另一方面是因为斯巴达在与雅典和谈时忽略了他,使他的自尊心受到伤害。② 从一开始,阿尔喀比亚德的政治活动就带着明显的自我诉求,不过,他也从来都不避讳这一点,而是努力保持个人抱负与城邦事业的协调一致。西西里远征就是这种努力的最高峰,如果远征取得成功,雅典将实现最宏伟的帝国霸业,阿尔喀比亚德也将获得前无古人的至高荣耀。③ 主和派领袖尼基阿斯(Nicias)在反对西西里远征的演说中攻击阿尔喀比亚德"为保持个人奢华的生活而使邦国担当风险",对此,他坦率地回答道:"至于那些指责我的事情,那是给我的祖先和我本人带来荣耀,也是使国家从中受益的光荣之举。"④尼基阿斯的批评并不公正,因为至少在西西里远征之前,阿尔喀比亚

---

　　① 普鲁塔克:《阿尔喀比亚德传》,2.1,笔者的翻译。
　　② 修昔底德:《伯罗奔尼撒战争史》,5.43。
　　③ 根据修昔底德,阿尔喀比亚德为西西里远征辩护的演说以一种惊人的坦率探讨了他对个人利益与城邦利益之关系的理解,同时也暴露了政治领袖与民主政体的张力。对此的分析,参考〔美〕福特(Steven Forde):《统治的热望》,未己等译,吴用校,华夏出版社,2010 年,第 76—97 页。福特准确地指出,"阿尔喀比亚德也是一个自利的代表,但并不是狭隘的自利的代表。如果荣耀传统上将政治家的自身利益与更广的公共利益相关,那么……荣耀在阿尔喀比亚德的例子中只不过涉及这一事实:他的自身利益宽广得足以包容公共利益"(福特:《统治的热望》,第 158—159 页)。
　　④ 修昔底德:《伯罗奔尼撒战争史》,6.12,6.16。中译参考〔古希腊〕修昔底德:《伯罗奔尼撒战争史:详注修订本》,徐松岩译,上海人民出版社,2017 年。若无特殊说明,本书对于修昔底德的引用均采纳徐松岩的译文,笔者仅对部分概念、语句、人名的译法进行了调整。

德并未在任何意义上以牺牲城邦利益为代价追逐个人利益,而是通过全力以赴为城邦效劳来争取个人荣誉。① 同时,由于西西里远征并未按照原计划执行,导致后人无法判断尼基阿斯和阿尔喀比亚德各自的战略主张之优劣,但是至少后者的立场既以客观的局势分析为前提,又基于对雅典政治品性的深刻理解:"在本性上富于活力的城邦不应该突然采取这样一种无所作为的政策,而使她更快速地走上毁灭自己的道路;最安全的生活原则是接受自己原有的性格和制度。"②实际上,雅典的扩张是海权帝国的必然后果,而阿尔喀比亚德的实际方案已经尽可能做到了稳健与周全,至于雅典人扩充出征舰队的规模、对远征行动寄予豪赌的热望,这反而是拜尼基阿斯的干涉所赐。③ 然而,尽管阿尔喀比亚德成功说服了雅典人发动远征,但在舰队出发前夕,雅典城内却发生了赫尔墨斯神像被捣毁、埃留西斯秘仪被泄露的渎神事件。阿尔喀比亚德的政敌将这些事件说成是颠覆民主制的阴谋,诬陷他为主谋,并阻挠审判程序的正常展开。④ 雅典舰队抵达西西里海域后不久,城邦下令召唤阿尔喀比亚德返回受审,他深知凶多吉少,果断选择叛逃,雅典法庭于是进行了缺席审判,判处他死刑。⑤ 根据普鲁塔克的记载,听闻自己被雅典人判处死刑之后,阿尔喀比亚德说:"我会让他们知道我还活着。"⑥

---

① 修昔底德这样评论阿尔喀比亚德倡导远征的动机:"阿尔喀比亚德雄心勃勃地渴望成为一名指挥官,希望率军攻占西西里和迦太基,军事上的成功将使他个人赢得财富和荣誉"(修昔底德:《伯罗奔尼撒战争史》,6.15)。不过,修昔底德并未基于后见之明评判远征战略的正误,也并不认为阿尔喀比亚德的个人野心直接给雅典造成了危害;事实上,根据他的叙述,尼基阿斯的主和政策同样是基于他的个人私利与他所理解的城邦利益之间的一致性,而西西里远征的失败在很大程度上要归咎于他的无能、愚蠢和自私。阿尔喀比亚德当然需要为雅典的惨败负责,但是在修昔底德看来,他的错误并不在于远征战略本身,甚至不在于叛逃和投敌,而在于他的生活作风使得雅典人无法信任他,导致他们"力图把作战事务移交给其他人,不久就毁掉了城邦"(修昔底德:《伯罗奔尼撒战争史》,6.15)。

② 修昔底德:《伯罗奔尼撒战争史》,6.18。

③ 修昔底德:《伯罗奔尼撒战争史》,6.19—24。事实上,尼基阿斯违心的建议是导致远征最终失败的一系列错误的开端,其中绝大多数错误都应该归咎于他,参考 Donald Kagan, *The Peace of Nicias and the Sicilian Expedition*, Cornell University Press, 1996, pp. 186—191, cf. pp. 241—242;〔美〕欧文(Clifford Orwin):《修昔底德笔下的人性》,戴智恒译,华夏出版社,2015 年,第 159—170 页。

④ 修昔底德:《伯罗奔尼撒战争史》,6.27—29。根据修昔底德的记载,"阿尔喀比亚德当即反驳了告密者对他的指控,并且准备在万事俱备的远征行动开始之前,接受对他的审判……他们(控方)的计划是派他率军出国,让他回国后面对某些更加严重的指控,在他不在国内时,他们更容易罗织罪证,到那时候再派人去把他召回受审"(6.29)。

⑤ 修昔底德:《伯罗奔尼撒战争史》,6.53,6.60-61。正是在此处,修昔底德插入了对哈摩狄乌斯和阿里斯托吉吞的记述(6.54-59),在他看来,这对同性恋人推翻僭主和雅典人控诉阿尔喀比亚德这两个事件之间存在明显的相似性,而他对这两个事件都持批判态度。

⑥ 普鲁塔克:《阿尔喀比亚德传》,22.2。

阿尔喀比亚德逃亡到伯罗奔尼撒,为了换取斯巴达的庇护,同时也为了报复雅典,他竭尽全力为斯巴达人效劳,建议他们从海上援助叙拉古,从陆地牵制雅典,在阿提卡的关键据点修筑要塞,这些战略是导致雅典最终在西西里惨败的重要原因。同时,阿尔喀比亚德认为他有必要向斯巴达人解释,为何"过去我是一个热爱祖国的人,而现在我又积极地加入到它的死敌一方来进攻它",那是因为,"我所热爱的雅典不是迫害我的雅典,而是保障我安享公民权利的雅典。事实上,我不认为我现在攻击的邦国仍然是我的祖国,我要努力去恢复如今已不再属于我的邦国;真正热爱他的祖国的人,不是那个被非正义地放逐而不攻击它的人,而是那个渴望要不顾一切、竭尽全力去恢复它的人"。① 阿尔喀比亚德宣布,他心目中的雅典是那个信任和器重他的城邦,而非那个诬陷和放逐他的城邦,如今,既然城邦率先对他不仁,他也就完全可以报之以不义。从阿尔喀比亚德给斯巴达的建议来看,他对雅典的报复可以说是毫无保留、刀刀见血的,但是这种报复又并非单纯的伤害,不是为了毁灭雅典,而是为了"恢复雅典",最终目的是"迫使雅典屈服,让她知道她有多么需要他"。② 在某种意义上,阿尔喀比亚德真正难以接受的并非死刑,而是被城邦抛弃;雅典对他的最大伤害并非不公正的审判,而是在远征过程中将他召回受审的决定本身,因为这无异于在采纳了他的战略眼光后剥夺了他建功立业的机会,利用而又弃用了他,暴露出对他的轻视。从这个角度看,投敌斯巴达是阿尔喀比亚德重新征服雅典、重获雅典人诚服与追随的方式。

尽管如此,我们还是需要看到一个基本的事实:在个人利益与城邦利益发生不可化解的冲突时,阿尔喀比亚德选择牺牲城邦、保全自我。虽然我们不必从道德的角度评判阿尔喀比亚德的叛逃,但是正如福特(Steven Forde)指出的,"他不仅愿意离开城邦而且还愿意在战时效力于敌方,这可能是雅典与阿尔喀比亚德关系中最让人惊异的地方",通过毫不犹豫的投敌之举和振振有词的自我辩护,阿尔喀比亚德展现出一种惊人的独立和自由,"他的抱负和天赋已经将自身超脱了通常对城邦的任何依附"。③ 尽管随着伯罗奔尼撒战争的全面展开和智者运动带来的思想启蒙,传统道德观念和朴素的爱国主义情感已经日渐衰落,但是在大多数情况下,个人对城邦的归属和依附仍然是古希腊世界强有力的常态。在这方面,阿尔喀比亚德显然不同于常人,正如普鲁塔克指出的,他在四处流亡的过程中展现出自己最令

---

① 修昔底德:《伯罗奔尼撒战争史》,6.92。

② Ludwig, *Eros and Polis*, pp. 332—333. 阿尔喀比亚德报复雅典人与阿基琉斯报复阿开奥斯人的心理逻辑是相同的,参考陈斯一:《荷马史诗与英雄悲剧》,第156—157页。

③ 福特:《统治的热望》,第7页,第69页。

人惊叹的能力：能够像变色龙一样适应不同的政治习俗，迅速采纳当地文化最推崇的生活方式和言行举止。① 不过，从另一个角度看，阿尔喀比亚德对雅典的背叛恰恰暴露出他身上鲜明的雅典品质。正如他的远征战略符合雅典帝国的活跃本性，他对传统正义观念的不屑也折射出雅典帝国的强权理念。根据修昔底德，雅典人曾这样回答诉诸于正义而不愿屈服于他们的米洛斯人："正义的基础是双方实力均衡；同时我们也知道，强者可以做他们能够做的一切，而弱者只能忍受他们必须忍受的一切。"②阿尔喀比亚德和雅典帝国一样罔顾正义、崇尚力量，无论是远征西西里还是报复雅典，都展现了一种强大的征服欲望和"超善恶"的个人卓越，这恰恰反映了雅典对他的成功教化。雅典帝国既然已经颠覆了国际政治的道义规范，那么阿尔喀比亚德颠覆城邦政治的道义准则，也就只是更加极端地贯彻了母邦的行事方式与政治理念而已。③ 无论他如何对待雅典，无论他流亡到何处，阿尔喀比亚德始终是一个不折不扣的雅典之子。

　　普鲁塔克说阿尔喀比亚德身上最强烈的激情是争强好胜，这无异于说他是一个最典型的雅典人，无愧于雅典政治文化的熏陶；④而修昔底德提到，在阿尔喀比亚德的鼓动下，雅典对西西里充满了爱欲，这让远征行动更像是一场富有浪漫色彩的冒险。⑤ 在雅典，个人荣耀和帝国荣耀相互激发的政治爱欲取代了公民对城邦的传统忠诚，这一点早在伯利克里时期就已经初现端倪。在著名的葬礼演说中，伯利克里激励雅典人道："你们必须切实了解城邦的军事力量，并且时刻都要注视着她，直到对她的爱欲充满了你们的心头。"⑥ 为了让公民自愿为城邦献身，伯利克里最终诉诸于雅典人对

---

① 普鲁塔克：《阿尔喀比亚德传》，23.3－6，24.3－5。

② 修昔底德：《伯罗奔尼撒战争史》，5.89。

③ 比较福特《统治的热望》，第29—30页；第71页，"雅典衰败的一个原因就是雅典人关于正义和统治的讨论主题渗入到城邦内的政治中，从而导致城邦内部的冲突"；第171页，"城邦主张毫无限制地统治其他城邦，从而导致个人主张统治城邦本身"。然而，阿尔喀比亚德在城邦内部贯彻雅典帝国政治理念的方式隐藏着他的致命错误，正如欧文指出的，"雅典冒犯得起别的城邦，因为她无需征得它们的容许。相比之下，阿尔喀比亚德仍然离不开他的公民同胞们"（欧文：《修昔底德笔下的人性》，第167页）。换言之，阿尔喀比亚德的错误不在于他试图统治雅典人，而在于他冒犯了雅典人；他未能像伯利克里那样在不冒犯雅典人的前提下实现事实上的一人统治（修昔底德：《伯罗奔尼撒战争史》，2.65），而这个错误最终根源于阿尔喀比亚德太过强烈的优胜心和荣耀欲"迫使他的公民同胞们意识到自己普遍不如他一个人"（同上）。

④ 林国华：《海洋帝国的民主悲剧——修西底德〈波罗奔尼撒战争史〉浮论》，第78—79页；任军锋：《帝国的兴衰：修昔底德的政治世界》，生活·读书·新知三联书店，2017年，第163—165页。

⑤ 修昔底德：《伯罗奔尼撒战争史》，6.24。

⑥ 修昔底德：《伯罗奔尼撒战争史》，2.43，笔者的翻译，最后一句的字面意义是："成为她的爱者"（ἐραστὰς γιγνομένους αὐτῆς）。魏朝勇指出，此处阴性代词"她"（αὐτῆς）在句中既可以指"城邦"，也可以指"城邦的军事力量"（魏朝勇：《自然与神圣：修昔底德的修辞政治》，华东师（转下页注）

雅典的爱欲;在某种意义上,雅典人后来对西西里的爱欲正是这种爱欲的自然
延展,正如伯利克里自己指出的,业已征服大海的雅典并不受限于固定的政治
边界。① 然而,一种充满爱欲的帝国政治必定是不稳定的,阿尔喀比亚德的叛
逃就是明证。随着西西里远征的惨败,雅典帝国由盛转衰,一场旨在将爱欲激
情注入政治伟业的历史试验以失败告终。我们认为,从《伯罗奔尼撒战争史》
的叙事来看,这就是修昔底德从政治爱欲的角度对雅典帝国做出的诊断。②

　　和修昔底德相比,柏拉图对阿尔喀比亚德的个人命运更感兴趣。在《会饮
篇》中,阿里斯托芬与苏格拉底对政治爱欲提出了两种完全不同的阐述,我们
不妨以此为框架,尝试理解柏拉图对阿尔喀比亚德的诊断。需要注意的是,无
论阿里斯托芬还是苏格拉底,都既不会赞同雅典帝国主义的政治理念,也不会
赞同阿尔喀比亚德的所作所为;不过,我们接下来并非要分析这两个人物的政
治观点,而是以阿尔喀比亚德这个雅典政治家为案例,考察由哲学家和诗人阐
述的两种相互对立的政治爱欲如何在现实的城邦与个人身上发挥作用。

　　首先,阿尔喀比亚德灌输给雅典的征服爱欲,究竟是阿里斯托芬式的政
治爱欲,还是苏格拉底式的政治爱欲? 从表面上看,这种征服爱欲显然是苏格
拉底式的,因为它追求的并非属己共同体的维护,而是通过占有他者来实
现不朽的荣耀。然而,在阿尔喀比亚德参政之前,雅典帝国的属己观念已经
发生了某种畸变。科林斯人这样评价雅典人:一方面,"他们将身体献给城
邦使用,就仿佛它是完全异于自己的(ἀλλοτριωτάτοις)",另一方面,"如果他
们未能实现某个意图,③他们会认为他们被剥夺了属于他们的事物
(oἰκείων)"。④ 在雅典最强盛的时刻,雅典公民认为自己的身体是属于城邦

(接上页注)范大学出版社,2010 年,第 106—107 页),这种模糊性或许能够解释,何以雅典人对雅
典的爱欲可以轻易地转变为他们对西西里远征的爱欲。

　　① 修昔底德:《伯罗奔尼撒战争史》,2.62;比较普鲁塔克:《阿尔喀比亚德传》,15.4。关于雅
典海权帝国理念从伯利克里时代到阿尔喀比亚德时代的连续性,参考 Martha Taylor,
Thucydides, *Pericles*, *and the Idea of Athens in the Peloponnesian War*, Cambridge University
Press, 2010, pp. 2—3;cf. Kagan, *The Peace of Nicias and the Sicilian Expedition*, pp. 183—
185。路德维格则指出,一种苏格拉底式的政治爱欲贯穿着葬礼演说的爱国精神和西西里远征的征
服热望,参见 Ludwig, *Eros and Polis*, pp. 375—376。

　　② 福特指出,在修昔底德笔下,爱欲一词"每一次出现都是在紧要关头,并且每一次都在修昔底德对雅
典帝国主义和雅典政治心理的评价中举足轻重"(福特:《统治的热望》,第 31—32 页)。路德维
格认为,修昔底德对政治爱欲的理解体现了悲剧、智者术、自然科学的综合影响,其中医学尤为重要,他实际上从爱欲的角度
提出了一份针对雅典帝国主义疾患的病理学研究(Ludwig, *Eros and Polis*, pp. 157—158, pp. 164—167)。

　　③ 在科林斯人发言的语境中,雅典人的"意图"指的是侵略其他城邦。

　　④ 修昔底德:《伯罗奔尼撒战争史》,1.70,笔者的翻译。相关分析,参考 Taylor, *Thucydides*,
Pericles, *and the Idea of Athens in the Peloponnesian War*, pp. 16—21。泰勒(Martha Taylor)认为,雅
典人对于属于自己之物和属于他人之物的混淆是他们"极具威胁性的力量之源泉"(p. 19)。普鲁塔克
也提到,雅典人认为整个丰饶的大地都是属于他们的(普鲁塔克:《阿尔喀比亚德传》,15.4)。

的,异邦的领土是属于自己的,正是这种献身城邦的信念和征服世界的志向成就了雅典的帝国荣耀。虽然阿尔喀比亚德的叛逃破坏了公民与城邦的关系,但他的远征政策实际上忠实于雅典的帝国主义理念。伯利克里要求公民对雅典充满爱欲,而阿尔喀比亚德让雅典人对西西里产生了爱欲,这两种爱欲其实是连贯而递进的,因为在雅典帝国的政治视野中,一切她意图征服的对象都是属于她自己的,在这个意义上,爱欲西西里就是爱欲雅典的方式,这种爱欲的最终目标是帝国的不朽荣耀。① 正如贝尔格指出的,西西里远征"是将属己之物转化为永恒渴望的典型例证"。②

　　其次,阿尔喀比亚德的叛逃、投敌以及对不同政体的普遍适应力,究竟反映了阿里斯托芬式的政治爱欲,还是苏格拉底式的政治爱欲? 同样,从表面上看,背叛母邦、效力于异邦并且在相互敌对、习俗迥异的政治体之间游刃有余,这显然违背了属己之爱,反映出个体胜过城邦的自然强力,最终服从于个体对不朽荣耀的追求。③ 然而,从阿尔喀比亚德报复雅典的心理机制和最终目的来看,他更深层次的问题与其说是自我诉求胜过城邦利益,不如说是未能真正摆脱自己与城邦的纠葛,无法从他人的认可返回独立的自我。④ 普鲁塔克对阿尔喀比亚德性格的刻画是非常准确的,一言以蔽之,他不是一个充满爱欲的人,而是一个典型的"大血气者"。⑤ 阿尔喀比亚德仅

---

　　① 关于修昔底德对雅典政治爱欲的分析,施特劳斯准确地总结道:"城邦的爱者们想要用西西里之珠宝来装饰他们的所爱"(Strauss, *The City and Man*, p. 226;cf. Ludwig, *Eros and Polis*, p. 376)。

　　② 贝尔格:《爱欲与启蒙的迷醉》,第152页。

　　③ 布鲁姆认为,"阿尔喀比亚德对政治的洞见似乎是蒂欧提玛对理念与美之洞见的政治版本"(Bloom, "The Ladder of Love", p. 155);路德维格指出,"阿尔喀比亚德独特的荣耀欲揭示出,将爱国主义行动建立在荣耀之爱的基础上(对于更多荣耀的爱欲,而非对于已有地位的捍卫),这是非常危险的"(Ludwig, *Eros and Polis*, pp. 375—376)。蒂欧提玛在阐述荣耀欲的时候提到科德鲁斯为城邦捐躯的例子(208d),尼科尔斯认为这是在影射阿尔喀比亚德:与为了拯救城邦而牺牲自己的科德鲁斯相反,阿尔喀比亚德为了保存自我而背叛了城邦(Nichols, *Socrates on Friendship and Community*, pp. 66—67)。我们认为,尼科尔斯没有足够重视科德鲁斯与阿尔喀比亚德在动机上的一致性和在政治处境上的差异,二者其实都追求个人荣誉与城邦利益的协同,但是对于后者而言,被政敌蛊惑的雅典民众已经破坏了这种协同的可能性。

　　④ 比较福特:"阿尔喀比亚德引起的一个问题在于,他是否应该被看作是解放了的个人主义的典型",福特认为答案是肯定的,因为在他看来,"阿尔喀比亚德不光超越了任何特定城邦的限制,而且如此超越了城邦政治的限制"(福特:《统治的热望》,第69页,第112页)。我们不同意他的观点。福特自己也看到,阿尔喀比亚德将政治视作展现个人荣耀的舞台(福特:《统治的热望》,第112页),问题在于,他缺乏高于政治的生活维度,只有通过政治舞台上的"荣耀和欢呼"才能找到生存的意义。福特分析的不足根源于他对阿尔喀比亚德的诊断局限于修昔底德的叙事,后者虽然选择了"写作和思考的生活",但其著作"没有提到或描写高于城邦和政治的生活"(福特:《统治的热望》,第176页)。

　　⑤ 关于"大血气者"的观念,参考陈斯一:《从政治到哲学的运动》,第65—66页。

仅在一般人眼中是一个极具爱欲的人，因为一般人并不严格区分爱欲和血气，而一旦做出这种区分，我们就会发现，阿尔喀比亚德其实是一个血气强盛而爱欲不足的人（苏格拉底则恰恰相反）。爱欲在本质上是一种自然欲望，这种欲望的满足原则上并不需要任何共同体的配合与认可；血气在本质上是一种政治欲望，这种欲望追求胜过他人，从而必然依赖他人。福特准确地指出，"阿尔喀比亚德渴望的是（民众）自愿地、真心地认同他的卓越，而不是僭主式地将自己的意愿强加于人"。① 事实上，正是这种追求政治认可的血气之欲促使阿尔喀比亚德竭尽全力为城邦效力，然而，也正是这种欲望，在他遭遇城邦的恶意与辜负时导致他选择叛逃和报复，又在他流亡的过程中提供了源源不断的应变能力，而且一直推动他为了返回雅典而做出种种努力。② 在他的整个政治生涯中，阿尔喀比亚德其实从未真正摆脱过他对于雅典的精神归属，在某种意义上，无论是明里伤害雅典还是暗中帮助雅典，都是为了恢复一个他可以欣然返回的雅典，从而返回一个他亲手恢复的雅典。与雅典帝国主义的问题类似，阿尔喀比亚德的根本症结在于过度强烈的血气导致属己之爱的畸变，他最深沉的疾患不在于统治世界的野心，而在于离不开雅典民众的崇拜和仰望。阿尔喀比亚德实际上将政治生活理解为伟大领袖通过显赫功绩来赢得荣耀和欢呼的舞台，这导致他以一种近乎表演的姿态放纵自己的骄奢生活和桀骜言行，并且倾向于通过煽动与操纵民众的意见来实现自己认为正确的政治目标。然而，这与其说是阿尔喀比亚德给雅典政治带来的危害，不如说是他将灵魂完全袒露给城邦从而给自己造成的危险——他对万众瞩目的需求导致他极端受制于公民浅薄浮躁的情绪和变动不居的欲望，他那惊人的热情和坦率又使得他必然成为大众嫉恨的对象和政客党争的牺牲品。

从阿里斯托芬的角度看，阿尔喀比亚德是一个典型的"圆球人"，他太"厉害"，但是从苏格拉底的角度看，他是一个最残缺的"半人"，他的根本问题恰恰在于他还不够"厉害"。我们已经提到，人性的"厉害"并非只能体现为骄傲的征服和攫取，毋宁说它的至高维度其实是必死者对于不朽智慧的追求。当然，我们并不认为阿尔喀比亚德的根本缺陷在于他不热爱智慧，而是认为他既违背了阿里斯托芬式的横向爱欲，又未能跟随苏格拉底纵向升华自己的血气，从而终究不具备超越城邦的自然力量。阿尔喀比亚德后来

---

　　① 福特：《统治的热望》，第 94 页。在柏拉图看来，僭主是爱欲人格的败坏典型，参阅柏拉图：《理想国》，572d－573c。

　　② 参阅修昔底德：《伯罗奔尼撒战争史》，8.46－47；普鲁塔克：《阿尔喀比亚德传》，25.1－4。

成功地返回了雅典，对外取得一系列军事胜利，对内帮助城邦避免了内战。① 然而，仅仅因为一次不应该完全归咎于他的海战失利，阿尔喀比亚德再一次被反复无常、忘恩负义的雅典人放逐，最终客死他乡。② 和雅典帝国一样，雅典之子的命运以悲剧告终。

在一定意义上，阿尔喀比亚德是古希腊世界中最接近阿基琉斯的历史人物，二者的相似性反应了古希腊政治思想一以贯之的结构性张力。然而，他们的区别也很明显。面对共同体的伤害，阿基琉斯采取的行动只是退出战场，而阿尔喀比亚德却选择了投敌，这种选择在荷马史诗的道德世界中是无法设想的。然而，尽管阿尔喀比亚德的行为更加出格，但是阿基琉斯的退出伴随着对于战争与政治的根本反思，这一点却是阿尔喀比亚德无法企及的，他虽然能够游刃有余地辗转于不同的阵营，但是从未超越战争与政治的生活维度。除此之外，阿尔喀比亚德还在一个更加重要的方面不如阿基琉斯，尽管这并不完全是他的责任，那就是——他没有真正的朋友。阿尔喀比亚德的生命虽然极为精彩，但同时也异常孤独。③ 通过《阿尔喀比亚德前篇》和《会饮篇》，柏拉图告诉我们，苏格拉底曾试图成为阿尔喀比亚德的朋友。然而，阿尔喀比亚德太过强烈的血气和苏格拉底异于常人的爱欲最终无法相容。雅典人认为苏格拉底败坏了阿尔喀比亚德，色诺芬认为阿尔喀比亚德利用了苏格拉底，相比之下，柏拉图告诉我们一个更加复杂的故事：他书写了苏格拉底和阿尔喀比亚德的爱欲悲剧。

阿尔喀比亚德的爱欲经历

如果说《会饮篇》的第七篇讲辞交代了苏格拉底与阿尔喀比亚德之间爱欲关系的结局，那么《阿尔喀比亚德前篇》就讲述了他们之间爱欲关系的开始。④在对话的开场，苏格拉底告诉阿尔喀比亚德："我是你的第一个爱人，

① 参阅修昔底德：《伯罗奔尼撒战争史》，8. 81 以下；普鲁塔克：《阿尔喀比亚德传》，26. 3 以下。阿尔喀比亚德对雅典的最大贡献是力劝民主派与寡头派和解，避免了内战（修昔底德：《伯罗奔尼撒战争史》，8. 86；普鲁塔克：《阿尔喀比亚德传》，26. 4）。阿尔喀比亚德虽然未能超越城邦政治，但是他毕竟超越了狭隘的党派政治。

② 参阅普鲁塔克：《阿尔喀比亚德传》，35. 1 以下。

③ 关于阿基琉斯对战争与政治的反思和超越，参考陈斯一：《荷马史诗与英雄悲剧》，第157—174 页；关于阿基琉斯对友爱的重视和异于常人的怜悯，参考陈斯一：《荷马史诗与英雄悲剧》，第178—218 页。

④ 关于《阿尔喀比亚德前篇》真伪问题的历史争论，参考梁中和译本，第 6—15 （转下页注）

当时你还有很多爱人，常常缠着你和你谈话，现在他们都已不再做你的爱人了，我却成了唯一一对你不离不弃的。"①阿尔喀比亚德不仅出身高贵，而且极为美貌，从小就有众多追求者，然而，心高气傲的他拒绝了所有爱者的追求。我们在前言中指出，古希腊男童恋是一种带有强烈血气色彩的爱欲关系，成年爱者和未成年被爱者的结合实际上是一种情欲化的政治等级制。从这个角度看，阿尔喀比亚德对爱者的通盘拒绝反映出他的血气异常强盛，以至于拒不遵从城邦的爱欲习俗，直至他的年龄不再适合做被爱者。根据柏拉图，在众人追求阿尔喀比亚德的时候，苏格拉底虽然也爱上了他，但是始终保持沉默，直到阿尔喀比亚德长出胡须，其他爱者纷纷放弃的时候，苏格拉底才展开他的追求。②　在表白之后，苏格拉底对阿尔喀比亚德说："让我来细说一下为什么你的神气高于他们，你宣称在任何事情上都不需要任何人，因为你现在拥有的已经很丰厚，看起来，从身体到灵魂你都一无所缺。"③这一句简单而准确的分析将问题从男童恋风尚的血气背景引向苏格拉底理解的爱欲之本质：阿尔喀比亚德之所以拒绝了所有的追求者，一方面是因为他的性情太过高傲，不愿意屈从于他人（血气太强）；另一方面是因为他自以为无所缺乏，不需要他人的帮助（爱欲不足）。苏格拉底接下来的求爱言辞正是从这两个方面入手，一边迎合并激发阿尔喀比亚德的野心，一边揭示出他缺乏满足其野心的能力，从而试图将他的血气转化为爱欲。

　　首先，苏格拉底指出，阿尔喀比亚德胸怀宏大的政治抱负，他不仅很快就将

———————————

（接上页注）页。笔者认为《阿尔喀比亚德前篇》是柏拉图所作，而《阿尔喀比亚德后篇》则极有可能是伪作，因此，接下来的分析不考虑《阿尔喀比亚德后篇》。柏拉图还在《普罗泰戈拉篇》和《高尔吉亚篇》中提到了苏格拉底对阿尔喀比亚德的爱。在《普罗泰戈拉篇》的开头，一个朋友对苏格拉底说，他爱慕的阿尔喀比亚德已经开始长胡须了，暗示后者已经过了做被爱者的年龄，苏格拉底则引用荷马的诗句回复道：这正是一个青年最美的年龄，暗示他所爱的是心智而非身体，接着就把话题从身体之美转化为智慧之美（柏拉图：《普罗泰戈拉篇》，309a–d）。在《高尔吉亚篇》，苏格拉底对卡里克勒斯说他有两个被爱者：阿尔喀比亚德和哲学，并说卡里克勒斯也有两个被爱者：德莫斯和雅典民众（柏拉图：《高尔吉亚篇》，481d）。这些文本细节说明，柏拉图笔下苏格拉底对阿尔喀比亚德的爱始终与哲学爱欲相关，而这种爱欲的对立面则是城邦和雅典民众。

　　① 柏拉图：《阿尔喀比亚德前篇》，103a。若无特殊说明，本书对这篇对话的引用采纳梁中和译本，部分词汇和语句有调整。

　　② 比较普鲁塔克：《阿尔喀比亚德传》，4.1–4.4，6.1。普鲁塔克的叙述与柏拉图不同，他认为，阿尔喀比亚德在众多追求者中选择了苏格拉底。柏拉图则强调，苏格拉底并未在众人追求阿尔喀比亚德的时候参与这场爱欲的竞争。比较柏拉图：《阿尔喀比亚德前篇》，104d（此处阿尔喀比亚德说，他好奇为什么苏格拉底总是烦扰和关心他）；110b（此处苏格拉底说，打从阿尔喀比亚德还是儿童的时候，自己就经常观察他的言行举止）。既然苏格拉底在《阿尔喀比亚德前篇》所设定的戏剧时间才第一次向阿尔喀比亚德示爱，那么根据柏拉图，两人在此之前的接触应该是不带爱欲色彩的。

　　③ 柏拉图：《阿尔喀比亚德前篇》，104a。

参与雅典的政治生活,期望获得胜过伯利克里的权力和名声,而且还想成为全希腊最伟大的人物,甚至成为整个世界的统治者,唯有波斯大王居鲁士和薛西斯能够与他匹敌。① 尽管阿尔喀比亚德确实是一个野心勃勃的人,但是我们并不知道他是否在正式从政之前就已经具有如此的雄心壮志;无论如何,苏格拉底的用意很清楚,那就是通过毫无掩饰甚至夸大其词地描述阿尔喀比亚德的政治抱负来刺激他的血气,从而论证自己对于他的用处:"没有我你所有的愿望都难于实现;我认为对于你的事务和你本身我有巨大的能力。"②在关于苏格拉底与阿尔喀比亚德关系的现有记载中,柏拉图的这种叙述是非常独特的。在《回忆苏格拉底》中,色诺芬批评阿尔喀比亚德接近苏格拉底的动机不单纯:

> 如果神明让他们在一辈子度苏格拉底那样的生活或死亡之间作一抉择的话,他们是会宁愿选择死亡也不愿度苏格拉底那样生活的。因为当他们一认为自己高过他们的同伴的时候,他们就立刻离开苏格拉底,从事政治生活,实现他们和苏格拉底结交的目的。
>
> 克里提亚和阿尔喀比亚德跟苏格拉底交游,在他们的交游期间,他们并不喜欢他们的教师,而是从一开始起,他们就渴想在城邦里居领导地位;因为,当他们还伴随着苏格拉底的时候,他们就非常欢喜和那些管理政治事务的人们交谈。③

普鲁塔克也提出,阿尔喀比亚德的其他追求者争相奉承他,让他相信自己的政治权势和荣耀必将胜过伯利克里,而苏格拉底则教导他要谦虚谨慎,希望他懂得自己"在德性方面是极为缺乏和不完美的"。④ 从柏拉图的角度看,色诺芬对阿尔喀比亚德的批评并不公正,普鲁塔克对苏格拉底教导的分析也仅仅讲对了一半,因为这两位作家都没有充分意识到,苏格拉底不仅清楚地知道阿尔喀比亚德注定要选择政治生活,而且热情地激励他的政治抱负;至于揭露阿尔喀比亚德的缺陷和不足,也并不是要让他变得谦逊与谨慎,而是要说服他接受自己的教导,从而更好地实现那些雄心壮志。⑤

① 柏拉图:《阿尔喀比亚德前篇》,105a-c。
② 柏拉图:《阿尔喀比亚德前篇》,105d。参考富德(Steven Forde):"论《阿尔喀比亚德前篇》",收于梁中和译本,第289—290页。(这篇论文的作者"富德"就是《统治的热望》的作者"福特"。)
③ 色诺芬:《回忆苏格拉底》,1.2.16,1.2.39。译文引自〔古希腊〕色诺芬:《回忆苏格拉底》,吴永泉译,商务印书馆,2014年,第9—10页,第15—16页。
④ 普鲁塔克:《阿尔喀比亚德传》,6.3-6.4。
⑤ 比较樊黎:《哲学教育为什么失败——以阿尔喀比亚德为例》,载于《湖南师范大学教育科学学报》,2016年第15卷第4期,第41—46页。我们认为,樊黎低估了柏拉图与色诺芬、普鲁塔克在该问题上的分歧。

在成功唤起阿尔喀比亚德的野心之后，苏格拉底着手证明，他完全缺乏实现这种野心所需的知识。几番对话之后，阿尔喀比亚德发现，自己不仅不知道何为正义，甚至不知道何为利益，更加严重的是，他虽然无知，却自以为有知。① 苏格拉底严厉地总结道，阿尔喀比亚德在城邦的正义与利益这些"最重要的事情"上面患有"不知而自以为知"的无知，"这是最可鄙的那种无知……是最有害的和最可耻的……最极端的无知"。② 苏格拉底接着补充道，雅典的大多数政治家都是无知的。③ 然而，这个补充起到了反效果，因为阿尔喀比亚德从中得出结论说：既然大多数人都是无知的，"我何必要熟练和学习事务呢？我觉得以我的天赋很轻易就会胜过他们"。④ 由此可见，知识本身对于阿尔喀比亚德并无吸引力，他不仅没有单纯的求知欲，甚至并不在意自己的政治活动是否具备基于知识的实效。既然胜过他人才是最要紧的，那么知识就并不是必需的；相反，在所有人都无知的前提下，自然天赋的优势反而更加明显，而阿尔喀比亚德显然对自己的天赋极为自信。

既然阿尔喀比亚德的天性不包含对于知识的爱欲，为了在他身上将无知的处境转化为求知的需求，苏格拉底再次诉诸于他的血气："你这想法真配不上你那些过人的优势……因为你认为配得上和你竞争的竟是这里这些人。"⑤苏格拉底说，阿尔喀比亚德的真正对手不是其他的雅典政治家，而是斯巴达和波斯的统治者，他们出身极为尊贵而且极为富有，更加重要的是，他们在身体和灵魂方面都受过良好的教育。⑥ 苏格拉底最后总结道："听听我的和德尔菲神谕的劝告吧，认识你自己，因为这些人才是我们的敌手。"⑦德尔菲神谕"认识你自己"出现在多部柏拉图对话录中，在《斐德罗篇》中，苏格拉底对斐德罗说，他没有时间研究对神话传说的理性解释（这种解释在一定程度上是自然哲学的开端），因为他尚未做到像德尔菲神谕说的那样"认

① 柏拉图：《阿尔喀比亚德前篇》，106b－118a。

② 柏拉图：《阿尔喀比亚德前篇》，118a－b，笔者的翻译。

③ 柏拉图：《阿尔喀比亚德前篇》，118b－119a。苏格拉底说大多数政治家都未受教育，但随即补充道，伯利克里或许是一个例外。阿尔喀比亚德提出，这是因为伯利克里有诸如阿拉克萨哥拉这样的老师，从这些老师身上学会了真正的政治技艺。苏格拉底立刻反驳了这一观点，否认伯利克里拥有真正的知识。由此可见，首先，如果苏格拉底说伯利克里是个例外是认真的，那么他指的就并非他比其他政治家更有知识，而是他比其他政治家更清楚地知道自己是无知的；其次，苏格拉底试图教授给阿尔喀比亚德的知识和阿拉克萨哥拉教授给伯利克里的知识是完全不同的。

④ 柏拉图：《阿尔喀比亚德前篇》，119b－c。

⑤ 柏拉图：《阿尔喀比亚德前篇》，119c。

⑥ 柏拉图：《阿尔喀比亚德前篇》，120a－124a。

⑦ 柏拉图：《阿尔喀比亚德前篇》，124a－b。

识他自己"。① 苏格拉底哲学的起点是"无知之知",这是自我省察而非自然研究的体现,在这个意义上,德尔菲神谕定义了苏格拉底哲学的性质,是他从自然哲学走向政治哲学的决定性因素。然而,在《阿尔喀比亚德前篇》中,根据第一次提及德尔菲神谕的语境,"认识你自己"指的却是阿尔喀比亚德需要知道他在政治世界中的位置,认清他和异邦劲敌在德性与实力上的差距,这是实现其政治抱负的第一步。德尔菲神谕在苏格拉底身上激发出因为明知自己无知而追求知识的爱欲,对他而言,"认识你自己"意味着"认识到神才具备智慧,人不具备智慧,因此人要努力追求神的智慧";但同一个神谕对于阿尔喀比亚德的意义则在于开拓竞争的视野、扩展征服的血气,对他而言,"认识你自己"意味着"认识最广阔的政治战场"。② 正是通过将"认识你自己"这个本来极具哲学意味的德尔菲神谕运用在政治竞争的领域,苏格拉底才成功地说服了阿尔喀比亚德,使得后者终于开始严肃思考自己的缺陷以及对教育的需求:"哦,苏格拉底,你能引导我吗? 我觉得你讲的一切都很像真的。"③

　　然而,在到目前为止看似十分顺利的劝学言辞背后,始终存在一道裂隙,那就是哲学爱欲和政治血气的张力:苏格拉底逐步唤起了阿尔喀比亚德求知的爱欲,但代价是愈发刺激他的野心和血气。不过,既然苏格拉底确实让阿尔喀比亚德认识到自己的缺陷,从而产生接受教育的想法,他接下来就需要说明,一种旨在认识自我的哲学反省在何种意义上有助于统治他人的政治实践?

　　首先,通过一系列问答,苏格拉底和阿尔喀比亚德同意,要成为优秀的统治者,就必须能够让城邦充满友爱、团结一致。至于何谓友爱与一致,阿尔喀比亚德的理解是:"我想我说的友爱和一致是指,父亲和母亲与他们所爱的孩子之间的一致,以及兄弟之间与夫妻之间的那种一致。"④由此可见,阿尔喀比亚德心目中的统治技艺旨在实现公民的同胞情谊,让城邦像一家人那样团结凝聚(如果联系我们对《会饮篇》的分析,那么这种素朴的理解应该从属于阿里斯托芬讲的属己之爱),但苏格拉底迅速转移了话题,他追问,家人之间究竟在哪些问题上能够取得真正的一致? 例如,夫妇各有分工,双

---

　　① 　柏拉图:《斐德罗篇》,229e - 230a。

　　② 　为了论证阿尔喀比亚德的真正对手是斯巴达将军和波斯王,苏格拉底在提及德尔菲神谕之前还提出了著名的"船喻",其用法与德尔菲神谕在这里的运用是类似的。富德指出,"船喻"在《理想国》中的"寓意是要贬低政治或政治野心",而在《阿尔喀比亚德前篇》中则是为了激发政治野心(富德:《论〈阿尔喀比亚德前篇〉》,第 294 页)。

　　③ 　柏拉图:《阿尔喀比亚德前篇》,124b。

　　④ 　柏拉图:《阿尔喀比亚德前篇》,126e,译文有调整。

方都不懂得对方的工作,因而在各自的工作方面无法取得一致,然而,恰恰是良好的分工协作才能产生友爱,公民之间的关系也是如此。① 这个带有诡辩色彩的论证运用了《理想国》的正义观念:正义就是不同阶层的公民各司其职,这种正义以善为基础,即,每个人从事何种工作是最好的(换言之,苏格拉底试图将阿尔喀比亚德引向善好之爱)。② 通过这种方式,苏格拉底悄然指出,阿尔喀比亚德虽然看到了政治共同体的属己性,主张公民之间应该缔结友爱,但是忽略了政治秩序的善,这种善与其说体现为公民与公民之间的和谐关系,不如说取决于每个公民是否能够最好地实现自身的天性和职能,其中首当其冲的当然是统治者。如果阿尔喀比亚德想要成为一个优秀的统治者,他就必须通过"自我照看"($\dot{\epsilon}\alpha\upsilon\tauo\hat{\upsilon}\ \dot{\epsilon}\pi\iota\mu\epsilon\lambda\epsilon\hat{\iota}\sigma\theta\alpha\iota$)来"变得更好"。③ 正是从优秀统治者所需的"自我照看"出发,苏格拉底再次回到了"自我认识"的问题:想要照看自我,就需要认识什么才是真正的自我,这种自我认识不再关乎阿尔喀比亚德与任何他人的较量,无论是雅典人、斯巴达人还是波斯人,而只关乎他自己的灵魂与德性。进一步讲,苏格拉底和阿尔喀比亚德关于"友爱和一致"的讨论实际上揭示出,苏格拉底希望阿尔喀比亚德降低对于政治友爱和城邦一致性的期望、重视统治者和被统治者的分工,并告诫他作为未来的统治者必须修身以治国。在《理想国》的最佳政体中,作为实现正义的前提,统治者和被统治者所取得的最重要的"一致"是双方都同意由前者来统治后者,而苏格拉底深知,这在现实的民主制雅典是极难实现的,在骄奢傲慢的阿尔喀比亚德和多疑善变的雅典民众之间是不可能实现的。④ 如果说伯利克里的成功在于他实现但又掩盖了这种"一致同意",那么阿尔喀比亚德想要取得成功,就必须以某种方式摆脱对于这种"一致同意"的需要和依赖。换言之,苏格拉底虽然一再激励阿尔喀比亚德征服世界的野心,但是他绝不赞同后者追求民众的认可和崇拜。在传统的意义上,充满血气的政治家对外从事征服、对内赢得荣誉,苏格拉底则希望改造这种政治血气,他并不抑制阿尔喀比亚德的征服欲,但是希望他尽可能摆脱在民众面前的荣誉心,专注于内在的卓越和实际的功业。

关于优秀统治者的讨论是整部对话的转折点:在苏格拉底的引导下,阿尔喀比亚德开始从胜过他人的血气走向满足自我的爱欲,接下来,双方的话题也逐渐从阿尔喀比亚德的政治抱负走向苏格拉底的哲学教育。

---

① 柏拉图:《阿尔喀比亚德前篇》,126e – 127d。
② 柏拉图:《理想国》,370a – c,433c – d。
③ 柏拉图:《阿尔喀比亚德前篇》,127e。
④ 柏拉图:《理想国》,432a。参考福特:《统治的热望》,第 96—97 页。

苏格拉底首先区分了一个人的自我和属于他的东西,并证明照看前者的技艺不等于照看后者的技艺,接着区分了使用工具者和被使用的工具,并证明最根本的使用者才是一个人的自我。这两个区分经由同一组例子交织在一起:首先,鞋是属于脚的,但是照看鞋不等于照看脚,照看鞋的技艺是制鞋术,而照看脚的技艺就是照看整个身体的技艺,即体育。① 在古希腊,体育是对于身体的教育,而根据上述论证,教育的根本特征在于关注整全。制鞋术只关注鞋的品质,但是体育关注整个身体的品质。我们不妨以此类推:当时雅典流行的修辞术只关注演说的能力,而“照看自我”作为真正的灵魂教育关注的是灵魂之整体。其次,制鞋的工匠要使用工具,比如锉刀,不仅如此,他还要使用自己的手和眼,换言之,我们的身体在本质上就是供我们使用的工具。既然使用工具者不等同于被使用的工具,人自身也就不等同于人的身体,而等同于使用身体的灵魂。② 将上述两个论证结合起来可知:一个人的自我就是他/她的灵魂,照看自我就是照看灵魂。进一步讲,这两个论证共同建构了一个由内及外的秩序:灵魂、身体、外在善,在这个框架下,苏格拉底重提爱欲的话题,他指出,阿尔喀比亚德的其他追求者所爱的不是他,而是他的身体或外在善,唯有苏格拉底爱他的灵魂,也就是爱他自身。③ 然而,爱欲主题的再次登场不再伴随对阿尔喀比亚德政治野心的强调,苏格拉底对他的关切也发生了从进取到保守的转变:“只要雅典民众还没有毁掉你,而你也还没有变得卑劣,我就不会离开你。我最大的担心就是对民众的爱(δημεραστής)会把你败坏掉……在获得解药(ἀλεξιφάρμακα)之前不要参与政治,这样才能避免可怕的危险。”④

在此前谈到爱欲的时候,阿尔喀比亚德是爱欲关系的被动方,他需要选择正确的爱者,这事关他能否借助爱者的教导来实现自己的政治抱负,而现在,苏格拉底指明阿尔喀比亚德已经成为一个主动的爱者,他需要选择正确的爱欲对象,这事关他灵魂的健全或败坏。雅典民众指控苏格拉底的教唆败坏了阿尔喀比亚德,色诺芬和普鲁塔克批评阿尔喀比亚德并未真心接受苏格拉底的教导,在这场隔空辩论中,尽管控诉者与辩护者的观点针锋相对,但双方的争论一致聚焦于如何理解苏格拉底对阿尔喀比亚德的影响。相比之下,柏拉图笔下的苏格拉底扭转了问题的方向:阿尔喀比亚德的问题不在于他与苏格拉底的关系,而在于他与雅典民众的关系;问题不在于谁以

① 柏拉图:《阿尔喀比亚德前篇》,128a－e。
② 柏拉图:《阿尔喀比亚德前篇》,129c－130c。
③ 柏拉图:《阿尔喀比亚德前篇》,131a－e。
④ 柏拉图:《阿尔喀比亚德前篇》,132a－b,译文有调整。

何种方式影响了阿尔喀比亚德,而在于他自己的爱欲到底朝向何处。不同于色诺芬和普鲁塔克,柏拉图转守为攻,一针见血地反控道:败坏阿尔喀比亚德的是他自己对雅典民众的爱。

何谓"对民众的爱"? 什么又是这种爱的"解药"? 在《高尔吉亚篇》,苏格拉底说他和卡里克勒斯都有两个被爱者:他爱的是阿尔喀比亚德和哲学,卡里克勒斯爱的是德莫斯和雅典民众。① 苏格拉底说,由于爱民众,卡里克勒斯不得不迎合民众,无法反驳民众的观点,而他自己爱的是哲学,因此他也不得不遵循哲学的观点。② 接下来,卡里克勒斯给苏格拉底的回复就是他著名的"自然法思想":强者征服和统治弱者是自然的法律,例如波斯帝国侵略希腊。③ 我们不知道波斯人是否这样理解他们的扩张,但是根据修昔底德,这种"自然法"正是雅典人在伯罗奔尼撒战争时期持有的政治理念:"强者可以做他们能够做的一切,而弱者只能忍受他们必须忍受的一切。"④卡里克勒斯表面上对民众充满蔑视,实际上只是在城邦内部贯彻了雅典人的国际政治理念,苏格拉底说他爱雅典民众,就是指他和雅典民众在政治思想上的一致性,而卡里克勒斯似乎并没有意识到,他看似卓尔不群的主张不过是在迎合雅典民众的观点罢了。从《高尔吉亚篇》回到《阿尔喀比亚德前篇》:苏格拉底说阿尔喀比亚德必须警惕"对民众的爱",这表明,他最大的担心就是阿尔喀比亚德会变成卡里克勒斯那样的人。这个担心不幸被历史所印证(更准确地说,柏拉图让他笔下的苏格拉底表达了已然被历史印证的担心):现实中的阿尔喀比亚德确实成为一个卡里克勒斯式的人物。和卡里克勒斯一样,阿尔喀比亚德蔑视民众却又迎合民众,他同样没有意识到,自己想要胜过所有雅典人的渴望其实完全遵从着雅典人对荣耀的定义。我们在上一节指出,阿尔喀比亚德的叛逃和流亡与其说反映了牺牲城邦的自利,不如说暴露了他无法摆脱自我和城邦的纠葛,无法克制自己灵魂中的血气对政治生活的需要。事实上,阿尔喀比亚德倡导西西里远征的内在动机也并不全然是追求个人的荣耀,他同时也是在迎合民主制雅典的帝国激情,这场野心勃勃的冒险与其说是阿尔喀比亚德鼓动整个城邦来实现他的政治抱负,不如说是雅典

---

① 柏拉图:《高尔吉亚篇》,481d。德莫斯(δῆμος)这个名字的字面意义是"人民"(Debra Nails,*The People of Plato:A Prosopography of Plato and Other Socratics*,Hackett Publishing Company,2002,p. 124)。

② 柏拉图:《高尔吉亚篇》,481e‐482a。

③ 柏拉图:《高尔吉亚篇》,483d‐e。

④ 修昔底德:《伯罗奔尼撒战争史》,5.89。

帝国利用了他的高远理想和雄才大略。①

在柏拉图看来,阿尔喀比亚德的问题不在于自利,而在于缺乏最高程度的自利,这正是血气人格的局限,因为血气追求胜过他人,从而必然受制于他人的认可,只有真正的爱欲能够无视他人的评价,回归纯粹自我的内在满足。从血气到爱欲的上升之路,如果走到尽头,必然离开政治、走向哲学,柏拉图笔下的苏格拉底虽然并未对阿尔喀比亚德抱有这样的期待,但是他确实希望后者能够朝着爱欲的方向升华自己的血气,这样才能既拥有更加自足的灵魂秩序,又能施展更加自如的政治统治。阿尔喀比亚德的榜样并非苏格拉底本人,而是蒂欧提玛谈到的英雄和立法者,他们建功立业不是为了享受民众的欢呼、沐浴显赫的荣光,而是直面自身的必死性,追求德性和名声的不朽,在柏拉图看来,这种由爱欲驱动的政治行动要比由血气驱动的政治行动更自然、更健全。对于即将步入政治世界的阿尔喀比亚德来说,碍于他人的血气是他最大的危险,守护自我的爱欲是他必备的解药,这就是苏格拉底在《阿尔喀比亚德前篇》中给他的教导。

这份教导在《会饮篇》和《阿尔喀比亚德前篇》这两部对话中是连贯一致、相互配合的,区别在于,在《会饮篇》,苏格拉底指出政治行动的深层目的是灵魂对于不朽的爱欲,而在《阿尔喀比亚德前篇》,他指出政治行动的自省之端是两个灵魂对彼此的爱欲。至此,我们终于来到"这篇对话爱欲因素的至高点"。② 苏格拉底告诉阿尔喀比亚德,想要成为优秀的统治者就必须学会照看自我,而想要照看自我就必须首先学会认识自我,那么,一个人应该如何认识自我呢? 苏格拉底告诉阿尔喀比亚德,一个人的自我是他的灵魂,灵魂的自我认识需要另一个灵魂,就像眼睛的自我观看需要另一双眼睛。具体而言,"用眼睛看眼睛,看其中最好的部分,即它本身会看的那部分(即瞳孔),这样就看到它自己了",而"如果灵魂要认识自己,它就必须自己看灵魂,特别是要看灵魂那产生美德与智慧的部分",也就是灵魂的理智部分,这是灵魂中最具有神性的部分。一个灵魂的理智在另一个灵魂的理智中看到自己的理智,从而"看到它自己那像神者",这就是灵魂的自我认识。③

苏格拉底首先引导阿尔喀比亚德从与别人的较量回归自己的灵魂,进

① 在《伯罗奔尼撒战争史》第六卷,修昔底德并没有讲述雅典公民大会首次决定远征西西里的决策是如何做出的,只是让阿尔喀比亚德出场为已经做出的决策辩护。在远征失败之后,他这样描述雅典人的悔恨:"当他们不得不承认战争的结果时,他们转而迁怒于参与鼓动远征的演说家,也对预言家和占卜者以及征兆散播者恼恨不已,就好像是这些人鼓动他们前去,使他们相信可以征服西西里,而他们自己仿佛未曾投票赞成远征似的。"(修昔底德:《伯罗奔尼撒战争史》,8.1)

② 富德:《论〈阿尔喀比亚德前篇〉》,第 301 页,译文有调整。

③ 柏拉图:《阿尔喀比亚德前篇》,132d - 133c,译文有调整。

而告诫他要警惕对民众的爱,最后教导他要用灵魂中最高的部分去爱一个以同样的方式爱他的人,这种爱并非阿里斯托芬式的相互拥抱,而是蒂欧提玛式的相互观看,它要求两个灵魂在爱欲中向着神性的理智上升。尽管在苏格拉底的描述中,相互观看的爱欲双方是平等的,但是我们不能忘记此时此刻是他在教导阿尔喀比亚德,为的是让后者学会认识自我,因此,阿尔喀比亚德应该更加主动地观看苏格拉底的灵魂,尤其是苏格拉底灵魂中的理智,因为正是在这里蕴藏着他所需要的解药,一种纯粹的、丝毫不带血气的哲学爱欲。苏格拉底实际上是在告诉阿尔喀比亚德,有志于政治伟业的人需要在哲学家的灵魂中找到那实际上在自己的灵魂中也居于至高地位的理智。虽然政治家无法像哲学家那样投身于纯粹理智的生活,但是他也需要拥有纯粹理智的灵魂维度,因为这才是他身上最具神性的维度。正如亚里士多德后来提出的,阿尔喀比亚德和苏格拉底在两种完全不同的意义上都是"大灵魂者"（μεγαλοψυχία）,前者如此是因为"完全不容忍羞辱",后者如此是因为"坦然接受命运"。①　显然,阿尔喀比亚德的灵魂伟大是因为他的政治血气惊人强盛,所以不能容忍他人的轻慢,苏格拉底的灵魂伟大是因为他的哲学爱欲极其纯粹,因而超然于命运的得失。蒂欧提玛说爱若斯是缺乏之神与丰裕之神的孩子,而阿尔喀比亚德最根本的爱欲处境就在于,他的爱者苏格拉底拥有他最缺乏而且最需要的一种灵魂品性,因此,他应该接受这份爱的教育,并对这种灵魂品性产生爱欲。在柏拉图看来,虽然阿尔喀比亚德不可能（也不应该）过苏格拉底那样的哲学生活,但他本来可以通过接受苏格拉底的爱和教育,养成一种在投身于政治行动的同时从神性理智的超然视角看待政治世界的精神能力,唯有如此,他才能够在政治的狂风暴雨中"照看自我",这正是哲学教育之于政治实践的根本意义——首先是对于政治家个人的意义,其次才是对于城邦秩序的意义。

　　在完成了这个最具爱欲色彩的教导之后,苏格拉底接下来的论述显得水到渠成:由内及外地讲,只有当阿尔喀比亚德透过苏格拉底的灵魂认识了他自己,他才能够认识属于自己的东西,进而才能认识属于他人的东西,直至认识属于整个城邦的东西,换句话说,统治所需的政治知识始于灵魂通过爱欲获得的自我知识。②　最终,统治所需的知识体现为自制和正义的德性:"如果你想正确而高尚地治理城邦,那么你就要与公民们分享美德……想要管理和关心自己的和属于自己的,以及城邦的和属于城邦的事物,就要先获得美德……要拥有正义和自制。"③进一步讲,在获得正义和自制的德性之

---

① 亚里士多德:《后分析篇》,97b16-25。

② 柏拉图:《阿尔喀比亚德前篇》,133c-e。

③ 柏拉图:《阿尔喀比亚德前篇》,134b-d。

前，阿尔喀比亚德应该接受被一个比他更好的人统治，对此，阿尔喀比亚德热情地回复道："我们将改变角色，我换作你的，你换作我的，不这样我就得不到你的训导，你要把我收作侍从。"①然而，这篇对话并未以完美的结局收尾，虽然苏格拉底认可阿尔喀比亚德的决心，但仍然表达了对他的担忧："我愿意你继续下去，尽管也担心，倒不是不信任你的本性，而是担心城邦的实力，比你我的更强大。"②柏拉图的读者们知道，历史已经证明，苏格拉底对阿尔喀比亚德的教育最终失败了。在塑造政治家灵魂品性的能力方面，城邦确实远比哲学家强大。

　　然而，柏拉图一方面将阿尔喀比亚德的根本问题明确归咎于雅典城邦，另一方面也承认苏格拉底需要负一定程度的责任。我们已经看到，为了催生阿尔喀比亚德的求知爱欲，苏格拉底选择激发甚至夸大他的政治血气，尤其是对于斯巴达和波斯的强调，柏拉图似乎有意让读者联想到阿尔喀比亚德将会流亡于斯巴达和波斯，并用自己超强的适应力"征服"这两个风俗迥异的政治体。在某种意义上，阿尔喀比亚德征服世界的抱负确实获得了苏格拉底的鼓励并带有苏格拉底的色彩。柏拉图告诉我们，在阿尔喀比亚德将哲学与真理的普遍性转化为帝国政治的普遍性之前，是苏格拉底率先改变了德尔菲神谕的含义：对于苏格拉底自己而言，德尔菲神谕意味着人性基于"无知之知"而向着神圣智慧上升，追求人神合一的"纵向整全"；对于阿尔喀比亚德而言，苏格拉底为他解读的德尔菲神谕引领他追求"横向整全"，不是守护阿里斯托芬讲的共同体归属，而是征服"整个世界"。③ 尽管在对话的后半部分，苏格拉底逐渐从激励阿尔喀比亚德的政治抱负转变为提醒他当心政治生活的危险，从政治野心过渡到哲学教育，但心高气傲的阿尔喀比亚德必然会更喜欢对话的前半部分，对他而言，避免危险也是为了实现志向，自我认识和自我照看的哲学教育毕竟是为了成功的征服和统治。由于灵魂中的血气太过强烈，阿尔喀比亚德最终没能获得一种在适当的时机返回自我、与政治世界保持距离的能力，他虽然多次战胜命运，但从不曾超越命运。

　　进一步讲，相比于对外征服的野心，阿尔喀比亚德与雅典的纠葛是他生命中更加致命的症结，这从另一个角度暴露了他灵魂中过度强盛的血气。柏拉图指出，阿尔喀比亚德最深沉的疾患不在于政治野心，而在于他对民众

---

① 柏拉图：《阿尔喀比亚德前篇》，135b－d。

② 柏拉图：《阿尔喀比亚德前篇》，135e。

③ Cf. Nichols, *Socrates on Friendship and Community*, p. 30；Bloom, "The Ladder of Love", p. 154；Ludwig, *Eros and Polis*, pp. 367—369；Rosen, *Plato's Symposium*, pp. 280, 323.

的爱。苏格拉底希望用两个灵魂之间的理智爱欲替换阿尔喀比亚德对民众的爱,这种替换的完美实现或许就是《会饮篇》中爱者带领被爱者共同爬升"爱之阶梯",用哲学的普遍性克服政治的个别性。然而,阿尔喀比亚德误解了苏格拉底的用意,他并未认识到自己的爱欲不应该交付于任何人或人群,而是提出要和苏格拉底交换角色,由他来爱苏格拉底,这只不过是以一种具体的爱替换了另一种具体的爱,用苏格拉底取代了雅典民众,而并未实现从个别到普遍的上升。阿尔喀比亚德只能在爱者和被爱者相互归属的意义上理解爱欲,苏格拉底却要求爱者和被爱者一致抛弃这种归属而追求超越彼此的善好,换言之,阿尔喀比亚德希望与苏格拉底结为阿里斯托芬式的爱,而苏格拉底则希望带领阿尔喀比亚德走向蒂欧提玛式的爱。在一定意义上,苏格拉底低估了自己和阿尔喀比亚德在天性上的差异,这种无法通约的错位导致双方的爱欲注定遭遇挫败,或许正是这种挫败反而加剧了阿尔喀比亚德对民众的爱,导致他的生命激情更为彻底地从哲学爱欲返回政治血气。[1] 而且,经过了哲学爱欲的洗礼,阿尔喀比亚德的政治血气非但在程度上并未减弱,反而在范围上发生了扩展,这体现为他所爱的民众不再局限于雅典民众,还可以包括斯巴达民众或波斯民众,事实上可以包括任何一个能够给予他庇护和荣誉的政治群体。以这种方式,阿尔喀比亚德成功地将哲学超越政治的纵向普遍性转化为政治内部的横向普遍性,这既是他能够背叛雅典、效力外邦、成功游走于各个政治阵营的根本原因,也是他的灵魂品性与雅典帝国主义相契合的根本原因。最终,苏格拉底的教育既未能改善阿尔喀比亚德的政治激情,也未能保护他不受城邦的败坏与伤害。

即便如此,《阿尔喀比亚德前篇》仍然是柏拉图对苏格拉底的辩护,在他看来,苏格拉底和阿尔喀比亚德的故事是一场失败的教育,而非一场成功的败坏。事实上,无论是阿尔喀比亚德还是苏格拉底,都很难在一种简单的意义上为这种失败负责,准确地说,他们的交往暴露出政治血气与哲学爱欲无可避免的冲突,从而是悲剧性的。然而,作为这种冲突的土壤和这场悲剧的舞台,雅典城邦反复无常又毫无反思,她在繁盛时贪婪地追逐帝国利益,在失败时冷酷地迫害政治领袖,甚至迁怒于无辜的哲学家。在柏拉图看来,雅典城邦的命运与罪责甚至够不上一出悲剧。[2]

---

[1]　比较施特劳斯:《论柏拉图的〈会饮〉》,第 268—269 页:"他(阿尔喀比亚德)如何摆脱那种一方面由苏格拉底的言辞引起、另一方面由他跟苏格拉底共度的那个奇异之夜引起的羞辱状态?……他求助于战争。"

[2]　在最根本的层面,柏拉图不像修昔底德那样对雅典怀有无法割舍的同情。修昔底德笔下的雅典是悲剧的主人公,柏拉图笔下的雅典顶多只算是悲剧的配角。

在某种意义上,阿尔喀比亚德与雅典的关系同他与苏格拉底的关系是类似的。如果说苏格拉底所爱的是阿尔喀比亚德和哲学,那么阿尔喀比亚德所爱的就是苏格拉底和政治。根据修昔底德的《伯罗奔尼撒战争史》,阿尔喀比亚德认为雅典在政治爱欲方面辜负了他,而根据柏拉图的《会饮篇》,阿尔喀比亚德认为苏格拉底在个人爱欲方面辜负了他。亚里士多德认为爱欲关系可以转化为友爱关系:"如果在品性上变得相似,并因为亲密关系而喜爱这种品性,许多人的友爱是可以持久的。"①苏格拉底或许也希望以这种方式与阿尔喀比亚德建立持久的友爱,然而,要想实现这一点,他就必须在遵从蒂欧提玛教导的同时对阿里斯托芬的神话让步,从而实现两个灵魂在善好中的相互归属;反过来讲,阿尔喀比亚德要想和苏格拉底成为朋友,就必须抛弃雅典男童恋的血气色彩,走向真正的自然爱欲。那么,为什么苏格拉底和阿尔喀比亚德终究没能成为朋友? 要理解柏拉图对此的完整分析,就需要从《阿尔喀比亚德前篇》走向《会饮篇》,补全"苏格拉底和阿尔喀比亚德之恋"的发展和结局,这正是《会饮篇》第七篇讲辞的意义。

阿尔喀比亚德的讲辞

我们反复提到,就哲学与诗歌的争执而言,我们需要将苏格拉底的爱欲教导与阿里斯托芬的爱欲神话相对照,才能还原柏拉图对于爱欲的完整理解。同样,要充分理解哲学爱欲和政治血气的冲突,我们也需要将苏格拉底对阿尔喀比亚德的教育和阿尔喀比亚德对苏格拉底的反馈相对照,才能还原柏拉图的完整看法。在柏拉图笔下,《会饮篇》中阿尔喀比亚德对苏格拉底的描述是独一无二的,"阿尔喀比亚德是苏格拉底本性的最佳证人"。②同时,通过描述他心目中的苏格拉底,阿尔喀比亚也暴露了他理解苏格拉底的方式和角度,从而更加清楚地揭示出他自己的本性以及他与苏格拉底的差异。③ 正是通过阿尔喀比亚德对苏格拉底的理解和误解,柏拉图展现了政治血气和哲学爱欲的根本张力。

让我们返回对话的剧情:正当苏格拉底发言完毕,阿里斯托芬想要反驳的时候,阿尔喀比亚德闯入现场,他原本是来找阿伽通的,因为他也未能参加昨天的聚会,所以今天他要给阿伽通补上一顶桂冠(212e - 213a)。一开

---

① 亚里士多德:《尼各马可伦理学》,1157a10 - 12,笔者的翻译。
② Rosen, *Plato's Symposium*, p. 290; cf. Bloom, "The Ladder of Love", pp. 157—158.
③ Fussi, "The Desire for Recognition in Plato's Symposium", p. 239.

始，阿尔喀比亚德没有看见苏格拉底，他一边把花冠从自己头上取下来戴给阿伽通，一边坐在了阿伽通和苏格拉底之间。当他回头看见苏格拉底时，大吃了一惊，问道：苏格拉底为何坐在阿伽通旁边，而不是阿里斯托芬旁边（213b‐c）？① 苏格拉底似乎故意误解了这个问题，他认为阿尔喀比亚德是在质问自己为何坐在另一个美男子旁边，于是趁机指出：自从他爱上了阿尔喀比亚德，后者就一直表现出强烈的"嫉妒心"（φθονῶν），不允许他看别的美男子，这种"疯癫的爱"（μανίαν τε καὶ φιλεραστίαν）把他给吓坏了（213d2‐6）。苏格拉底此处的用词极为重要。在"爱之阶梯"从政治实践上升到哲学知识的环节，蒂欧提玛提到，人一旦见识了知识海洋的"大美"，"就不再像一个奴仆那样，满足于喜爱某个男孩、某个人或者某种实践的美"，而是"在毫不吝啬的智慧之爱中生育许多美丽的言辞和伟大的思想"。这段话中修饰智慧之爱的用语"毫不吝啬"原文是ἄφθονος，它的反义词φθόνος就是苏格拉底现在用来形容阿尔喀比亚德的用语"嫉妒"。② 通过用词的前后对照，苏格拉底显然是在暗示，阿尔喀比亚德的嫉妒心让他无法摆脱对于"某个人"的爱，这导致他无法摆脱对于"某种实践"的爱，从而无法沿着从个别到普遍的阶梯从政治生活上升到哲学生活。另一方面，苏格拉底又说，阿尔喀比亚德的爱是φιλεραστία，这个词的字面意义为"被爱者对爱者的爱"，这种爱恰好就是阿里斯托芬神话中从男性圆球人分割而来、最具男子气概的男孩所具有的爱，诗人提到，只有"爱男人的"（φιλεραστής）男孩才会成为真正的政治家。③ 此时的苏格拉底已经认识到，阿尔喀比亚德对他的爱更像是阿里斯托芬式的爱欲，而非蒂欧提玛式的爱欲。然而，我们很快会发现，阿尔喀比亚德对苏格拉底的爱也并不完全是阿里斯托芬神话中属于半人的纯粹爱欲，而是混杂着属于圆球人的骄傲血气，尽管他确实希望和苏格拉底结为一种相互归属的亲密关系，但与此同时，他也强烈渴望独占苏格拉底的理智力量，并将它转化为一种用以征服世界和统治他人的政治力量。正是在这个意义上，阿尔喀比亚德对苏格拉底的爱是一种充满"嫉妒心"的"疯癫的爱"。④

---

① 施特劳斯指出，阿尔喀比亚德的话表明"苏格拉底与阿里斯托芬相互之间并无敌意"（施特劳斯：《论柏拉图的〈会饮〉》，第 257 页）。罗森指出，苏格拉底"突然"出现在阿尔喀比亚德面前（213c1）和蒂欧提玛说美的理念"突然"被爱者看见（210e4），这两处状语用了同一个单词ἐξαίφνης（Rosen, *Plato's Symposium*, pp. 288—289），我们认为，这是柏拉图在暗示苏格拉底和阿尔喀比亚德在爱欲方面的根本差异：苏格拉底爱的是美的理念，阿尔喀比亚德爱的是苏格拉底。

② 希腊语ἄφθονος就是φθόνος加上一个否定前缀ἀ‐，φθόνος意为"嫉妒"，ἄφθονος就是"不嫉妒"，笔者根据ἄφθονος在蒂欧提玛讲辞中出现的语境把这个词译为"毫不吝啬"。

③ 比较 191e‐192b 和 210c‐e，希腊语φιλεραστία和φιλεραστής是同源的。

④ 我们不同意纳斯鲍姆的观点，她认为阿尔喀比亚德对苏格拉底的爱是弗拉斯托斯认为柏拉图思想中缺乏的那种"独一无二的完整个人对另一个与之相似的完整个人的爱"（纳斯鲍姆：《善的脆弱性》，第 248 页）。

　　在苏格拉底讲完之后，阿尔喀比亚德立即回敬，"针对这些指控，我稍后就要报复你"（213d8）。然而，他"报复"苏格拉底的方式却是发表一番对后者的盛情赞美。首先，他把刚刚献给阿伽通的花冠分了一半给苏格拉底，并且对阿伽通说："在言辞方面，苏格拉底胜过所有人，并且不只是像你那样在前些天赢了一次，而是永远常胜。"（213e3－4）就阿伽通和苏格拉底的竞赛而言，阿尔喀比亚德显然把桂冠判给了苏格拉底。接着，他仗着醉意命令所有人继续喝酒，自己先豪饮一大杯，然后让仆人给苏格拉底斟酒，并赞美后者的酒量过人，"朋友们，我的伎俩对于苏格拉底是无效的，无论让他喝多少，他都能喝得一干二净却又丝毫不醉"（214a3－5）。[1] 在对话的开头，厄里克希马库斯就已经提到过酒精对苏格拉底没有任何影响（176c），看来这是众人皆知的事实。不过，阿尔喀比亚德对于苏格拉底的赞美还远未开始，在得知今晚的主题是赞美爱若斯后，他立即宣称："你们知道吗，真相与苏格拉底刚讲的完全相反，如果我在他面前赞美某位神或其他某个人，他就会对我动手。"（214d1－4）换言之，在他们两人之间，苏格拉底才是有嫉妒心的。通过这番以眼还眼的"报复"，阿尔喀比亚德迫使众人同意，由他来发表一番对于苏格拉底而非爱若斯的赞词。

　　阿尔喀比亚德说，苏格拉底就像是西勒诺斯（Silenus）或萨提尔（Satyr），尤其是马西亚斯（Marsyas）（215a－b）。在古希腊神话传说中，西勒诺斯和萨提尔都同狄奥尼索斯有关，前者是狄奥尼索斯的同伴和老师，相貌丑陋，一张大宽脸上长着一只塌鼻子，据说苏格拉底的相貌与之神似；[2]后者是狄奥尼索斯随从的统称，其中，有一个名叫马西亚斯的萨提尔擅长弗里吉亚笛乐。在古希腊音乐中，弗里吉亚是典型的狄奥尼索斯调式，而笛子是典型的狄奥尼索斯乐器，与阿波罗的多利安调式以及竖琴相对立。[3] 古希腊人普遍认为，用竖琴演奏的多利安音乐是平衡沉稳的，用笛子演奏的弗里吉亚音乐是放荡魅惑的。[4] 阿尔喀比亚德把苏格拉底比作马西亚斯是为了说

---

　　① 贝尔格：《爱欲与启蒙的迷醉》，第168—172页。贝尔格认为，阿尔喀比亚德宣布自己是酒司令并且强迫众人喝酒，这是在影射雅典是一个"由醉得最厉害的醉汉来领导醉汉的地方"，同时也影射阿尔喀比亚德将征服西西里的帝国迷醉灌输给雅典人。在远征前夕的政治狂热中，苏格拉底是唯一清醒的人。

　　② 西勒诺斯通常与醉酒、音乐、预言、迷狂相关联，并拥有一种阴暗的智慧，传说他提出"对人而言最好的是不要出生，次好的是立刻就死"，见普鲁塔克：《致阿波罗尼乌斯的慰问信》，27。

　　③ 传说马西亚斯曾与阿波罗竞赛奏乐，他用笛子吹奏弗里吉亚音乐，阿波罗用竖琴弹奏多利安音乐，结果是马西亚斯输了，被阿波罗剥皮而死。

　　④ 关于古希腊音乐的伦理意义，参考 Edward A. Lippman, "The Sources and Development of the Ethical View of Music in Ancient Greece", *The Musical Quarterly*, Apr., 1963, Vol. 49, No. 2, pp. 188—209。

明他的言辞像弗里吉亚笛曲一样极具捕获人心的力量;他把苏格拉底比作西勒诺斯是为了说明他在丑陋的外表之下藏有高贵的德性,就像工匠制作的套娃雕像,外表是西勒诺斯,打开之后却藏有奥林匹亚神像。但我们不禁要问,这两个比喻是恰当的吗? 浑身散发出狄奥尼索斯气息的阿尔喀比亚德将苏格拉底比作狄奥尼索斯的伙伴,这与其说准确刻画了苏格拉底,不如说暴露了阿尔喀比亚德的执念,即,他认为苏格拉底在某种意义上是属于他的,这决定了他必然会以自己的激情来理解苏格拉底的理性。[①] 为了考察阿尔喀比亚德对苏格拉底的理解和误解,让我们仔细分析他提出的两个比喻:苏格拉底的言辞像马西亚斯的音乐,苏格拉底的德性像藏在西勒诺斯体内的神灵。

阿尔喀比亚德说,苏格拉底的言辞和马西亚斯的音乐相似,首先,二者都极具感染力,让人陷入某种迷狂的状态,情绪激荡、心不由主;其次,它们的力量都在于自身,而不在于言说者和演奏者,正如马西亚斯创作的音乐无论由谁演奏都能取得一样的效果,苏格拉底的话语同样如此,即便由另一个人重述,无论其演说技艺如何拙劣,其话语本身也仍然能够让听者着魔、入迷(215c‑d)。这意味着,苏格拉底话语的力量不在于修辞的风格,而在于思想的实质。具体而言,它对于阿尔喀比亚德的主要影响在于让他看清了自身的处境:"我这样的生活是不值得过的……他迫使我承认,尽管我存在许多缺陷,我却没有照看自己,而是致力于雅典人的事务"(216a1‑6)。这种自我认识让阿尔喀比亚德感到羞耻,然而一旦离开苏格拉底,他又汲汲于公众面前的荣誉(216b)。

我们刚刚分析了《阿尔喀比亚德前篇》中苏格拉底对阿尔喀比亚德的教导,现在,阿尔喀比亚德盛情赞美苏格拉底的言辞,就是在告诉我们这份教导带给他的影响。《阿尔喀比亚德前篇》描述的对话发生在公元前433年,当时阿尔喀比亚德不满20岁,苏格拉底近40岁,《会饮篇》的故事发生在十多年后,阿尔喀比亚德30岁出头,苏格拉底50多岁。[②] 这些年来,苏格拉底的言辞并没有发生变化,他一直充当"雅典的牛虻",履行《申辩篇》提到的德尔菲神谕给他的启示,以自己的"无知之知"揭露雅典人的"不知而自以为知",奉劝人们照看自己的灵魂。这种言辞令大多数人恼羞成怒,但是阿尔喀比亚德异于常人,他只为自己感到羞耻,从不曾对苏格拉底发怒,而且这种感受十几年来也并未发生变化,直到今日,他在苏格拉底面前仍然会因自

---

① Cf. Anderson, *The Masks of Dionysus*, p. 104; Benardete, "On Plato's Symposium", p. 185.

② 富德:《论〈阿尔喀比亚德前篇〉》,第288页,注释2;纳斯鲍姆:《善的脆弱性》,第256页。

己的无知而感到愧疚。但是既然如此，阿尔喀比亚德为何没有跟随苏格拉底？这首先是因为苏格拉底在《阿尔喀比亚德前篇》末尾的担心成了现实，阿尔喀比亚德在雅典民众面前的荣誉心胜过了他在苏格拉底面前的羞耻感。然而，如果说苏格拉底敦促他将无知的羞耻转化为求知的动力，从而更好地实现自己的政治抱负，那么听从和追随苏格拉底岂不是能够更好地赢得荣誉？阿尔喀比亚德说，他曾经决心跟随苏格拉底，后来却强迫自己逃离他"塞壬歌声一般"的话语，"以免无所事事地坐在他身边一直到老"（216a 6-8）。由此可见，阿尔喀比亚德的"逃离"并非在民众和苏格拉底之间选择了民众，而是在行动和言辞之间选择了行动。在与苏格拉底交往的过程中，阿尔喀比亚德想必逐渐发现哲学家提供的教育并不能帮助自己实现伟大的政治抱负，反而会妨碍最基本的政治行动。虽然《阿尔喀比亚德前篇》提出的教育不是"爱之阶梯"所描述的那种走向哲学沉思的教育，而是关于战争与和平、正义与利益、灵魂与德性的教育，但是，首先，不仅这篇对话并未展开关于德性的具体讨论，而且纵观柏拉图在对话录中对于苏格拉底言行的描述，在他看来，何谓德性以及如何获取德性实际上是一个几乎没有答案的难题；其次，如果说苏格拉底对于德性提出过系统性的正面论述，例如《理想国》对于德性的定义，那么他心目中的德性要么是个人灵魂的健全，要么是城邦秩序的和谐，但这些德性显然无助于实现一种征服全希腊甚至全世界的政治野心。在这个意义上，《阿尔喀比亚德前篇》的开头和结尾是严重不对称的：为了让阿尔喀比亚德承认自己的缺陷并接受哲学教育，苏格拉底毫无顾虑地利用、刺激甚至夸大他的政治野心，将他的统治欲从雅典扩展到全世界，然而在阿尔喀比亚德"就范"之后，苏格拉底却将他的政治使命重新收缩回来，仅限于对雅典的治理。进一步讲，即便是对于统治城邦这个更加保守的目标而言，苏格拉底式的教育也难以为阿尔喀比亚德提供一份明确而有效的实践方案。抛开《理想国》的教育体系不谈（阿尔喀比亚德显然早已超龄），苏格拉底虽然孜孜不倦于关于德性的辩证探讨，但他的大多数探讨都以困惑告终，这对于他自己而言并非挫败，因为在他看来最高的善不是获得这些问题的答案，而是"每日创作关于德性的言辞"，毕竟"未经省察的生活是不值得过的"。① 然而，对于以政治为业的阿尔喀比亚德来说，无休止的言辞难免会妨碍行动的展开，无休止的省察势必会导致生活的停滞。或许正是在充分领教了苏格拉底的"无知之知"之后，阿尔喀比亚德才决定"用尽全力捂住耳朵，像逃离塞壬那样逃离他"，以免自己"终生无所事事"

---

① 柏拉图：《申辩篇》，38a。

(216a6 - 8)。①

　　在某种意义上,阿尔喀比亚德感到的困难体现了他对苏格拉底式教育的方式和内容有着准确的理解,然而也正是这一点暴露出他对这种教育之意义和目标的深刻误解。苏格拉底并未声称拥有能够确保阿尔喀比亚德成功征服世界或者至少成功统治城邦的知识,他甚至并未声称拥有关于德性的知识,这是因为他教授的并非具体的知识,而是知识的秩序:一个人真正的自我是灵魂,包括身体在内的其他一切都是灵魂的所属物或者工具,因此,关于灵魂的知识必定先于关于城邦的知识,认识自我和照看自我是统治他人的前提。苏格拉底的言辞让阿尔喀比亚德感到自己的生活不值得过,然而实际上,苏格拉底的观点是"完全未经省察的生活不值得过",而不是"只有专注于自我省察的生活才值得过"。哲学言辞并非要替代政治行动,省察生活并不是要让人无所事事,认识和照看自我也并不与"致力于雅典人的事务"相矛盾。根据我们对《阿尔喀比亚德前篇》的解读,苏格拉底并不希望阿尔喀比亚德投入于哲学生活,而是希望他作为政治家也能拥有纯粹理智的灵魂维度,将哲学精神注入政治实践。然而,阿尔喀比亚德却认为哲学和政治是非此即彼的,这导致他为了政治行动而放弃了哲学教育;进一步讲,这又是因为他期待哲学为政治提供实践指导,正是这种错误的期待导致他未能汲取哲学为政治提供的灵魂解药。

　　虽然阿尔喀比亚德未能理解苏格拉底教导的真意,但是他确实感受到了苏格拉底言辞的魔力,对他而言,这种魔力是狄奥尼索斯式的,甚至像是塞壬的歌声,这种感受既反映了阿尔喀比亚德异于常人的敏锐,又隐藏着他对苏格拉底更加深刻的误解。苏格拉底的言辞或许具有狄奥尼索斯式的感染力,但是其目的恰恰在于塑造阿波罗式的灵魂秩序,它与传说中塞壬的歌声相反,并不是要让人丧失理智、淹没于狂暴的海洋,而恰恰是要打造一个免于激情搅扰的心灵港湾。② 阿尔喀比亚德以自己的激情误解了苏格拉底

---

　　①　进一步讲,在雅典民众看来,苏格拉底关于德性的辩证言辞不仅是无用的,而且是有害的。参阅色诺芬:《回忆苏格拉底》,1. 2. 40 - 46;比较柏拉图:《理想国》,538d - 539a;《申辩篇》,24d - 25c。此外,阿尔喀比亚德的选择符合卡里克勒斯的观念,后者认为年轻人从事哲学是一件好事,但成年之后就不应该继续从事哲学了,否则就是缺乏男子气概,参阅《高尔吉亚篇》,485c - e。

　　②　萨克森豪斯评论,"阿尔喀比亚德听到苏格拉底的歌声并深深入迷,不过和奥德修斯一样,他逃脱了……重新回家复归政治世界"(萨克森豪斯:《惧怕差异》,第 213 页)。我们认为,萨克森豪斯误解了柏拉图的用意,柏拉图运用塞壬的典故其实是要揭示出阿尔喀比亚德不如奥德修斯之处:如果苏格拉底的言辞像是塞壬的歌声,那么阿尔喀比亚德就应该像奥德修斯那样把自己绑在桅杆上,既聆听塞壬的歌声,又不妨害归乡的航行(荷马:《奥德赛》,12. 155 以下),即,将哲学言辞与政治行动相结合。

的理性,事实上,正如他自己的激情才是狄奥尼索斯式的,他的演说才像是塞壬的歌声。① 根据修昔底德和普鲁塔克的记载,②阿尔喀比亚德最强大的政治武器就是他的演说术,他不仅能够调动整个雅典对西西里远征的热情,而且能够说服斯巴达人和波斯人采纳他的战略建议。苏格拉底之所以热爱言辞的美好,是因为言辞是理智的表达,也是哲学爱欲的载体,③阿尔喀比亚德却从苏格拉底的言辞中感受到一种支配人心的力量,并从中挖掘出潜在的政治权力,这意味着他对苏格拉底的理解始终带着血气的滤镜。

　　阿尔喀比亚德不仅赞美苏格拉底的言辞,而且赞美他的德性。他说,苏格拉底的外表就像是丑陋的西勒诺斯,但他的灵魂拥有一种非凡的力量（δύναμιν）(216c7)。这种内外反差体现在两个方面:苏格拉底表面上迷恋少年的美貌,实际上却蔑视美貌;苏格拉底声称他自知无知,实际上却具有知识(216d)。这两种反差都展现了"苏格拉底式的反讽"。亚里士多德认为,反讽是心高气傲者对待普通人的屈尊态度,正是在这种意义上,阿尔喀比亚德指责苏格拉底"傲慢"（ὑβριστής）(215b7)。④ 苏格拉底在知识方面待人傲慢,这体现为他总是用自己的"无知之知"揭露他人的"不知而自以为知"。⑤ 我们已经指出,许多人都遭受过苏格拉底的这种傲慢,而阿尔喀比亚德的独特之处在于,他并不对苏格拉底生气,而是为自己感到羞愧,因为他深知苏格拉底的傲慢是有根据的,他承认苏格拉底在知识以及自我知识方面高于众人。同样,阿尔喀比亚德还遭受过苏格拉底对待美貌的反讽和傲慢,尽管他的自尊心深受伤害,但还是被苏格拉底的节制（σωφροσύνης）所征服(216d7)。正如苏格拉底关于知识的言辞对阿尔喀比亚德产生了塞壬歌声般的吸引力,苏格拉底不可思议的节制让阿尔喀比亚德彻底俯首,"简而言之,苏格拉底吩咐的任何事情都必须去做"(217a1－2)。在阿尔喀比亚德看来,苏格拉底的反讽最终体现为一种强大的支配力,知识方面的反讽使得他能够以"无知之知"这种看似谦逊低微实则高高在上的姿态教训他人,爱欲方面的反讽使得他能够以类似"欲擒故纵"的方式激起他人的兴趣而又退居自己的节制。进一步讲,正如阿尔喀比亚德误认为苏格拉底具备政治行动所需的实践知识,他还误认为苏格拉底的节制之德也能够转化为

---

　　① Nichols, *Socrates on Friendship and Community*, p. 71.

　　② 普鲁塔克:《阿尔喀比亚德传》,10.2－3。

　　③ 柏拉图:《斐多篇》,99e。

　　④ 亚里士多德:《尼各马可伦理学》,1124b30－31。关于反讽与傲慢的关系,参见施特劳斯:《论柏拉图的〈会饮〉》,第33—34页。

　　⑤ Cf. Scott and Welton, *Erotic Wisdom*, pp. 189—191.

一种政治统治的权力:节制是自我统治的能力,而一个能够自我统治的人也具备统治他人的能力。阿尔喀比亚德之所以臣服于苏格拉底,正是为了通过被统治来学习统治,最终让雅典人以同样的方式臣服于他自己。我们再次看到,阿尔喀比亚德对苏格拉底德性的辨识戴上了血气的眼镜。在《阿尔喀比亚德前篇》的末尾,阿尔喀比亚德声称要和苏格拉底交换角色,他要成为苏格拉底的爱者,这与其说是表达了对苏格拉底的爱欲,不如说是想要获取苏格拉底的德性以及这种德性所蕴藏的政治权力。①

阿尔喀比亚德对自己的美貌极为自信,当他感到苏格拉底对自己产生了兴趣,就急切地想要和他建立男童恋关系,"通过满足苏格拉底来听闻他所知道的一切"(217a4-5)。阿尔喀比亚德对其他爱者的拒绝和对苏格拉底的追求都完全颠覆了雅典男童恋的社会规范,他积极制造出一个又一个与苏格拉底独处的机会,在整个过程中扮演着爱者的角色,而苏格拉底是他的被爱者(217b-218b)。一般而言,爱者追求被爱者,是想要占有后者的美貌从而满足带着血气的爱欲,而阿尔喀比亚德追求苏格拉底,则是想要获得后者的精神权力从而利用爱欲来满足血气。然而,面对多次暗示,苏格拉底始终无动于衷,阿尔喀比亚德不得不以最直白的方式把话挑明,他精心安排好一次与苏格拉底同处一室的机会,在仆人们熄灭灯盏离开房间之后,便开诚布公地对苏格拉底说:

> 在我看来,只有你配做我的爱者,但是你似乎对此讳莫如深。我是这样想的:我认为,如果我不用我的财产或我的朋友去满足你的这样或那样的需求(δέοιο),我就是极度愚蠢的。对我而言最重要的事莫过于变得尽可能好,我认为在这方面没有比你更具权能(κυριώτερον)的协助了。(218c7-d2)

阿尔喀比亚德不仅扮演着爱着的角色,而且还是一个包萨尼亚式的爱者,他想要与苏格拉底达成一种交易,以"满足"苏格拉底的"需求"为条件获得对方的"协助",从而"变得尽可能好"。尽管阿尔喀比亚德的话已经足够

---

① 福柯认为,苏格拉底和阿尔喀比亚德之间爱欲角色的颠倒主要是前者造成的:"老师这个新的形象出现了,取代了爱者,而且,这个形象通过对自己的绝对控制而颠倒了游戏规则,将角色对换,他建立了弃绝情欲的原则,从而在所有渴望真理的年轻人眼中成为了爱欲的对象……苏格拉底引入了另一种支配模式,即真理之师基于对自我的支配而施加对他人的支配"(Foucault, *The History of Sexuality*, *Vol. 2: The Use of Pleasure*, pp. 241—242)。这是一种十足阿尔喀比亚德式的理解,事实上,苏格拉底的本意根本不是玩弄这种颠倒爱欲角色和支配关系的权力游戏(cf. Fussi, "The Desire for Recognition in Plato's Symposium", pp. 253—260)。

坦率，但他对性关系的描述仍然使用了隐晦的语言，他提到"我的财产或我的朋友"而非"我的身体"，也并未讲明他要满足的是苏格拉底的何种需求，不过，他稍后就对苏格拉底进行了明目张胆的色诱。我们发现，阿尔喀比亚德给苏格拉底提供的报酬是极其丰厚的。通常而言，爱者为被爱者提供财产（物质帮助）或朋友（人脉关系），从而得到被爱者的身体，但阿尔喀比亚德要把他的身体和他拥有的一切都交给苏格拉底，只求换得苏格拉底灵魂中那最具"权能"的协助。对此，苏格拉底回答道：

> 亲爱的阿尔喀比亚德，如果你对我的评论属实，即我真的具备某种能够让你变好的力量（δύναμις），那么你这个人恐怕确实不俗。你一定在我身上看到了一种超凡奇异的美（κάλλος），和你的形体之美完全不同。然而，如果你看到了这种美就想分享它，企图用你的美来交换我的美，那你想要占的便宜可就大了，因为你是想用表面的美交换真实的美，用青铜交换黄金。（218d7—219a1）

阿尔喀比亚德认为苏格拉底的这番话是反讽，这是一个误解，事实上，苏格拉底的回复甚至比阿尔喀比亚德的表白还要真诚。首先，阿尔喀比亚德能够看到苏格拉底灵魂中的德性并对这种德性产生爱欲，这确实证明他绝非凡俗之辈，苏格拉底对他的赞美是认真的。其次，苏格拉底说自己的灵魂之美远胜过阿尔喀比亚德的身体之美，这一方面揭示出后者真正打算献出的不是自己的财产和朋友，而是自己的身体，同时也完全符合美的秩序。最后，苏格拉底说阿尔喀比亚德想占便宜，就像用青铜交换黄金的狄奥墨得斯，[1]也同样是严肃的。阿尔喀比亚德张口就说苏格拉底配做他的爱者，却不曾想过他是否配做苏格拉底的被爱者，虽然他的出价可谓倾其所有，但灵魂的德性是无价的。当然，苏格拉底并不是怕被占便宜，只是他所理解的爱欲并非一种交换，尤其不是包萨尼亚式的交换。[2] 阿尔喀比亚德想要满足苏格拉底的身体需求，从而满足自己的灵魂需求，但根据蒂欧提玛的教导，正确男童恋的爱者和被爱者拥有一致的需求，而且都只关乎灵魂：被爱者希望获得爱者灵魂中的德性，爱者也希望在被爱者的灵魂中生育德性并与他一起养育德性，实现这种共同需求的方式就是关于德性的交谈。事实上，在阿尔喀比亚德最初设法与苏格拉底独处的时候，这种交谈就已经发生过多

---

[1]　荷马：《伊利亚特》，6.233—236："克罗诺斯之子宙斯使格劳科斯失去了理智，他用金铠甲同提丢斯之子狄奥墨得斯交换铜甲，用一百头牛的高价换来九头牛的低价。"

[2]　Cf. Bloom，"The Ladder of Love"，pp. 162—163.

次了。① 阿尔喀比亚德抱怨道,在他们独处的时候,他以为苏格拉底会讲一些爱者通常会对被爱者说的爱欲言辞,想不到苏格拉底讲的仍然是他平日里说的那种德性言辞,这让他非常失望(217b)。阿尔喀比亚德未能理解,苏格拉底的德性言辞就是他的爱欲言辞,与美少年独处对于他的言辞毫无影响,正如饮酒对于他的理性毫无影响。② 阿尔喀比亚德误以为苏格拉底与他相处的时候是克制爱欲的,殊不知苏格拉底无论是否与他相处都是充满爱欲的,因此,即便在收到苏格拉底的明确回复之后,阿尔喀比亚德仍然认为对方只是采取了反讽的姿态,假装不愿意和他发生爱欲关系,因此,他决定用直截了当的行动来对付这种欲擒故纵的言辞:在一番交谈之后,他强行和苏格拉底同睡一床。然而,整整一夜过去了,却什么也没有发生,这让阿尔喀比亚德大失所望(219b-c)。正如罗森所言,"年轻的阿尔喀比亚德实现了后来阿伽通想要的那种与苏格拉底的身体接触,然而智慧无法由触碰来传递"。③

　　这件事让阿尔喀比亚德受到了严重的伤害,他说,苏格拉底凭借此举"胜过了我,蔑视和嘲笑了我的美,态度傲慢"(219c3-5)。对于阿尔喀比亚德而言,成功的爱欲关系是身体和德性的交易,然而苏格拉底对他的"拒绝"将这种合作变成了一场较量,结果是苏格拉底用德性的力量战胜了他的身体之美,这让他输得心服口服,进而对苏格拉底的"本性、节制和男子气概"更加崇拜了(219d4-5)。④ 虽然阿尔喀比亚德的感受是真切而公允的,但这种感受再次暴露出他对苏格拉底的深刻误解。苏格拉底从未试图在任何意义上"胜过"阿尔喀比亚德,他并不蔑视和嘲笑身体之美,⑤只是认为灵魂之美更加高贵;他在阿尔喀比亚德面前显得无欲无求,也并不是因为他完全自足,而是因为他的缺乏是内在的,他的爱欲无法经由他人的给予来实现。在言辞和行动这两个方面,苏格拉底都在教导阿尔喀比亚德,想要完善自我,问题不在于谁

---

① Hunter, *Plato's Symposium*, p. 105.

② Rosen, *Plato's Symposium*, p. 291.

③ Rosen, *Plato's Symposium*, p. 307.

④ 阿尔喀比亚德半开玩笑地说,他要在在座各位组成的陪审团面前控诉苏格拉底的傲慢(219c),这是柏拉图对于现实的辛辣讽刺。现实中雅典人控诉苏格拉底的实质罪名是败坏青年,该罪名暗示爱者对于被爱者的性侵犯,在司法用语中,"傲慢"(ὕβρις)往往指的就是这种侵犯。但是在柏拉图笔下,阿尔喀比亚德控诉苏格拉底傲慢指的却是后者对性关系的拒绝。参见施特劳斯:《论柏拉图的〈会饮〉》,第273页:"但阿尔喀比亚德的讲辞既是对苏格拉底的一种控诉,也是对苏格拉底的一个辩护。苏格拉底有肆心之罪。他傲慢地轻视阿尔喀比亚德。但他没犯败坏青年的罪。"另一方面,阿尔喀比亚德对苏格拉底的控诉实际上更多折射出他自己的高傲,他说自己的灵魂被哲学之蛇咬伤(218a-b),其实咬伤他的不是苏格拉底的哲学,而是他自己的野心,他受伤的地方不是爱欲,而是自尊(Rosen, *Plato's Symposium*, p. 303; Bloom, "The Ladder of Love", p. 164)。

⑤ Cf. Dominic Scott, "Socrates and Alcibiades in the 'Symposium'", *Hermathena*, 2000, No. 168, p. 29.

能为谁付出什么、谁又能向谁索取什么,而在于一种内在的自我认识和自我照看。在这个意义上,"拒绝交易"的苏格拉底不是在与阿尔喀比亚德玩一种欲擒故纵的权力游戏,而是在为他树立一个人格榜样,希望他从面向他人的血气斗争返回省察自我的爱欲求索。阿尔喀比亚德认为苏格拉底的德性主要在于节制,但事实上,苏格拉底的德性是爱智,他之所以在身体欲求方面显得很节制,只是因为他把最强的爱欲给了智慧,在这个意义上,他的灵魂并非"自我统治"的典范,反而拥有一种至高境界的"随心所欲"。① 阿尔喀比亚德的终极误解就在于,由于他从苏格拉底的自足表象中感受到了一种对于他人需求的拒绝和轻视,他就认为苏格拉底的节制之德包含一种强大的支配力,这种力量让节制者能够统治自我,进而能够统治他人。阿尔喀比亚德不仅期望哲学教育为他提供政治实践所需的具体知识,在更深的层面,他还期望从哲学家的灵魂中获取政治家必备的统治权能,这是他从政治血气的视角出发对于哲学爱欲的严重歪曲。苏格拉底给阿尔喀比亚德的教导并非学会统治自我以便统治他人,而是在统治他人之前学会认识自我和照看自我,他并不认为政治家的灵魂秩序要和他所统治的城邦秩序形成一种完全对应的内外同构,而是希望政治家在统治城邦的同时养成和守护一种超越城邦的灵魂维度,我们反复指出,这才是哲学教育应有的政治意义。② 苏格拉底无法也无意于像阿尔喀比亚德希望的那样协助他的血气,而是试图告诉这位血气过于强盛的年轻人,爱欲才是人性最好的协助。

虽然苏格拉底拥有超越城邦的灵魂,但是他的身体却忠实于城邦。阿尔喀比亚德不光赞美作为哲学家的苏格拉底,还赞美了作为公民和士兵的苏格拉底,而且同先前的赞美(同时也是"报复"和"控诉")相比,他对苏格拉底在政治行动方面的赞美是毫无保留的。苏格拉底在多次战役中表现优异,他对饥渴和寒冷具备异于常人的忍耐力(219e - 220b),他曾英勇救援了负伤的阿尔喀比亚德,并拒绝了荣誉(220d - e),他在撤退时头脑冷静、从容不迫(221a - b)。在叙述的过程中,阿尔喀比亚德反复强调,苏格拉底在战场上的状态与他平日里的状态是完全一样的,他并不嗜酒却又比任何人都能喝(220a),在寒冷的天气中仍然只穿平时穿的斗篷,而且光着脚(220b),

---

① 阿尔喀比亚德的误解在于他认为苏格拉底是节制的,并且认为这种节制是一种忍耐(219d),他没有意识到苏格拉底的爱欲其实非常强烈,只是方向与常人不同。换言之,阿尔喀比亚德未能理解哲学在本质上是爱欲的一种表现。笔者同意樊黎的观点:苏格拉底"对美貌无动于衷不是因为他消弭了一切欲望,而恰恰是因为他有最大的欲望,大到希腊最美的身体都不能够满足他"(樊黎:《哲学教育为什么失败——以阿尔喀比亚德为例》,第44—45页)。

② Cf. Ferrari, *City and Soul in Plato's Republic*, pp. 87—88;Benardete, "On Plato's Symposium", pp. 184—185.

在撤退时行军的样子就如同在雅典市场上漫步(221b),总而言之,在阿尔喀比亚德看来,苏格拉底是一个对外界的影响完全不动心的人,无论是快乐还是痛苦都无法干扰他内心的平静。最特别的是,苏格拉底即便在战场上也仍然保持着沉思的习惯,正如他在前往阿伽通家赴宴的路上突然停下来沉思(175a–b),在一个仲夏的早晨他在军队营帐外面陷入沉思,站着思考了一整天,引来其他士兵观摩。阿尔喀比亚德说,到了夜里,有些伊奥尼亚士兵把他们的睡垫搬到营帐外面以图凉快,同时还可以看着苏格拉底沉思,他们想看看他是不是要站一整夜(220c–d)。这个多少有些古怪的场景既无限遥远地拉开了苏格拉底与常人的距离,又把他们无比亲密地联系在一起——虽然那些伊奥尼亚士兵无法理解苏格拉底在思考些什么,但是他们知道自己可以在第二天的战斗中信靠他的勇敢和沉着。阿尔喀比亚德对苏格拉底的呈现补充了蒂欧提玛对哲学家的呈现,后者说哲学家必须超越具体的实践之美,上升到对于美本身的观看,从个别性上升到普遍性。哲学家追求的确实是不属于任何城邦的普遍真理,在这方面,沉思的苏格拉底是一个典范。然而,作为雅典公民,苏格拉底为城邦服役时忠心耿耿、尽职尽责,除了奔赴战场之外,终其一生生活在雅典,最终,在被雅典法庭不公正地判处死刑之后,他拒绝了越狱的机会,选择服从城邦的判决。① 在苏格拉底的身上,对于普遍真理的哲学追求和对于个别城邦的政治归属完美地结合在一起,尽管他所转述的蒂欧提玛的爱欲讲辞与阿里斯托芬的爱欲神话针锋相对,但是他用实际行动证明,哲学家对于善好的追求与诗人对于属己的守护是完全相容的。通过阿尔喀比亚德对苏格拉底行动的呈现,柏拉图完成了对苏格拉底的辩护:如果说阿尔喀比亚德因为叛逃而对雅典犯了罪,那么该罪行非但不应归咎于苏格拉底对他的影响,反而应该归咎于他未能充分接受苏格拉底的影响。在柏拉图看来,悖谬而真确的是,如果阿尔喀比亚德的心智能够像苏格拉底那样超越政治,那么他的行动就能像苏格拉底那样忠于城邦。②

---

① 当然,这并不意味着苏格拉底在任何情况下都会无条件地服从雅典的统治者,他先后抗拒过民主派和寡头派的命令,而且宁死也不服从雅典人强迫他放弃哲学的要求(柏拉图:《申辩篇》,28b–d,32a–e)。此外还应该注意,无论是在战场上还是在城邦内,苏格拉底的政治德性都是完全被动的或救助性、防御性的(Rosen, *Plato's Symposium*, p. 310)。苏格拉底缺乏积极主动、攻击性的政治爱欲。

② 关于阿尔喀比亚德与苏格拉底在政治抉择上的差异,我们同意魏朝勇的理解:"阿尔喀比亚德和苏格拉底所彰显的其实不是叛国者与爱国者的对立,而是爱荣誉者与爱智者的信念分别"(魏朝勇:"爱国、虔敬与正义——阿尔喀比亚德与苏格拉底的选择",载于《中山大学学报(社会科学版)》,2018年第1期,第137页)。真正的爱智者虽然超越了政治,但并不因此而轻视或敌视政治;苏格拉底以自己的行动证明,"与其说哲学家是非政治的,不如说他正是因为超越了政治所以才更加理解也更加珍视政治"(陈斯一:《从政治到哲学的运动》,第179页)。

　　在发言的末尾,阿尔喀比亚德再次回到苏格拉底的德性和言辞,他说,苏格拉底是古往今来最独特的人,就连阿基琉斯和伯利克里都无法与他相比(221c-d)。到现在,阿尔喀比亚德还是认为苏格拉底应该与英雄和政治家相提并论,这一方面说明他仍然试图从自己熟悉的政治世界出发理解苏格拉底作为一个人的独特,另一方面也如实反映了苏格拉底作为哲学家的独特:苏格拉底确实不是巴门尼德那样的哲学家,而是一个政治性的哲学家。① 紧接着,阿尔喀比亚德用他先前形容苏格拉底德性的比喻来形容他的言辞:苏格拉底的言辞外表如同丑陋的西勒诺斯,内在却充满了神圣的德性,能够让人变得美善(221e-222a)。这让我们想起对话开头的阿波罗多罗斯和亚里士托德姆,他们也在苏格拉底的言辞中感受到了某种近乎神圣的吸引力,从而成为苏格拉底的追随者,而柏拉图试图让我们相信,正是这些狂热的追随者们保存了整部对话的内容。我们不知道阿波罗多罗斯和亚里士托德姆是否从苏格拉底的言辞中汲取了真正的精神营养,但柏拉图明确告诉我们,阿尔喀比亚德未能在苏格拉底言辞的帮助下"变得美善"。最后,阿尔喀比亚德告诫阿伽通,千万不要像自己这样被苏格拉底欺骗,误以为他对美貌感兴趣,到头来却落入他的罗网(222b)。苏格拉底热衷于同城邦的青年交谈,因为教育青年是他作为哲学家最重要的政治行动,然而他之所以显得表里不一,看似扮演着爱者的角色却又不行爱欲之事,是因为这种教育包含一种内在的困难:哲学家想要用自然的真理影响和改造城邦,就必须采用但又无法遵从政治习俗的规则,这种困难反映在爱欲关系上就体现为,哲学家不得不从城邦的男童恋风尚出发逐步走向纯粹的自然爱欲。这条从习俗到自然的爱欲之旅是漫长而艰辛的,未能跟随哲学家走到尽头的青年难免会像阿尔喀比亚德一样,认为自己遭受了欺骗。

　　事实上,阿尔喀比亚德几乎已经走完了一半,他已经清楚地觉察到苏格拉底其人其说的内外差异,只是未能理解这种差异的实质。然而,尽管阿尔喀比亚德对苏格拉底充满了误解,但这并不完全是他的责任;他对苏格拉底的抱怨至少有一点是公允的,那就是后者过分明显的反讽态度极易被他人察觉,从而在他人眼中确实成为一种傲慢。② 如果说故意冒犯他人并非苏格拉底的本意,那么我们只能认为,苏格拉底缺乏城邦生活必备的一种敏感,他不仅自身的血气不足,而且常常忽略或低估他人的血气,这既导致他贸然激励阿尔喀比亚德的政治抱负而未能预测不可收拾的后果,也导致他

　　① Cf. Rosen, *Plato's Symposium*, pp. 318—319.

　　② Cf. Michael Gagarin, "Socrates' 'Hybris' and Alcibiades' Failure", *Phoenix*, 1977, Vol. 31, No. 1, pp. 22—37.

断然拒绝阿尔喀比亚德的求爱而全然不顾对于后者自尊心的伤害。让苏格拉底为阿尔喀比亚德的野心负责固然是不公平的,但在爱欲方面,苏格拉底确实像蛇一样咬伤了阿尔喀比亚德的灵魂(218a－b)。苏格拉底确实不可能对包萨尼亚式的爱欲让步,但他或许可以对阿里斯托芬式的爱欲让步,用他作为公民对待雅典的那种属己之爱回应阿尔喀比亚德那强烈的"被爱者对爱者的爱",唯有如此才能化解后者混杂在爱欲中的血气。换言之,想要让阿尔喀比亚德从一个(颠倒的)包萨尼亚式的爱者变为蒂欧提玛式的爱者,苏格拉底应该首先引导他"经历"阿里斯托芬讲的爱欲神话,从一个充满骄傲血气的圆球人变成一个怀着诚挚爱欲的半人,理解并守护那潜藏在自己强烈荣誉心背后的政治本性,懂得它最纯粹的那一面。然而,这一点的前提恰恰在于,苏格拉底要充当阿尔喀比亚德的另一半,携带他从相互归属的爱欲走向共同上升的友爱。

阿尔喀比亚德讲完之后,众人笑了,他们都看出,阿尔喀比亚德虽然满腹抱怨,但这恰恰证明他至今仍然爱着苏格拉底(222c)。柏拉图没有告诉我们苏格拉底是否还爱阿尔喀比亚德,而是让他半调侃半认真地说,阿尔喀比亚德的讲辞是一出"羊人剧"(222d)。按照雅典戏剧演出的习惯,羊人剧是悲剧三部曲①结束后用来调节气氛的滑稽剧,悲剧加上羊人剧就构成了完整的悲喜剧。柏拉图善于用喜剧的方式在文学中再现历史的悲剧,例如,雅典指控苏格拉底败坏了阿尔喀比亚德,这是历史的悲剧,阿尔喀比亚德指控苏格拉底拒绝了自己的投怀送抱,这是文学的喜剧。在对话的最后一幕,所有人都醉倒了,只有阿伽通、阿里斯托芬、苏格拉底还醒着,苏格拉底仍在说话,他试图强迫两位诗人同意,真正的诗人应该既善于创作喜剧,也善于创作悲剧(223d)。在《会饮篇》中,喜剧诗人阿里斯托芬讲的爱欲神话带有强烈的悲剧色彩,悲剧诗人阿伽通的爱欲赞词则是喜剧性的。当然,这两位诗人的发言都是柏拉图创作的,这种创作在最高的程度上结合了悲剧和喜剧。② 苏格拉底最了不起的学生不是阿尔喀比亚德,而是柏拉图。在阿尔

---

① 例如索福克勒斯的忒拜三部曲:《俄底浦斯王》《俄底浦斯在克罗多斯》《安提戈涅》。

② Diskin Clay, "The Tragic and Comic Poet of the Symposium", *Arion: A Journal of Humanities and the Classics*, 1975, New Series, Vol. 2, No. 2, pp. 238—261. 在柏拉图之前,既善于创作悲剧也善于创作喜剧的希腊诗人非荷马莫属,两部荷马史诗构成了一出完整的悲喜剧。虽然在《理想国》第十卷,柏拉图借苏格拉底之口对荷马史诗提出了严厉的批评,但他自己却经常援引荷马的诗句或者荷马史诗中的典故(cf. Dorothy Tarrant, "Plato's Use of Quotations and Other Illustrative Material", *The Classical Quarterly*, Vol. 1, No. 1/2 (1951), pp. 59—67),尤其是在刻画苏格拉底的时候。在《理想国》末尾的厄尔神话中,最后一位选择来世的是奥德修斯的灵魂,他所选择的生活正是苏格拉底过的那种与世无争的生活(柏拉图:《理想国》,620c,比较516d)。在《斐多篇》中,苏格拉底回顾自己从事哲学的历程,援引奥德修斯的"次航"来说明从自然哲学(转下页注)

喀比亚德停下脚步的地方,柏拉图继续前行,只有他与苏格拉底一起走完了漫长而艰辛的爱欲之旅,也只有他能够谱写爱欲的悲喜剧。

(接上页注)向政治哲学的转向(参阅柏拉图:《斐多篇》,99d;荷马:《奥德赛》,10.76以下)。在《申辩篇》中,苏格拉底把自己宁死也不放弃哲学的选择比作阿基琉斯以生命为代价为朋友复仇的决定(参阅柏拉图:《申辩篇》,28d;荷马:《伊利亚特》,18.94以下)。最后,在《克里同篇》的开头,苏格拉底援引阿基琉斯的话来预言自己的死,"我梦见一位美丽端庄的白衣女子,她走过来对我说:苏格拉底,希望你第三天便到达泥土深厚的弗提亚"(参阅柏拉图:《克里同篇》,44a-b;荷马:《伊利亚特》,9.363)。苏格拉底生为奥德修斯,死为阿基琉斯,他取代并结合了荷马的悲剧英雄和喜剧英雄,成为柏拉图心目中最完美的英雄。以苏格拉底为主角的对话录作为一个整体就是柏拉图为这位新英雄谱写的哲学悲喜剧。

《蒂迈欧篇》的政治哲学

陈斯一　著　段奕如　译

（一）从《理想国》到《蒂迈欧篇》

《理想国》是一部独白，由苏格拉底向不知名的听众讲述了一段关于正义的本质与善好的对话，他和雅典贵族青年格劳孔为主要的发言人。这场对话发生于苏格拉底为了"观看"某位祝祷新女神的节日而"下到"雅典的港口城市比雷埃夫斯，但是最终在武力与劝说的联合压迫之下，不得不放弃自己的好奇心，去到克法洛斯的家中做客（《理想国》327a - 328b）。在那里，苏格拉底质疑虔敬的克法洛斯和他充满血气的儿子玻勒马科斯所信奉的传统而政治的正义观（《理想国》328b - 336a）。他们的交谈激怒了智者特拉绪马科斯，他愤怒而急躁地阐述了一套相当不传统但是极为政治的正义观，并声称自己揭露了生活的残酷真相：所谓的正义仅仅服务于统治者的利益，对被统治者毫无益处。特拉绪马科斯的马基雅维利式发言导致正义之善好这一更为迫切的问题取代了正义之本质这一轻松闲适的问题，苏格拉底接过这份挑战，凭借对正义的一种独特诠释驳斥特拉绪马科斯的观点，试图论证遵从正义总是比违背正义更有益处（《理想国》336b - 354c）。然而，由于正义的本质仍不为人知，而且格劳孔和他的兄弟阿德曼托斯对苏格拉底为正义之善好提供的辩护并不满意，因此，他们将特拉绪马科斯对正义的攻击推演至逻辑上的极端，为的是挑战苏格拉底，迫使他给出对正义的充分诠释，这种诠释要完全撇开正义的报酬和结果不谈，仅凭正义自身在灵魂中拥有的力量来论证正义是好的（《理想国》358b）。为了应对这个更严峻的挑战，苏格拉底提出了著名的灵魂和城邦之类比，并在格劳孔和阿德曼托斯的协助下，在言辞中构建了一个完美的正义城邦。通过灵魂和城邦的类比以及言辞中正义城邦的构建，苏格拉底最终论证了，对于城邦,特别是对于灵魂而言,正义总是比不义更有益——正义的生活是最幸福的,而不义的生活是最悲惨的(《理想国》368-592b)。

从戏剧情节上看,《蒂迈欧篇》应该紧随《理想国》之后。《蒂迈欧篇》开篇的场景告诉我们,《理想国》这篇独白是苏格拉底"前一天"在他家里讲给客人们听的,是苏格拉底给客人们的款待。当时的客人包括蒂迈欧、克里提亚、赫墨克拉底。而今天,苏格拉底到克里提亚家做客,他想要一份报酬,他渴望看到自己在言辞中构建的最佳城邦"参与进一些斗争或冲突"(《蒂迈欧篇》19b)。① 然而,昨天的一个客人——恰恰是那个很可能最有能力满足苏格拉底愿望的人,却因故缺席了。② 在他缺席的情况下,这个任务落到了蒂迈欧和克里提亚的身上,他们为了"填补缺席者的那部分"(《蒂迈欧篇》17a),决定提供给苏格拉底一份比预期大得多的报酬。苏格拉底完全信任他们的能力:与诗人、智者以及他自己不同,蒂迈欧和克里提亚都是既懂哲学也懂政治的(《蒂迈欧篇》19d-20c)。作为今天的主人,克里提亚宣布了如下计划:首先,由蒂迈欧来讲述宇宙的起源和人类的本性,随后,由克里提亚来讲述古代雅典和亚特兰蒂斯之间的传奇战争(《蒂迈欧篇》27a-b)。根据这个计划,叙拉古将军赫墨克拉底是不必发言的,但是苏格拉底建议,在克里提亚讲完之后,他也应该讲点什么给大家听(《克里提亚篇》108a-c)。这位赫墨克拉底一定渴望了解古雅典人是如何击退亚特兰蒂斯侵略者的。在现实历史中,就在《蒂迈欧篇》的戏剧时间之后的几年,赫墨克拉底将领导叙拉古以及其他西西里人彻底击败远征而来的雅典侵略者,这将是伯罗奔尼撒战争的转折点,是雅典帝国走向衰落的开端。

综上所述,《蒂迈欧篇》可以分为三个部分:首先,苏格拉底简单概括了他对于最佳城邦的叙述(《蒂迈欧篇》17c-19a);接着,克里提亚简要讲述了古代雅典和亚特兰蒂斯之间的战争(《蒂迈欧篇》19b-27a);最后,由蒂迈欧接手,完全越过政治与战争的世界,讲述宇宙的起源和人类的本性(《蒂迈欧篇》27c-92c)。面对这样的安排,细心的读者自然会问:"为何有史以来最伟大的宇宙论作品被置于政治哲学的框架之内?""为何面对苏格拉底相对平直的政治哲学问题,蒂迈欧回之以一篇恢弘壮阔的宇宙论讲辞?"③ 显然,

---

① 本文对《蒂迈欧篇》的引用转译自 Donald J. Zeyl 的英译本,对《克里提亚篇》的引用转译自 Diskin Clay 的英译本,这两个译本都收于 Cooper 版柏拉图英译全集(*Plato: Complete Works*, ed. John M. Cooper and D. S. Hutchinson, Hackett Publishing Company, 1997)。部分译文有修改。

② 比较《斐多篇》59b,柏拉图因病缺席。

③ Cf. *Plato: Timaeus*, second edition, trans. & ed. Peter Kalkavage, Hackett Publishing Company, 2016, p. xiv.

答案的线索在于柏拉图对哲学与政治、自然与人性之关系的反思,从《理想国》到《蒂迈欧篇》的戏剧情节本身就是对于这种反思的表达。

(二) 克里提亚的"真故事"

克里提亚从一开始就承诺他要讲的故事是千真万确的,"那就让我告诉你这个故事吧,苏格拉底。尽管这是一个不同寻常的故事,但它的每一个字都是真的"(《蒂迈欧篇》20d7-8,cf. 26e)。故事的真实性是由叙述者的身份来保障的:它首先是由一位埃及祭司,也是塞斯城的统治者,讲述给"七贤中最有智慧"的梭伦的;后来,梭伦向克里提亚的曾祖父雅典贵族德罗皮底讲述了这个故事,后者又讲给了克里提亚的祖父,也叫克里提亚;最终,这位老克里提亚在他90岁的时候给当时还年少的"我们"讲述了这个故事,《蒂迈欧篇》中的这位克里提亚就是当时的听众之一,他长大以后将成为三十僭主的领袖。由此可见,对于克里提亚来说,真理是由祭司的权威、政治家的智慧、父辈的记忆来保证的。换句话说,克里提亚的真理是由习俗产生的。

克里提亚的"真故事"原本是一首诗,他在阿帕图瑞亚节上听到了这首诗,这个节日的仪式通常是在"我们的父亲们"(《蒂迈欧篇》21b4)中间举行诗歌背诵比赛,目的是为男孩们行成人礼,让他们加入自己的宗族,为完全的公民身份做准备。然而,既讽刺又颇具启发性的是,阿帕图瑞亚节也是欺骗节(Festival of Deception)。克里提亚在阿帕图瑞亚节上听到了他的"真故事",这一事实似乎揭示了习俗本身是一种致力于欺骗的实践,是一种在被欺骗的欺骗者们中间代代相继的传统,而这就是人类本性的原始质料被纳入虚假政治形式的途径。习俗的欺骗性力量植根于稳固的传统,然而,"我们的父亲们"那一辈雅典人却开始偏离传统,因为他们追捧梭伦,认为他是"所有诗人中最文雅的",甚至超越了荷马和赫西俄德(《蒂迈欧篇》21b-c)。柏拉图谨慎地限制了这种偏离的程度,他告诉我们,在那个特殊的场合,其他雅典人可能只是希图迎合老克里提亚才格外地支持梭伦,因为老克里提亚狂热地崇拜梭伦。不过,老克里提亚自己倒是严肃认真地认为,要不是梭伦将创作诗歌仅仅当作业余爱好,如果他能够避免参政、专心写诗的话,他必将成为声名远超荷马与赫西俄德的伟大诗人(《蒂迈欧篇》21c-d)。当然,老克里提亚错了。由于诗人无法模仿"任何超出他们熟知范围的事物"(《蒂迈欧篇》19d-e),因此,梭伦之所以是一位优秀的诗人,正是因为他是一位出色的政治家。梭伦的诗歌是由政治家群体共同创作的,从而也仅仅在一种政治的意义上才是真实的,但正因为如此,它对于根植于欺骗的习俗政治来说恰恰是危险的。这样看来,梭伦之所以没有完成这首诗,并不是因为他过于忙碌,而是因为他十分明智,懂得政治自身不能完全接受政治的真理。如果说全部政治真理的总和就是政治哲学,那么克里提亚讲述的梭伦就只是一个富有诗意的政治家,而非一个写诗来阐述真理的政治哲学家。他的政治经验使他能够创作在某种程度上揭示出政治真理的诗歌,但是为了确保城邦的安全,他没有完成自己的诗歌。梭伦的谨慎源于他的节制:他没有超越荷马和赫西俄德的野心。

梭伦在游历塞斯时得知了这个后来被他写成诗歌的故事:相传,女神雅典娜在九千年前建造了古代雅典城,过了一千年后方才建立了塞斯城(《蒂迈欧篇》23e)。然而,雅典的记忆却要比塞斯的记忆年轻得多。塞斯祭司对梭伦说,"希腊人永远是孩子……你们的灵魂中全无古老传统流传下来的关于古代的信仰"(《蒂迈欧篇》22b-c)。"天降洪水"一次次地摧毁雅典文明,造成了雅典的年轻,但雅典的遗忘其实是由于她对自然之道的无知,这导致她没有动力去质疑自身的起源(《蒂迈欧篇》23b-c)。梭伦必定预见到雅典的年轻和遗忘所暗含的政治危险,这促使他向东走,到埃及去寻找关于古代事物的传说(《蒂迈欧篇》22a-b)。除了梭伦的汇报,我们没有其他途径来了解那位埃及祭司究竟对他说了什么,但是我们有理由怀疑梭伦所言的真实性,至少,没有哪个城邦会像(梭伦口中的)塞斯那样,千百年来心甘情愿地牢记着自己只是其守护神的第二选择。实际上,没有哪个城邦会把另一个城邦放进关于自身起源的历史叙事,除非是后一个城邦迫切地需要从前一个城邦那里借鉴一个关于自身起源的历史叙事。柏拉图讲这个故事的方式不免让我们看出,梭伦实际上把一个关于塞斯的埃及故事改编成了一个关于雅典的希腊故事。塞斯优越的地理条件保护其免受自然灾害的侵扰,所有的历史记录也得以保存,但是雅典不具备这种地理条件,因此,她无法诉诸于自身的历史。为了解释自身的起源,或者说,为了获得自身的起源,雅典需要一个传说、一首诗歌,一个关于其开端和发展的"可能叙事",正如蒂迈欧讲的宇宙论神话一样。梭伦和蒂迈欧的区别在于,蒂迈欧能够坦率地承认自己的宇宙论神话是"可能叙事",以此来吸引像苏格拉底那样的人,但梭伦必须隐瞒他的政治传说是"可能叙事",这样才能吸引像克里提亚那样的人(《蒂迈欧篇》24a)。克里提亚的自信确证了梭伦的成功。在柏拉图笔下,梭伦是这样一个政治诗人:他为雅典提供了关于其起源与历史的"真实故事",从而是雅典真正意义上的立法者。因此,与其说克里提亚讲述的梭伦是诗歌的创作者,不如说他是城邦的创作者,他编写了城邦的信仰、品格和目的。在这个意义上,克里提亚的梭伦可被视作是蒂迈欧讲的"神圣工匠"(即造物者)的政治版本。

　　根据梭伦的说法,古代雅典与塞斯都是由女神雅典娜建造的,因此二者的习俗非常相似。塞斯的制度将祭司阶级和战士阶级同劳动阶级区分开来,劳动阶级又分为牧民、猎人、农民这三类。此外,塞斯还拥有多种多样的技艺与知识,它们都以关于宇宙的科学为基础(《蒂迈欧篇》24a - c)。克里提亚认为,塞斯与苏格拉底前一天讲的最佳城邦拥有大体上相同的政治习俗(《蒂迈欧篇》26a, cf. 17c - d)。但实际上,二者有一个关键的区别:苏格拉底的最佳城邦由哲学家统治,而塞斯的统治者是祭司。不过,在回顾自己的讲辞时,苏格拉底有意遗漏了关于哲人王的内容,从而为克里提亚的观点做好了准备。塞斯的祭司是神学政治家和自然科学家的结合。虽然我们无从得知这些祭司如何对人民传达他们的技艺与知识,但是他们中的一个向梭伦展示了他们对于城邦守护神的认识和对于自然灾害的科学解释。这位祭司提醒我们,自然哲学未必与城邦政治不相容,至少对于塞斯这样秩序稳定、传统完整的城邦而言。塞斯不同于大多数的古希腊城邦,尤其不同于柏拉图时代的雅典,她有的是虔诚的克法洛斯,却没有智者特拉绪马科斯,因此,她没有孕育出格劳孔和阿德曼托斯这样野心勃勃的改革家,也不需要苏格拉底这只牛虻。换句话说,塞斯没有也不需要政治哲学,这里崇尚的是宗教和科学,即便是研究宇宙也只是为了预言术与医术等实践技艺。塞斯象征着过去的黄金时代,而苏格拉底的最佳城邦代表着未来的理想。当然,过去比未来更优越,正如健康的身体比治愈的身体更好。克里提亚将过去的黄金时代与苏格拉底的最佳城邦等同起来,他似乎是在遵循苏格拉底叙述城邦衰落历程的顺序(《理想国》543a - 576b)。然而,由于哲学的兴起晚于城邦的建立,且政治哲学的兴起晚于城邦文明的巅峰,因此,苏格拉底的最佳城邦绝不可能一开始就存在于遥远的过去。尽管如此,在他自己的讲辞中,克里提亚还是坚信塞斯和古代雅典存在相似之处,并断定古代雅典和苏格拉底的最佳城邦是等同的(《克里提亚篇》110b - e,比较《理想国》370a - c)。在《克里提亚篇》中,相传古代雅典由赫菲斯托斯和雅典娜管理,他们"从这片土地中孕育并塑造了有美德的人,并教给他们治理社会的观念"(《克里提亚篇》109d)。在古代雅典,战士阶层推行共产主义,他们不需要耕种土地,由农民来"致力于这项职业"(《克里提亚篇》110d - 111e)。据说,那时候的雅典人是整个希腊世界的领袖,全体希腊人都心甘情愿地追随他们(《克里提亚篇》112d)。

　　这就是古代雅典,正是这样一座城邦,其行动和言辞能够满足苏格拉底的愿望，也就是考察处于战争之中的最佳城邦。一场伟大的战争需要一个伟大的敌人，而这个敌人正是亚特兰蒂斯。《蒂迈欧篇》和《克里提亚篇》是我们关于亚特兰蒂斯的第一手史料来源，柏拉图将克里提亚选为它的代言人。在《蒂迈欧篇》中，克里提亚只是简要地讲述了亚特兰蒂斯的故事，也并未明确告诉我们古代雅典的情况，仅仅推测其习俗与塞斯的非常相似，而当他在《克里提亚篇》中谈到古代雅典的习俗时，他也仅仅借助苏格拉底对最佳城邦的概括来证实这两个城邦之间的同一性（《克里提亚篇》110b－d）。实际上，克里提亚真正详细讲述的是古代雅典和亚特兰蒂斯曾经享有的优越的自然条件和丰富的自然资源，以及双方如何通过技艺的手段充分利用这些条件和资源。在这方面，亚特兰蒂斯远比古代雅典宏伟、先进。我们由此可见，克里提亚主要依据城邦的神圣起源、地理、资源、艺术、财富、法律和军事力量来构想政治的本质。对于美德，他只是一笔带过（《克里提亚篇》112e，120e－121a），而他称赞审慎也主要是因为它所带来的益处——使富人和权贵能够自如地享受财富和权力（《克里提亚篇》120e－121a）。显然，这种审慎的美德对僭主最有用。此外，克里提亚也只能设想出以下两种政治堕落的情况：要么像古代雅典那样，连续的重大灾害使得自然条件严重恶化、自然资源几近枯竭（《克里提亚篇》111a－b）；要么像亚特兰蒂斯那样，失去自如地享有巨大财富的能力（《克里提亚篇》121a－b）。最后，值得注意的是，克里提亚对古代雅典的描述相当简短，他对亚特兰蒂斯的描述却详细而完整。这一切都意味着：克里提亚并不适合作为最佳城邦的代言人，更不必说作为从事战争的最佳城邦的代言人；他实际上更像是亚特兰蒂斯的代言人，而非他所声称的古代雅典的代言人。在阅读柏拉图虚构的亚特兰蒂斯时，我们应该始终牢记，从弗朗西斯·培根在《新大西岛》中对亚特兰蒂斯的理想化描述以来，亚特兰蒂斯的现代形象已经带上了一种与柏拉图的意图恰相违背的积极意义。[①] 然而，只要足够关注柏拉图的写作笔法，我们就不难看出他其实意在揭示这种理想化政治意象的危险。

在克里提亚的讲辞中，亚特兰蒂斯岛的地理图景呈现出惊人的有序和对称。在岛屿中央有一片平原，它"光滑而均衡，是完全规则的矩形"（《克里提亚篇》118a），还有"一座低矮均匀且平坦的"（《克里提亚篇》113c）山冈。这座山冈就在平原的旁边，而它们的周遭环绕着"一条山脉，一直缓缓往下延伸到海边"（《克里提亚篇》118a）。波塞冬掌管着亚特兰蒂斯岛（《克里提

---

① Cf. Stephen Hodkinson & Ian Macgregor Morris (ed.), *Sparta in Modern Thought*: *Politics*, *History and Culture*, Swansea: Classical Press of Wales, 2012, pp. viii－x.

亚篇》113c），他引出两条地下溪流，一条流淌着温暖的泉水，另一条流淌着冰冷的泉水（《克里提亚篇》113e）。亚特兰蒂斯岛的地理图景源于自然的完美条件与神的精心安排，又经由亚特兰蒂斯人的精湛技艺得到进一步完善。在中央平原上，整个矩形的任何不规则之处都通过人工挖凿的运河而变得整齐而平坦。许多间隔相等的交叉沟渠分开整条运河，又由条条水道依次连接起这些沟渠（《克里提亚篇》118c－e）。城邦的首府坐落在中央山冈之上，波塞冬和当地的一个妇女在这里生下了五对双胞胎，全岛分为十个区域，波塞冬的每个孩子负责统治岛屿的一个区域，其中最年长的是国王，统治着整个岛屿和所有的亚特兰蒂斯人（《克里提亚篇》113e－114a）。首府由一系列同心圆构成，最初，波塞冬为保护中央山冈而创造了两环陆地圈和三环河流圈，后来，亚特兰蒂斯人又运用先进的技艺修建出各种精美的建筑和设施（《克里提亚篇》113d－e）。

　　显然，在《克里提亚篇》中，柏拉图让克里提亚言说的是不可能之事，但是他让苏格拉底在《理想国》中言说的就真的可能吗？正如一片平原不可能自然地成为矩形，在苏格拉底的最佳城邦中，人性也不可能忍受那种整齐划一到极致的生活方式。事实上，在克里提亚的亚特兰蒂斯和苏格拉底的最佳城邦之间潜藏着一种自然与技艺的混淆：前者的自然环境根本就是人工产物，而后者的政治制度使城邦类似于一个自然有机体。亚特兰蒂斯是工匠（尤其是木匠）的天堂："岛上盛产各类木材（ὕλη），供木匠砍伐加工，数量非常之多"（《克里提亚篇》114e）。这里，我们没有必要详细考察古希腊语单词ὕλη［木材］的意义及其在哲学史中的演变，但显而易见的是，除非自然像木材一样易于加工，否则克里提亚的亚特兰蒂斯就是不可能的；同样的，除非人性像木材一样易于塑造，否则苏格拉底的最佳城邦就是不可能的。我们亦可补充：如果技艺毕竟不能像木匠操控木材一样完全征服自然和人性，那么培根的新亚特兰蒂斯也就同样是不可能的。

　　然而，克里提亚毫不犹豫地选择了征服，"我们将把昨天你向我们描绘的公民和城邦从神话搬到现实，就这样建造出来，把它摆在我们面前，就好像它是古代雅典本身一样。我们将断言，你所想象的公民正是祭司提到的那些人，他们就是我们真正的祖先"（《蒂迈欧篇》26c7－d3）。克里提亚试图"建造"和"断言"的"真理"，就是古代雅典和《理想国》中的最佳城邦的完全等同，但无论这个"真理"是否正确，克里提亚都没有资格建造或断言它，因为早些时候他已经承认，自己无法回想起昨天听到的讲辞（《蒂迈欧篇》26b4－5）。然而，对于克里提亚来说，真理本身就是建造的产物和断言的对象，它源自权威的强制。克里提亚身上有一种狂热的力量，这股力量随时准备捍卫习俗的权威,并且不惜一切代价。透过他,我们看到梭伦之诗所暗含的政治危险——它吸引着那些狂热分子去补全梭伦有意加以隐藏的某种政治真理(《克里提亚篇》108d)。糟糕的是,在克里提亚的故事中,亚特兰蒂斯比古代雅典更具吸引力,这是因为亚特兰蒂斯的吸引力不仅仅体现为美观的环境、丰富的资源和巨大的财富,而且体现为一种更加危险的诱惑,一种来自政治理性自身的诱惑——那设计江山的激情、运筹技艺的高傲、建构秩序的意志。然而,克里提亚的“真理”失败了:古代雅典绝不可能是苏格拉底的最佳城邦,因为前者代表的是城邦建立之初的习俗,而后者需要通过彻底的革命才能实现。通过克里提亚的失败,柏拉图揭示出僭主人格的政治理性那自相矛盾的本质:一种追寻认可的热忱最终摧毁了他应该守护的东西。

《克里提亚篇》以宙斯的愤怒结束:“他召集众神到他们最尊贵的住所,这里位于宇宙的中心,俯视着所有的世代。当众神聚集完毕,宙斯说……”(《克里提亚篇》121c)我们该如何理解这个突兀的结尾呢? 普鲁塔克提出,柏拉图之所以没有完成这篇对话,只是因为“他开始写这部作品时年事已高,在完成这部作品前就去世了”(《梭伦传》32.2)。这种说法只有在《克里提亚篇》晚于《法律篇》的前提下才成立,但这不太可能。不过,我们或许应该想想,《克里提亚篇》真的是一部未完成的作品吗?《蒂迈欧篇》的开头不是已经概括了故事的余下部分吗? 我们不需要知道宙斯对众神说了什么,因为我们已经知道导致亚特兰蒂斯毁灭的根源以及它受到的惩罚(《蒂迈欧篇》25d)。笔者认为,《蒂迈欧篇》《克里提亚篇》《赫墨克拉底篇》这三部曲的真正缺憾,其实在于第三部的缺席,也就是赫墨克拉底的沉默。如果克里提亚是亚特兰蒂斯的代言人,而且《蒂迈欧篇》和《克里提亚篇》缺少的是对古代雅典的充分描述,那么唯一合理的假设就是:赫墨克拉底本来应该接着讲述古代雅典的故事。虽然在柏拉图的对话中,赫墨克拉底的确没有发言,但是他在真实的历史中以行动代替了言辞:几年后,这位叙拉古将军为了他的城邦和整个西西里的自由,带领人民勇敢地反抗并击败了雅典帝国,正如传说中的古代雅典反抗并击败了入侵的亚特兰蒂斯。也许赫墨克拉底就是缺席的第四位客人,不是柏拉图笔下的赫墨克拉底,而是历史中真实的赫墨克拉底。在言辞中必然缺席的是行动,可以说,唯有借助行动且唯有在行动中,言辞才能变得完整。

(三) 蒂迈欧的“可能叙事”

根据本文的解读,《蒂迈欧篇》《克里提亚篇》《赫墨克拉底篇》三部曲的核心主题是政治理性的傲慢(ὕβρις)，特别是克里提亚意图证明苏格拉底言辞中的最佳城邦与历史中的古代雅典具有同一性时所展现的那种政治理性，一种将乌托邦完全实现的傲慢；想象中的亚特兰蒂斯和现实中的雅典帝国是这种政治傲慢的不同表现。在《理想国》中，我们在格劳孔的身上发现了类似的傲慢，他要求苏格拉底证明正义是绝对的善(《理想国》357a)，并且直言不讳地表达自己对"猪的城邦"的嫌恶(《理想国》372b－c)。笔者译为"傲慢"的希腊语单词是ὕβρις，也可以译为"过度"，根据柏拉图，这是血气的典型表达。无论是格劳孔对纯粹正义和奢侈生活的过度渴望，还是克里提亚关于历史真相和政治真理的傲慢断言，都显露出某种极度强盛的血气。不过，血气既可以成为欲望的帮凶，也可以成为理性的盟友。如果《蒂迈欧篇》中的克里提亚就是现实中"三十僭主"的领袖克里提亚，那么在他身上，过度的血气其实从属于攫取的爱欲。而在《理想国》中，苏格拉底的哲学爱欲成功地升华了格劳孔的政治血气，治愈了格劳孔极端的政治野心，引导格劳孔走向哲学思辨。格劳孔对于仅仅通过正义带来的良好后果来捍卫正义感到不满，但苏格拉底向他表明，能够"仅凭自身拥有的力量"来保证幸福的那种正义只属于哲学家的灵魂；同样的，格劳孔鄙视"猪的城邦"是因为它只关注肉体欲望的满足，但苏格拉底让他看到，灵魂的目标只有在哲学生活中才能获得最完满的实现。是哲学之路将格劳孔从僭政之路中拯救了出来，血气让他能够控制身体的爱欲，灵魂的爱欲又反过来驯服了血气。既然只有苏格拉底讲辞中的最佳城邦才能既平息格劳孔的政治血气，又将他引向哲学爱欲，我们不妨认为《理想国》中的最佳城邦是格劳孔的城邦。然而，与其说这座城邦是对政治问题的实际解答，不如说它以最鲜明的方式展现了政治生活的固有悖谬。只有通过不义的战争才能让"猪的城邦"发展为"狗的城邦"，而且作为个体灵魂健康的正义与作为城邦政治秩序的正义最终是相互冲突的。哲学家必须说服城邦接受他的统治，而城邦必须强迫哲学家来从事统治，这意味着哲学家必须说服城邦来强迫他自己，这是一种无解的循环。① 从这个角度看，过度的哲学爱欲所蕴含的傲慢丝毫不亚于过度的政治血气。柏拉图暗示我们，需要以某种方式来限制苏格拉底的爱欲，而承担该任务的就是蒂迈欧的血气。

　　在其宇宙论讲辞的开头，蒂迈欧首先区分了存在(being)和生成(becoming)，二者是互斥的，前者是"永恒存在、没有生成之物"，后者是"永恒

---

① Cf. Howland，"The Republic's Third Wave and the Paradox of Political Philosophy"，p. 656.

生成、没有存在之物"(《蒂迈欧篇》27d－28a)。领会存在依靠理性的解释,把握生成依靠非理性的意见。然而,蒂迈欧即将对生成的原因给出一个理性的解释,但从未对存在的原因给出任何理性的解释。我们最终会发现,生成的原因就是两种无原因的存在:理智(包括神圣的造物者和永恒的模式)和必然性。因为蒂迈欧要谈论生成,所以他的言辞无法完全合乎理性的解释,然而又因为他要谈论原因,所以他的言辞也不能仅仅是非理性的意见。随后,蒂迈欧将理性解释和非理性意见的区别重新定义为"现实的真理"和"近似的说服"之间的区别。然而,鉴于他即将谈论后者如何是对前者的模仿,他的讲辞实际上是真理和说服的某种混合,正如宇宙的起源是存在和生成的某种混合(《蒂迈欧篇》29b－c)。真理和说服的混合就是习俗,因此,自然万物的起源便是一种宇宙论的立法(cosmic legislation)(《蒂迈欧篇》29d6)。由于蒂迈欧要阐述的是这个意义上的"自然法",他就必须同时身处"洞穴的内部和外部"。① 以这种方式,蒂迈欧的修辞处境映照出《理想国》中苏格拉底的戏剧处境:后者谈到他是如何先"下降"到洞穴之中再"攀升"出洞穴之外。在洞穴中,现实之物与近似之物的区别只能通过对于现实的近似模仿来揭示,从意见到知识的上升只能通过说服性的真理影像来实现。这样看来,蒂迈欧阐明了《理想国》隐含的教导:一方面,苏格拉底的洞穴比喻和蒂迈欧的宇宙论一样只是某种近似的"可能叙事";另一方面,正是通过有意识地探讨近似之物的本质,苏格拉底和蒂迈欧才能够从关于近似之物的意见上升到关于现实之物的真理,这种关于近似物的"可能叙事"远比克里提亚的"真故事"更接近真实,它揭示出哲学理性和政治理性的根本差异。

　　蒂迈欧将他的讲辞分为两部分。他首先谈到了理智,然后谈到了必然性。不过,关于理智的讲辞本身就充满了必然性:生成之物"必将"经由某种原因而生成(《蒂迈欧篇》28a);以永恒之物为模型的作品"必然"是美的(《蒂迈欧篇》28b);宇宙之生成"必然"是存在的近似物(《蒂迈欧篇》29b)⋯⋯上述种种必然性表明,造物者希望被造物尽可能类似于永恒模型和他本身,因而万物应该在自然允许的范围内尽可能地善,这就是创世的总体原则(《蒂迈欧篇》29e,30b,39e)。因为造物者是善的,所以他使宇宙成为一个独一无二的理性生命体,没有什么外在于它的事物能够对它造成威胁,导致它"变老和生病"(《蒂迈欧篇》30b－31b,33a－b);因为造物者是善的,所以他为

---

① Benardete, "On Plato's *Timaeus* and Timaeus' Science Fiction", *Interpretation* 2, no. 1 (Summer 1971), p. 34.

宇宙这个理性生命体设计了最完满的圆球形并使之进行最完满的圆周运动,从而确保它是自足的(《蒂迈欧篇》33b－34a);因为造物者是善的,并且他知道没有灵魂就不可能有智慧,所以他创造了宇宙的灵魂,同宇宙的身体编织为一体,"从中心向各个方向到宇宙最外围的界限"(《蒂迈欧篇》36e);因为造物者是善的,他创造出漫游的星体并赋予其生命,进而产生时间,使得宇宙得以通过时间来模仿模型的永恒(《蒂迈欧篇》37d－39e);因为造物者是善的,他希望造物尽可能地完美,所以他使固定的星体成为诸神,诸神凭借他的善意而得以不朽,并将帮助他创造出可朽的生命(《蒂迈欧篇》39e－41d)。整个关于理智的讲辞以造物神的善为开端(ἀρχή),从中推出种种结论。蒂迈欧用这个开端实现了苏格拉底的"次航",同时也暴露了"次航"的困难:虽然我们能够论证自然之善源于造物者之善,但是我们无法说明造物者之善源于何处;如果说自然之善是一个已被证明的真理,那么造物者之善就是一则无法证明的意见。"善的理念是存在之源"这一主张永远无法超越意见,成为知识,那个走出洞穴的囚徒永远无法证明自己看到的太阳并不是一座更大洞穴的人造火堆——这是《理想国》核心教诲的根本局限。

　　蒂迈欧对自己的论证充满信心,只要作为开端的善不被怀疑。然而,这种自信是血气的表达,而非爱欲的体现,它展示了一种假说胜过其他假说的优越性。不过,蒂迈欧明显和克里提亚不同,他的血气是谦逊的:他声称这是一个"可能的叙事",而非确凿的真理,只是其可能性高于其他观点的可能性。同时,与《理想国》中的哲人王不同,蒂迈欧的血气是克制的:他明确承认自己的知识存在疑点,并含蓄地钝化了知识和意见的区别。苏格拉底非常乐于听取蒂迈欧的立法(《蒂迈欧篇》29d),毕竟,他自己也完全不同于他在《理想国》里描述的哲人王,后者被创造出来的首要作用在于驯服格劳孔过度的血气,正如蒂迈欧创造出神圣工匠是为了驯服苏格拉底过度的爱欲——也就是说,正如苏格拉底不同于他讲辞中的哲人王,蒂迈欧也不同于他讲辞中的神圣工匠,正如苏格拉底通过揭示智慧与权力不可能重合来治愈格劳孔过度的政治血气,蒂迈欧通过暗示善的原则作为宇宙论开端的理论困难来限制苏格拉底过度的哲学爱欲。就此而言,蒂迈欧的信心不在于哲学论证,而是一种虔敬的信仰:他相信善的原则,相信相反的原则必定是亵神的(《蒂迈欧篇》29a)。对于那些关心良善政治秩序的人们来说,这显然是一种恰当的信仰。以善的原则为信仰制作出令人信服的可能之事和恰当之事,这是立法技艺的实质。确切地说,蒂迈欧的信心是一位血气调和的政治家对于健全习俗意见的信心,他的灵魂中缺乏那驱使苏格拉底走出洞穴去寻找自然真理的强烈爱欲。蒂迈欧来自一个秩序优良的洞穴,他不是一只牛虻，而是一个守卫。

　　然而，在阐述必然性的时候，蒂迈欧就显得不那么自信了。首先，在前一段讲辞中经常出现的诸如"必将"或"出于必然"之类的表述，应该与第二段讲辞的主题"必然性"区分开来。前者反映了论证的笃定，后者却是无知的根源。一旦造物者着手创造人类，必然性的压力就会出现。造物者借助一个高贵的谎言成功地使诸神相信：为了诸神自己的利益，可朽的生命不应该由造物者亲自创造，否则这些生命"就能与诸神相媲美了"（《蒂迈欧篇》41c）。蒂迈欧随后就告诉我们，造物者做出这个决定的真实动机是为了让自己避开所有与可朽性相关的恶（《蒂迈欧篇》42d）。人类是不朽与可朽的混合，造物者创造了不朽的部分，再交付给诸神创造可朽的部分，并将二者编织成一体（《蒂迈欧篇》41d）。我们会发现，人类不朽的部分就是灵魂，可朽的部分就是身体（《蒂迈欧篇》43a－b，69c）。造物者创造人类灵魂的方式与他创造宇宙灵魂的方式相同，只是前者不那么纯净（《蒂迈欧篇》41d），人类身体则是由诸神用水、火、土、气创造而成。蒂迈欧指出，这四种元素并不是诸神创造所用的原初材料，它们也不是整个讲辞的第二起点，如果说理智是第一起点的话（《蒂迈欧篇》48b）。正是在此处——在从人类灵魂到人类身体的过渡中，蒂迈欧开始了关于必然性的论述。所有的元素都是经由必然性而生成的，但这是一个"困难且模糊"的过程，以至于蒂迈欧不愿意深入解释（《蒂迈欧篇》48d）。他指出，必然性是第一段讲辞中提到的"两种"事物之外的"第三种"，前两种事物分别是理智的永恒模型与可感的生成物即宇宙（《蒂迈欧篇》49a）。神圣工匠依据善的原则，试图让后者尽可能模仿前者，但是该原则只能在"自然允许"的范围内实现，因为创世所需的第三种事物并不是理智，而是必然性。①

　　根据蒂迈欧，必然性最基本的产物就是四种元素。元素之间不断相互转化，永不停歇，因此，用"这"（τοῦτο）指称它们并不妥帖，而应称之为"如此"（τὸ τοιοῦτον）。我们不应该说"这是火"或"这是水"，因为火元素和水元素都并非某种稳定的事物；相反，我们应该说"这个东西（现在）是火的"或"这个东西（现在）是水的"（《蒂迈欧篇》49c－50a）。同样，我们不应该说"黄金做的三角形是一个三角形"，因为黄金也可以被做成其他形状；相反，我们应该说"这块黄金（现在）是一个三角形"（《蒂迈欧篇》50b）。当然，构成三

---

　　① 所谓"三种事物"分别是：永恒模型、必然性、宇宙，不包括神圣工匠或造物者。这是因为，宇宙生成的基本逻辑是：宇宙需要面对必然性的限制而尽可能与永恒模型相似。造物者只是阐述这一宇宙论逻辑的形象化工具，在这个意义上，《蒂迈欧篇》的宇宙论并非基督教创世论那样的"神创论"。

角形的黄金完全不同于作为所有元素之基础的必然性,因为黄金本身是某种恒定的事物,但是我们可以从黄金和三角形的关系出发,一直推到元素和必然性。黄金就比三角形更为稳定吗?难道不应该说,黄金其实也只是现在以黄金的状态存在的某种更为基本的事物吗?黄金应该被化约为这种比黄金更基本的事物,这个事物又应该被化约为另一种比它自身更基本的事物,以此类推,直到我们到达元素和它们共同的基础——必然性。总而言之,通过逐渐抽空事物的特征,我们最终能够到达一种自身无特征从而能够接收一切特征的存在物(《蒂迈欧篇》50c–51b),这就是蒂迈欧将必然性称为"载体"(ὑποδοχή)的原因。后来,他又说载体就是所有生成物所处的"空间"(χώρα)或"位置"(τόπος)(《蒂迈欧篇》52a–d)。

然而,载体真的没有任何特征吗?它等同于后世哲学家所说的"原初质料"(primary matter)吗?在这一点上,蒂迈欧的学说极其模糊。如果黄金和必然性的类比成立,那么后者就不可能完全没有特征,否则它将无法变成任何事物,就像空气无法变成三角形。虽然黄金的形状不一定是三角形,三角形也不一定由黄金制成,但是,三角形必然只能由黄金或者其他具有延展性的固体构成。因此,与蒂迈欧的推理相反,载体的概念本身就排除了它完全没有任何特征的可能性。因此,如果四种元素的特征是最基本的特征,那么我们就有充分的理由怀疑,是否存在一种比元素更为基本的东西。蒂迈欧并未能够以理性的解释证明必然性作为元素之无特征载体的存在,因此,他与其说建立了一种关于原初质料的理论,不如说只是提出了一种关于原初质料的假说。

事实上,蒂迈欧已经足够明确地指出,他对必然性的解释在本质上是一种假说:"它本身由一种无涉感官知觉的不纯正的理性①得以领会,而且甚至不是信念的对象"(《蒂迈欧篇》52b)。他进而将这种领会比作做梦。蒂迈欧此时的不自信与他阐述理智原则时的确信形成显著对比。然而,如上所述,理智和必然性在理论上是同样困难的。蒂迈欧信心的差异并非思想性的,而是政治性的:根据他的宇宙论立法,必然性似乎是不合法的,但是这个法外之徒事实上非常强大:"它是可朽世界中所有循环和骚乱的根本原因,从振动的弦到血液循环再到地震,它支配着所有这一切。我们在身体的骚动和灵魂的激情中不断经历这种混乱。在城邦乃至整个文明的兴盛与衰落、繁荣与毁灭中,我们也见证了它,或听说了它。"②载体绝非被动的、易于

---

① "不纯正的理性"的原文是 λογισμῷ τινι νόθῳ,字面意义为"私生子理性"。

② 引自 Kalkavage, "Plato's Timaeus and the Will to Order", Kalkavage 的这篇论文对笔者启发颇深,然而该文并未见刊,请参阅 https://theimaginativeconservative.org/2012/07/platos-timaeus-and-will-to-order.html。

塑造的原初质料,等着被制成取悦神的万物。相反,凭借必然的力量,它自发地将四种元素从自身分离出来,尽管它们缺乏比例和尺度,但是"在宇宙秩序开始之初……它们已经拥有了它们现在所是之物的某些痕迹"(《蒂迈欧篇》52e-53b)。必然性通过物理运动机制产生诸元素,后者在自然无序的状态下,仍有自己的特征,这些特征决定了它们如何进入秩序。因此,必然性也是一个原因:它是一个"变动"的原因,它的本性在于维持事物的变动(《蒂迈欧篇》48a)。这样的原因主动地、积极地作用于整全的创造,并限制着理智之善的实现程度。

无论必然性或载体是不是完全无特征的,《蒂迈欧篇》的这个概念都与原初质料有着实质的区别。从语义的角度讲,仅当存在某种技艺活动时,谈论"质料"才有意义。技艺的逻辑制约着作为哲学概念的质料。然而,在蒂迈欧的神话中,造物者进行创造活动的质料并非必然性,而是从必然性分离出来的四种元素,至于必然性生成元素的过程,则与造物主的神圣技艺毫不相干。原初质料概念体现了技艺逻辑的极端化,而必然性概念是为了限制技艺逻辑的适用范围。① 就此而言,造物者的创世技艺比哲人王的立法技艺更弱:他无处"流放"他所需要的质料,他也不能为了"作画"而像"擦净"黑板一样"擦净"必然性的影响和元素的原初痕迹(《理想国》501a)。在蒂迈欧的宇宙论中,必然性和理智形成一种平衡。类似的平衡也出现在《理想国》中,紧接着绘画的比喻,苏格拉底说,哲人王在塑造最佳城邦公民的时候,应该"经常注目于两个方向,一个朝着自然上的正义、公平、节制以及所有这类理念,另一个朝向内在于人性的东西"(《理想国》501b)。然而,当苏格拉底继续通过太阳喻、线段喻、洞穴喻来阐明善之理念时,上述平衡就被打破了,不再是人性限制哲人王的政治技艺,而是善的理念凌驾于人性之上。蒂迈欧对必然性的强调纠正了政治技艺固有的理想主义倾向,这种倾向因追求善之理念的哲学爱欲而变得更加过度。在《理想国》中失去的平衡由《蒂迈欧篇》加以恢复,柏拉图用后者治愈前者的傲慢。

蒂迈欧认为理智必须结合力量与劝说才能驯服必然性(《蒂迈欧篇》35a-b,48a),整个宇宙是"必然性和理智结合的产物"(《蒂迈欧篇》48a)。正如《理想国》开篇苏格拉底的遭遇所揭示的,政治也同样如此。根据克里提亚的安排,蒂迈欧的神话应该始于宇宙的起源,终于人类的本性(《蒂迈欧篇》27a)。蒂迈欧说,造物者出于善而决定创造人类。宇宙必须尽可能接近

---

① 陈斯一:"从柏拉图的容器到亚里士多德的质料",载于《清华西方哲学研究》,2019年01期,第147—160页。

整全，这意味着"对于理智而言，他所创造的生命体（即宇宙）在生命的类型和数目上，应该与真正的生命体（即永恒模型）所拥有的相同"（《蒂迈欧篇》39e）。宇宙中的生命可以分为四类，与四种元素相对应：第一类是星体，也就是诸神，主要由火构成；其余的三类包括在空中飞的、在水中游的、在大地上行走的（《蒂迈欧篇》39e－40a）。造物者亲自创造的只有第一类，而诸神负责创造男人。人拥有双重自然：造物者创造出不朽的灵魂，诸神创造出可朽的灵魂和身体。不朽的灵魂是理智在人类身上的体现：明智（νοῦς）和理性（λόγος），是人身上神圣的、占据统治地位的元素（《蒂迈欧篇》41c）。诸神从造物者那里接过不朽的灵魂，"把它包裹在一个圆形的可朽身体（头）中，并将整个身体作为它的载体"；他们也在人类可朽的身体中建造了可朽的灵魂（《蒂迈欧篇》69c）。可朽性既是创造人类的关键，也是恶的根源。将不朽的灵魂植入可朽的人体内，知觉（αἴσθησις）便出现了，而可朽的灵魂是情感或激情（πάθος）的来源。知觉和激情都是灵魂的骚乱（πάθημα）。蒂迈欧说，诸神让这些骚乱"只在绝对必要的程度上污染神圣的灵魂"（《蒂迈欧篇》69e）。为何有此必要呢？蒂迈欧给出了双重回答：首先，人的道德召唤就是要控制所有这些骚乱，而非被它们所控制（《蒂迈欧篇》42b1）；其次，这让诸神无需创造女性和其他动物。第一代人中，那些成功地响应了道德召唤的正义之人，将会回到指定星体中的住所，"去度过与其品性相应的幸福生活"，而那些道德沦丧、行不义之人，将重生成为女人。女人如果继续败坏，就将重生成为其他动物，具体是何种动物取决于每个人的邪恶品性（《蒂迈欧篇》42b－d）。女人和动物将一直经历重生的循环，直到它们"通过理性控制住那个骚乱的非理性的部分"（《蒂迈欧篇》42d1）。① 这样看来，无论是为了实现人的道德使命，还是为了实现宇宙的整全，恶都是必不可少的。在蒂迈欧的讲辞中，人类的原初起源伴随着一种充满血气的伦理：人性其实是理智和必然性相互搏斗的战场。我们的生存是一场控制与被控制的战争，一方是我们必然遭受的知觉与激情，另一方是展现我们本质的神圣理智，这场战争的结果决定了我们是幸福还是不幸。

　　接着，蒂迈欧详细地解释了知觉和激情的起源。我们在诞生之初就拥有知觉，这是身体的自然所决定的。我们所说的知觉，就是外在事物流入和流出身体，这种流动就像一条巨大的河流，既带来营养，又会引发骚乱。诸神将不朽的灵魂束缚在这条"河"中，所以我们在新生之时，灵魂"既没有控制这条河，也没有被这条河控制，而是猛烈地冲撞它，也被它猛烈地冲撞"

_____

① 蒂迈欧没有解释，人在重生成为非理性动物之后，还如何"通过理性"来控制知觉与激情。

（《蒂迈欧篇》43a4－7）。这种冲撞无比强劲,甚至控制了新生之人,导致他们的运动无序,他们的判断不明智。但是,随着人的成长,这条"河"会逐渐消退,人类的灵魂也会"重新获得自身的沉静,回到自身合适的道路,并随着时间的推移越来越稳固"（《蒂迈欧篇》44b）。于是,人的运动变得有序,思维变得明智。当他们完全成熟的时候,道德召唤便开始了:

> 如果这样一个（成熟的）人也得到适当的培育来补充他的教育,他将变得完整而健康,避免最为痛苦的疾病;但是,如果他忽视了教育,便会一瘸一拐地度过人生,在无知和不明智的状态中回到冥府。（《蒂迈欧篇》44b－c）

然而,驯服激情比驯服知觉要困难得多,也不像驯服知觉那么自然。知觉是运动"通过身体传导到灵魂"而产生的（《蒂迈欧篇》43c）,激情则与可朽的灵魂本身更加相关。可朽的灵魂是一切激情的源泉,这些激情是"可怕而又必要的骚乱",包括:愉悦,"恶最强大的诱惑";痛苦,"让我们远离善";鲁莽和恐惧,"愚拙的谋士";血气、愤怒或对荣誉的爱,"它们难以平息";还有希望,"容易误入歧途"。这些激情都反过来与"非理性的知觉"和"热衷于冒险的"爱欲相融合（《蒂迈欧篇》69c－d）。为了尽可能削弱激情引起的骚乱,诸神令可朽的灵魂远离不朽的灵魂所在的头部。为了分离头部与胸部、腹部,诸神制造出颈部和隔膜,又利用上腹部将胸部和腹部分开。可朽的灵魂中"表现男子气概和意气"的血气部分位于胸腔,以便它能"倾听理性,并与之一起用武力抑制欲望部分"（《蒂迈欧篇》69e－70b）。欲望既无法听从理性,也毫不关心理性,因此它位于离头部最远的腹部（《蒂迈欧篇》70e－71a）。说到灵魂的欲望部分,蒂迈欧仅仅提及对于食物和饮料的欲望,以及其他基于身体自然需要的欲望。他忽略了性欲,似乎它既不自然,也不必要。然而,作为爱欲的一种,性欲比血气更接近哲学。通过忽视性欲,蒂迈欧排除了哲学爱欲,将对欲望和激情的掌控交给了血气。血气需要理性的管理,但是理性的最高功能不是爱智慧,而是维持灵魂的秩序,它只为了模仿宇宙秩序而进行沉思。蒂迈欧的哲学理性是一种缔造秩序的意志,目的是将宇宙的秩序引入灵魂的秩序。在这里,我们既看到蒂迈欧和苏格拉底的区别,也看到他们成为伙伴的可能性,正如血气和爱欲的对立与合作。

如果不朽的灵魂与可朽的灵魂、理性与激情的冲突是人类不可逃避的自然状态,那么政治和哲学就必然是实现人类目的的两种不同方式。蒂迈欧将激情与爱欲联系在一起。政治通过血气来压抑和控制爱欲。在蒂迈欧列举的种种激情中,血气最为特别。所有其他的激情在本质上就是恶的,只有血气仅仅被描述为"难以平息",这正是因为血气通过愤怒以及对荣誉的热爱来控制爱欲。人拒绝被自己的爱欲操纵,试图尽可能控制自己,这需要人对可耻的动机和行为感到愤怒,因此,对荣誉的热爱和对耻辱的恐惧,能够成为抑制不当爱欲最有力的动机。然而,愤怒一旦变得过度,就会成为可朽灵魂中最顽固的骚乱,而荣誉之爱一旦占据统治地位,就会依附于习俗认可的荣耀之事,不能走向符合自然的美好生活。因此,仅有政治是不够的,人还需要哲学,血气需要爱欲的提升。哲学安抚愤怒,引导人从基于羞耻感的准美德走向明智的真美德。同时,哲学限制对荣誉的热爱,将人从习俗上值得称赞的事物引向自然上可贵的事物。最后,哲学把爱欲带上正确的道路,让人从身体之爱走向智慧之爱。然而,在政治血气面前,哲学爱欲必然显得毫无廉耻,因为"羞耻是习俗建起的墙,竖在心灵和日光之间",它本身就是"控制爱欲的手段"。[①] 因此,哲学也有可能过度,爱欲反过来需要血气的限制。苏格拉底在行动中从事哲学爱欲,并在言辞中将这种爱欲引入政治,最佳城邦中的政治正义是其灵魂正义的投影。鉴于对苏格拉底而言,言辞或交谈本身是一种重要的政治行动,他实际上是以政治的方式从事着哲学爱欲。而另一方面,蒂迈欧以一种非政治的方式教导着血气对爱欲的掌控这一最根本的政治原则。在他看来,灵魂和身体、理性和激情的冲突就是理智和必然性的宇宙论冲突在人类身上的体现,就此而言,他实际上是以哲学的方式发表了一篇政治讲辞。完整的政治哲学需要苏格拉底和蒂迈欧的伙伴关系:要想避免成为克里提亚,格劳孔就需要苏格拉底;要想避免成为哲人王,苏格拉底就需要蒂迈欧。唯有将苏格拉底的爱欲和蒂迈欧的血气结合起来,我们才能看到柏拉图政治哲学的整体。

---

① Cf. Bloom's essay in *The Republic of Plato*, trans. Bloom, Basic Books, 1968, pp. 380—388.

图书在版编目（CIP）数据

爱欲的悲喜剧：柏拉图的《会饮篇》/ 陈斯一著.
--上海：华东师范大学出版社，2024

ISBN 978-7-5760-4788-2

Ⅰ.①爱… Ⅱ.①陈… Ⅲ.①柏拉图（Platon 前
427—前 347）—哲学思想—研究 Ⅳ.①B502.232

中国国家版本馆 CIP 数据核字（2024）第 055144 号

华东师范大学出版社六点分社
企划人 倪为国

爱欲的悲喜剧：柏拉图的《会饮篇》

著　　者　陈斯一
责任编辑　彭文曼
责任校对　古　冈
封面设计　吴元瑛

出版发行　华东师范大学出版社
社　　址　上海市中山北路 3663 号　邮编　200062
网　　址　www. ecnupress. com. cn
电　　话　021 - 60821666　行政传真　021 - 62572105
客服电话　021 - 62865537　门市（邮购）电话　021 - 62869887
地　　址　上海市中山北路 3663 号华东师范大学校内先锋路口
网　　店　http://hdsdcbs. tmall. com

印 刷 者　上海盛隆印务有限公司
开　　本　787×1092　1/16
插　　页　2
印　　张　9.75
字　　数　170 千字
版　　次　2024 年 4 月第 1 版
印　　次　2024 年 4 月第 1 次
书　　号　ISBN 978-7-5760-4788-2
定　　价　68.00 元

出 版 人　王　焰